Werner Meyer/Erich Lessing

Deutsche Ritter Deutsche Burgen

Orbis Verlag

Inhalt

Worum es geht

Hätten es die Menschen vermocht, ihre Beziehungen stets friedlich zu regeln, die Produkte ihrer Hände Arbeit sowie ihre geistigen Güter freundschaftlich und gerecht auszutauschen, in gegenseitiger Achtung zu leben, so gäbe es vermutlich keinen Stoff zu dem vorliegenden Buch.

Da die Geschichte des Mittelalters eine große Chronik unablässiger, blutiger Fehden ist, könnte es widersinnig erscheinen, daß ein Stand der Gesellschaft um die Jahrtausendwende zu humanitären Ideen fand, obgleich es seine ureigenste Bestimmung war, dem Krieg zu dienen. Über politische Differenzen hinweg verband das Ritterideal die Elite der Krieger in einer exklusiven Gesellschaft, der die moderne Welt den Begriff der Ehre, der Ritterlichkeit und des Anstands verdankt.

Zwei gegensätzliche, in ihrem Wesen verschiedene Erscheinungen, der Ritter als Herrscher (im großen und kleinen Bereich), als Führer, Ordner und Bewahrer und der Ritter als Krieger und Zerstörer bilden die beiden Gesichter dieses Januskopfes. Wir sehen in der Geschichte des Rittertums eine von Begeisterung getragene Bewegung, die zu gehobener Menschenwürde strebte. Obwohl das Ideal an den Mängeln der menschlichen Natur scheiterte, ging die Idee trotz aller Veränderungen in ihrer Substanz nicht verloren; stärker als irgendeine andere Vorstellung wurde das Ritterideal, von einer Gruppe Bevorrechteter ausgehend, von allen Schichten und Ständen der europäischen Völker übernommen. In der von Hoch und Nieder noch heute geübten Courtoisie, in den Anstandsregeln, den Höflichkeitsformen, in der Rücksichtnahme bei Spiel und Verkehr, im Begriff des Kavaliers – und sei es auch nur in dem vom Kavalier am Steuer – lebt der Tugendkodex des Rittertums weiter, obwohl nur traditionelle Gemeinschaften wie der Johanniterorden oder aber Zerrbilder wie der Don Quijote oder Karl Valentins Grünwalder Rittersleut' übrigblieben.

Bevor wir jedoch die deutsche Ritterschaft in ihrem Wesen, ihren Zielen, ihren Idealen, mit ihren Mitteln und Werken darstellen können, müssen wir die Wurzeln freilegen, aus denen dieser Baum wuchs, wir müssen Umstände und Gegebenheiten erörtern, die im Ablauf der Geschichte dem Ritterwesen in Deutschland lange vorhergingen, um zu erkennen, wie es zu dieser gesellschaftlichen, politischen und militärischen Entfaltung einer für die europäischen Völker jahrhundertelang gültigen und bestimmenden Ordnung kommen konnte.

Wurzeln der ritterlichen Kultur

Römerkastelle – römische Ritter

Wichtige Ordnungsfaktoren im Staatswesen, in der Gliederung der Gebiete, in der Verwaltung wie im Kriegswesen hatten die Römer als Eroberer nach Mittel- und Nordeuropa gebracht. Unmittelbar hatten sie im 1. Jahrhundert nach Christi Geburt in den von ihnen eroberten Teilen Germaniens auf das Schicksal und die Entwicklung Einfluß genommen, römische Schriftsteller brachten als erste Kunde über die noch im Dunkel der Vorgeschichte stehenden Völkerschaften nördlich der Alpen. Mit der Übertragung der im Mittelmeerraum gewonnenen Erfahrungen, Kenntnisse, Fähigkeiten und Verhaltensweisen auf technischem, politischem und militärischem Gebiet wurde im Norden der Grundstein für die ritterliche Kultur gelegt, die im Mittelalter für das ganze Abendland bestimmend werden sollte.

Der Glanz des antiken Weltreiches bestand zwar nach den Wirren der Völkerwanderungszeit und dem Untergang Westroms fort, er sollte im Römischen Reich Deutscher Nation weiterleben, aber nur der Name erinnerte noch an die Weltmacht im Mittelmeerraum. Ihr Wesen, ihre Funktionen, ihre Schöpfungen auf den Gebieten der Politik, der Kunst, der Architektur und des Kultes wurden von den Germanenreichen, die von Rom die Staatsgewalt übernahmen, nicht unmittelbar fortgesetzt. Erst als Europas Ritter während der

Bad Deutsch Altenburg/Donau, Grabstein des römischen Ritters T. Calidus Severus, 1. H. d. 1. Jh. Darstellung von Teilen der Rüstung. Schuppenpanzer (lorica), Helm mit querstehender crista, Beinschienen und Knecht mit Dienstpferd. Kunsthistorisches Museum, Wien, Inv. Nr. II 365.

Kreuzzüge den im Orient besser und zahlreicher erhaltenen Werken der Römer gegenüberstanden, wurden antike Erfindungen und Methoden, vor allem im Kriegswesen und in der Kriegsbaukunst, erneut nachgeahmt und verwendet.

Am Beginn des ersten Jahrtausends verschmolzen hellenistischer Geist, römische Staatskunst, christliche Ethik und germanische Mythologie und Lebensweise zu einem tragenden Fundament für die Staats- und Gesellschaftsform des jungen Deutschen Reiches im frühen Mittelalter.

Die Stiefsöhne des Augustus, Drusus und Tiberius, eroberten bis 15 v. Chr. das rätische Alpenland und das ihm nördlich vorgelagerte vindelikische Gebiet. Unter Tiberius' Nachfolger Varus waren Roms Heere vom Rhein bis zur Elbe vorgestoßen; die berühmte Schlacht im Teutoburger Wald im Jahre 9 n. Chr. brachte den Vormarsch zum Stehen und bedingte den Ausbau einer Grenzbefestigung. Unter Claudius erfolgte die militärische Organisation und Befestigung der Donaugrenze. In der Regierungszeit Vespasians bis zu der Domitians wurde die Grenze vom mittleren Rhein zur mittleren Donau verkürzt: zu diesem Zweck wurde ein weiterer Teil des freien Germaniens erobert und durch die noch in Resten erkennbare Grenzbefestigung, den Limes, abgeschirmt. Hinter dieser Verteidigungslinie lagen in bestimmten Abständen Kastelle als Stützpunkte. Rekonstruiert gibt das Kohortenkastell Saalburg bei Homburg vor der Höhe eine gute Vorstellung von diesem Wehrbautyp.

Wesentlich für die spätere Entwicklung im Bauwesen war die Einführung der den Römern längst vertrauten Steinbauweise, in der sie Tempel, Markthallen, Villen und – nach anfänglicher Ausführung als Erdwerke –

auch Limeskastelle, erst recht aber die Kastelle der Spätzeit an der Rheinfront und in Rätien ausführten. Kastellmauern und Tore, Ruinen von Wachttürmen (burgi) und Wandteile von Markthallen, Thermen und Tempeln wurden nach Konsolidierung der Verhältnisse in Neubauten unter Anwendung der überkommenen Mauertechnik einbezogen. Die Anlage der Kastelle blieb jedoch ohne Einfluß auf den Wehrbau des Mittelalters, weil sich die organisatorischen Voraussetzungen für Bestimmung und Besatzung vollkommen verändert hatten. Grenzwehren hingegen kannten auch die Germanen, wie beispielsweise den Angrivarierwall; die mittelalterlichen Landwehren gehen auf solche Vorbilder zurück.

Der römische limes war zunächst ein Palisadenzaun, der später durch den Aushub eines Spitzgrabens und einem davor angehäuften Wall verstärkt wurde. An der Nordgrenze Rätiens ersetzte man endlich die Palisade durch eine Steinmauer von ca. 1 Meter Stärke und 3 Meter Höhe; der Volksmund nannte sie die Teufelsmauer. Mit ihrem Bau wurde 213 unter Caracalla begonnen. Als Rastplätze der an der Grenze patrouillierenden Posten und zur raschen Übermittlung von Nachrichten durch Licht-, Rauch- und Feuerzeichen wurden auf Sichtweite kleine Holz- und Steintürme mit hölzernem, vorgekragtem Umgang am Obergeschoß, sogenannte speculae, errichtet. In größeren Abständen baute man hinter dem Limes große Steintürme, burgi genannt, als Standorte kleinerer Abteilungen. Sie standen meist in einem Wallquadrat mit einer Palisadenwand auf der Wallkrone und einem Spitzgraben als äußerem Schutz.

Das erwachende Interesse an der Archäologie und die daraufhin im 19. Jahrhundert betriebene Erforschung des römischen Bauerbes bewog einige Gelehrte, viele als Ruinen im Gelände stehende Türme als Römertürme zu deklarieren, doch handelt es sich hier durchweg um Bauwerke des Mittelalters.

Die Limeskastelle, Kasernen der Grenzschutzkontingente, waren die Endform der Feldlager der in Feindesland operierenden Truppe. Stets nach dem gleichen Schema angelegt, umschloß eine Mauer mit Wehrgang einen rechteckigen Platz, den zwei sich kreuzende, von vier Toren ausgehende Straßen in vier Quartiere teilten. Am Kreuzungspunkt der Straßen stand die principia als Kultplatz, Exerzierhaus und Fahnenheiligtum, dabei das quaestorium, die Behausung des Kommandanten. Mannschaftsunterkünfte, Werkstätten und Lagerhäuser vervollständigten das Bauprogramm. Vor der Mauer lag ein Doppelspitzgraben, die Tore waren von Türmen flankiert, gelegentlich standen auch Türme an den Ecken des Rechtecks und im Verlauf der Mauer.

Weiter entwickelte Kastelltypen waren die spätrömischen Kastelle des Rheinlandes und die rätischen Kastelle hinter der Donaulinie. Erstere mit in die Mauer eingefügten, starken, nach außen vortretenden Halbrundtürmen und zwei mächtigen Toranlagen (vgl. die Porta Nigra in Trier) noch auf regelmäßigem Grundriß, die letzteren, im Zeichen des Niedergangs der Römerherrschaft in Germanien angelegt, hatten mit dem normalen Kastellschema nichts mehr gemein. Im Umriß der jeweiligen Geländesituation angepaßt, genügte für sie ein wesentlich reduziertes Bauprogramm.

Ebenso wie die Limeskastelle ihrem Wesen nach in späteren Epochen keine Nachahmung fanden, gab es auch keinen ursächlichen Zusammenhang zwischen dem Ritterstand der römischen Kaiserzeit und dem Rittertum des Mittelalters, auch wenn gewisse, rein äußerliche Ähnlichkeiten im Aufgabenbereich und im Zeremoniell nicht zu übersehen sind. Im römischen Imperium bildeten die equites Romani einen wirtschaftlich, gesellschaftlich und staatsrechtlich bestimmten Stand, der nach oben wie nach unten durch Vermögen, Beschäftigung und Ämterlaufbahn abgegrenzt war.

Römische Ritter waren, im Gegensatz zu den Rittern des Mittelalters, Bürger, die in den Ritterzenturien (Hundertschaften) bis zum 46. Lebensjahre dienten, und zwar als equites equo publico mit einem Staatspferd, das nach Erreichung der Altersgrenze abgegeben werden mußte. Daneben gab es Bürger, die mit eigenem Pferd Kriegsdienst leisteten, und endlich als Ritter auch sonstige Bürger, deren Vermögen dem Ritterzensus (dem Ritterstand angemessener Wert) entsprach, die aber nicht in der Reiterei dienten. 1800 Reiter in den centuriae equitum bildeten die Effektivzahl der Kombattanten equites Romani equo publico. In der Regel wurde bei der Aufnahme in den Ritterstand die dreifache Qualifikation der Geburt, des Besitzes und der Würdigkeit berücksichtigt. Die Ritterwürde war niemals ein erblicher Personenadel, dagegen der Senatorenstand ein erblicher Geburtsadel. Zu den Standesabzeichen gehörte das Tragen goldener Ringe. Zur Auszeichnung und Belohnung für tapferes Verhalten im Kampfe konnte vor der Truppe der Goldring als Zeichen des Ritterstandes verliehen werden, doch nur Feldherren waren befugt, diese Auszeichnung vorzunehmen, die entfernt an die Ritterpromotion des Mittelalters erinnert.

Die absolute Monarchie führte im Römischen Reich zu einer Nivellierung der Stände; in der stark barbarisierten Armee legte man keinen besonderen Wert mehr auf die früher geforderten Voraussetzungen für die Führerschicht wie Geburt oder Privilegien politischer oder wirtschaftlicher Natur. Damit hörte die Scheidung nach wirtschaftlichen und Rechtsverhältnissen auf, die Gliederung der Stände war der Neuordnung zum Opfer gefallen. Der Ritterstand führte von der Zeit Kaiser Konstantins an nur mehr ein Scheindasein.

Staatsform und Adel der Germanen

Die geschichtlichen Vorgänge der Frühzeit im deutschen Sprachraum können nur in vereinfachter Form und nur insoweit dargestellt werden, als daraus Erkenntnisse für die Entwicklung des Adels und des Rittertums und die damit im Zusammenhang stehenden Veränderungen im Wehrbau abzuleiten sind. Um Christi Geburt drangen die Germanen bis zum Rhein vor und überschritten ihn stellenweise; auch die Donau wurde zur Zeit des Augustus erreicht. Germanen siedelten in der älteren und mittleren Kaiserzeit im mittleren und östlichen Teil des späteren deutschen Reichsgebietes, im Flußgebiet der Elbe, der Oder und der Weichsel. Von ihren südlichen Nachbarn, den Kelten, übernahmen sie viele Anregungen, u.a. die Eisengewinnung und Waffenherstellung. Keltische oppida wurden nur von den südlichen Germanenstämmen als Anregung zum Bau eigener Wehranlagen aufgenommen, ein Beispiel ist die Altenburg bei Niedenstein, vielleicht das chattische Mattium.

Anders als bei den Römern, deren despotische Regierungsform auf das Heer und das zentralisierte Beamtentum gestützt war, galt bei den Germanen die aristokratische Staatsform mit einem König an der Spitze, die sich in der Zeit der Völkerwanderung herausgebildet hatte. Tatsächlich entstanden im Verlauf dieses turbulenten Geschehens durch Vermischung verschiedener Gruppen und Völkerschaftssplitter die unter bestimmten Namen bekannten germanischen Volksstämme, die erst allmählich zu größeren Einheiten verschmolzen.

Nach Tacitus waren die Germanen mit Lanze (Frame) und Schild bewaffnet, nur wenige trugen, wie die spärlichen Funde belegen, ein Kurzschwert und seit dem 2. Jahrhundert das dann bevorzugte Langschwert. Sehr selten waren auch Panzer in Form von Kettenhemden und Helme. Eisenerz wurde in der Kaiserzeit verhüttet, Ballungsgebiete waren Schleswig-Holstein, Böhmen, Schlesien und Zentralpolen.

Seit dem 5. Jahrhundert tritt der Adel, an dessen Spitze der König stand, als herrschende Schicht im westgotischen und im fränkischen Reich hervor. Sache des Staates war bei den Germanen nicht wie in der Antike Aufgabe des Volkes, sondern Aufgabe des Königs, der die Herrschaft ausübte und als Repräsentant seines Volkes auftrat. Von entscheidender Bedeutung war die Anerkennung der Königsherrschaft über Freie, in deren Kreis der König zunächst der primus inter pares war. Es gab bei den Germanen keine Wehrpflicht im heutigen Sinn. Die Beteiligung an der Abwehr eines feindlichen Angriffs war eher ein Recht der Freien als eine Pflicht. Unternahm jedoch ein König einen Feldzug, so beruhte die Unterordnung der ihn dabei begleitenden Freien auf der Gefolgschaft, einem freiwillig eingegangenen Verhältnis zwischen Herr und Mann, das auf Treue gegründet war, wobei der Mann Rat und Hilfe zu geben, der Herr Schutz und Milde zu gewähren hatte. Diese Motivierung gegenseitiger Verpflichtung, die durch den Treueid begründet war, bedingte ein stärkeres Band als das des Gehorsams.

Diese so edel anmutende Ordnung wurde jedoch gerade in der Völkerwanderungszeit oft verletzt. Treuebruch und Verrat waren keine Seltenheit, und nackter Machttrieb zerstörte nicht selten traditionsgebundene Verpflichtungen.

Den Adel bildete bei den Germanen eine kleine Gruppe von Familien, die ihren Stammbaum auf die Götter zurückführten. Dieser Uradel göttlicher Abstammung bildete nur eine dünne Oberschicht. Die Adligen waren Anführer des Volkes; von einer demokratischen Staatsform bei den Germanen, wie sie gelegentlich geschildert wurde, kann nicht die Rede sein. Adlige herrschten, gestützt auf ihre Macht, die ihnen eine starke Gefolgschaft garantierte. Kampf war der Normalzustand der Frühzeit, eine Lebensform, deren Gesetz nur die Macht des Stärkeren, die Gewalt war. Die andere Basis für die Herrschaft des Adels war sein Reichtum, der zu jener Zeit in Landbesitz und Viehherden sowie in der Arbeitsleistung abhängiger Bauern bestand. Diese lebten allerdings nicht wie römische Sklaven, sondern in gewisser Unabhängigkeit in eigenen Behausungen mit ihren Familien. Der Bauer hatte zu arbeiten, zu gehorchen und Abgaben zu liefern, zu sagen hatte er nichts. Diese Voraussetzungen machten adlige Gefolgsherren zu großen Grundherren. Die Welt des Mittelalters ist eine aristokratische Welt, die Taten und Untaten dieser weltlich-geistlichen Aristokratie machen die Geschichte des Mittelalters aus.

Das germanische Königtum erfuhr durch die Christianisierung eine unerhörte Steigerung. Die Umdeutung der heidnischen Geblütsheiligkeit, die noch nach vielen Jahrhunderten im Bewußtsein des Volkes lebendig war, in ein christliches Gottesgnadentum ist ein Schritt nicht nur von ideengeschichtlicher, sondern auch von verfassungsgeschichtlicher Bedeutung.

Die ständische Ordnung war bei den einzelnen Germanenstämmen sehr verschieden, damit verbunden auch die Stellung des Adels, grundsätzlich war die Gesellschaft in Freie und Unfreie geteilt. Die Unfreien bildeten an sich keinen Stand, den untersten Stand bildeten die Minderfreien (wo es sie gab), sie rekrutierten sich aus Freigelassenen und Unterworfenen; Freilassung zur Vollfreiheit war eine große Seltenheit.

Einen gewissen Maßstab der Wertschätzung des Adels in der Gesellschaft liefert die Bemessung des Wergeldes, d. h. des Sühnegeldes, das nach einer Tötung vom Totschläger oder seiner Sippe zur Abwendung der Blutrache an die Sippe des Erschlagenen zu zahlen war. Bei den rechtsrheinischen Germanenstämmen war der Adel durch sein Wergeld über die übrigen Freien gestellt, jedoch wurde diese Regelung sehr unterschiedlich gehandhabt. Bei den Thüringern und Friesen gab es einen Adelsstand, der über den Stand der Freien erhoben war, in anderer Form war dies auch bei den Alamannen, den Baiern, der Fall. Halbfreie gab es nicht überall, zählt man die Halbfreien mit, so gab es bei den Franken 2, bei den Thüringern

Links: *Germanenburg um die Zeitwende, Erdenburg bei Bensberg –*
Unten: *Römisches Limeskastell, Saalburg bei Bad Homburg v. d. H. mit Ergänzungen – Rekonstruktionen von Werner Meyer.*

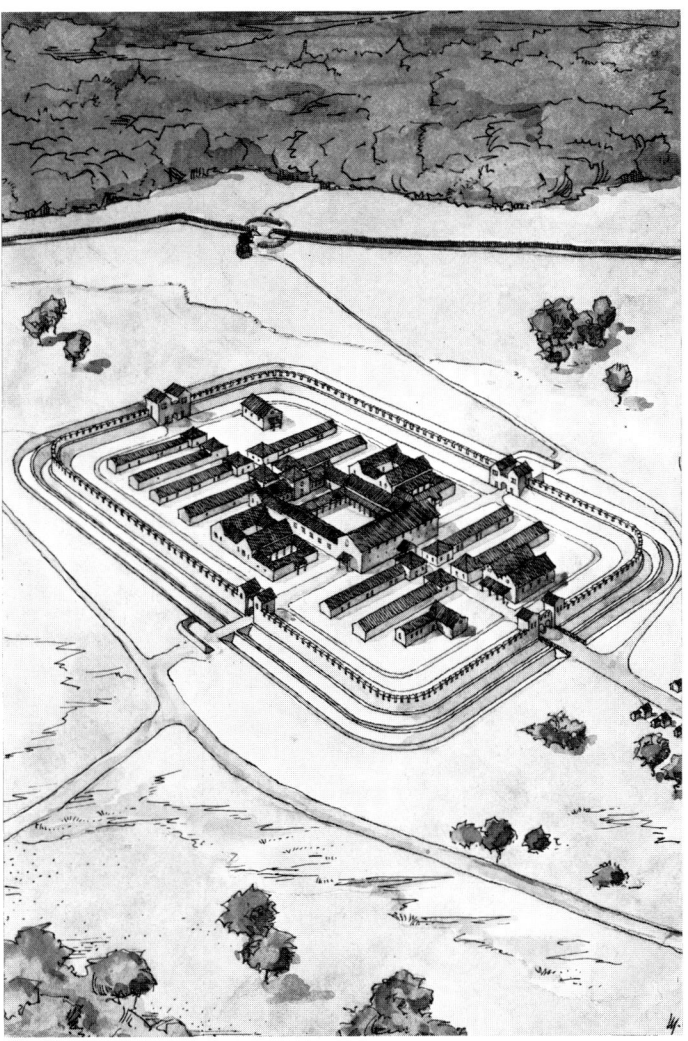

3, bei den Sachsen 4 und bei den Alamannen 5 Stände. Das Wergeld des sächsischen edhilingus betrug das sechsfache Wergeld des Freien, es lag bei 1440 sol., das des primus Alamannus bei 240 sol. Für den thüringischen adalingus galt nur das dreifache Wergeld des Freien. Die Agilolfinger werden in der Lex Baiuvariorum als summi principes des Stammes mit vierfachem Wergeld der Freien ausgezeichnet. Trotz all dieser sicher überlieferten Fakten bleibt im allgemeinen über Herkunft und Entfaltung des Geburtsadels manches ungeklärt. Sicher ist jedoch, daß es bei allen Stämmen eine Führungsschicht gab, in der Aufstieg und Abstieg möglich waren.

Germanenburgen

Wie bereits erwähnt, war Kampf der Normalzustand der Frühzeit, Kampf aber bedeutet Angriff und Verteidigung; für den letzteren Fall sind Vorkehrungen zum verbesserten Schutz die logische Folge. So schufen sich seit frühesten Zeiten Bedrohte ein Refugium, eine Burg. Die Zeit der Burgen aber im eigentlichen Sinne ist das Mittelalter, an dessen Beginn verschiedene Typen dieser Schutzbauten je nach ihrer Bestimmung gebaut wurden.

Die archäologische Forschung hat erwiesen, daß von der Mitte des ersten Jahrhunderts ab diesseits und jenseits der Rhein-Donau-Grenze für lange Zeit keine befestigten Siedlungen mehr bestanden, jedenfalls nichts mehr, was man mit dem Namen Burg bezeichnen könnte. Erst als die Wanderbewegungen zum Stehen gekommen waren und sich an festen Wohnplätzen Besitz in Form von Vorräten und Herden ansammelte, gab es wieder Veranlassung, sichere Plätze zu schaffen. Adelssitze auf Burgen boten dem Herrscher als dem Reichsten und Mächtigsten mit seinem Volke Schutz. So kann z. B. bei den Alamannen, als sie wieder zur Verteidigung gezwungen waren, mit speziellem Bezug auf die Gauburgen des 4.–5. Jahrhunderts von einer neuen Burgenperiode gesprochen werden. Diese nach dem Sieg Chlodwigs über die Alamannen wieder verödeten Burgen wurden gelegentlich seit der zweiten Hälfte des 7. Jahrhunderts als fränkische Kastelle weiterbenutzt.

Aus Schriftquellen ist bereits bekannt, daß die Franken der Merowingerzeit in Feldzügen gegen die Thüringer Burgen zu belagern und zu erobern hatten. So erlitt beispielsweise Dagobert I. 630 eine Niederlage bei der Wogastiburg im Kampf gegen das Reich Samos, der thüringische Herzog Radulf schlug die Franken unter Sigibert III. bei seiner Burg an der Unstrut. In den Kriegen Karls d. Gr. gegen die Sachsen, der auch ein Kampf um Burgen war, spielte die Eresburg (Obermarsberg) bei mehrfachem Besitzwechsel eine entscheidende Rolle.

Seit dem 8. Jahrhundert wird im südlichen Hassgau zwischen Unstrut und Saale ein ganzes Burgensystem mit Burgbezirken erkennbar. Widukind, der Mönch aus Corvey, und Thietmar von Merseburg, Chronist der sächsischen Kaiser, nennen in ihren Berichten zahlreiche Burgen. Bei diesen Wehranlagen handelt es sich allerdings bereits um Typen, die mit den frühen Germanenburgen nichts mehr zu tun haben. Die Grenzen zwischen den Burgenformen der Frühzeit und den Herrenburgen, wie sie seit dem 11. Jahrhundert in großer Zahl erbaut wurden, sind fließend und bedürfen noch der Klärung durch archäologische Forschungen.

Germanenreiche aus römischem Erbe

Wenden wir uns nun wieder dem geschichtlichen Ablauf zu, um kurz aufzuzeigen, wie auf den Ruinen römischer Herrschaft durch siegreiche Germanenfürsten aus übernommenem Gedankengut, eigener Tradition und neuen Zielsetzungen die Voraussetzungen für die Staats- und Gesellschaftsformen des Mittelalters bereitet wurden.

Theoderich, König der Ostgoten (450–526), versuchte als erster Germanenfürst, ein römisches Reich germanischer Prägung zu schaffen. Er bescherte Italien nach der Überwindung Odoakers eine Periode des Friedens und der kulturellen Blüte, von der noch heute zahlreiche Baudenkmäler zeugen. Vergangen ist sein sagenumwobener Palast in Verona, die Burg des Dietrich von Bern der Nibelungensage, von deren Aussehen vielleicht das Wappen der Stadt Verona eine Vorstellung gibt. Seine politische Konstruktion scheiterte am Widerstand des römischen Senats sowie am Streit der katholischen Römer gegen die arianischen Goten.

Aachen, Thron Karls d. Gr., Empore der Pfalzkapelle. Der Kastensitz aus antiken Marmorplatten blieb als Krönungsstuhl der deutschen Könige unverändert.

Der Volksstamm der Franken bestand zunächst aus zahlreichen Gruppen unter kleinen Gaukönigen. Eine Konzentration der Macht erreichte Chlodwig (482–511) durch die grausame Beseitigung der Gaukönige. Chlodwigs Frau, die burgundische Prinzessin Chrodechildis, bestimmte ihn zur Annahme des Christentums. Die Taufe erfolgte wahrscheinlich in Reims durch Bischof Remigius. Durch diesen Akt wurde die schicksalsträchtige Verbindung zwischen der vom Mittelmeerraum in den Norden verlagerten weltlichen Macht mit der katholischen Kirche begründet. Die politische Entwicklung des Frankenreichs im 6. und 7. Jahrhundert ist bestimmt durch den Gegensatz zwischen dem Königtum und den Großen, es ist eine Periode blutiger Fehden, eine Zeit, in der sich der Einfluß der Aristokraten gegenüber dem König verstärkt, in der die Macht des Majordomus, der zum Haupt der Aristokratie aufstieg, zunahm. Die merowingischen Könige residierten anfangs in Landhäusern, nach römischem Vorbild mit Gartenanlagen und Nebengebäuden gestaltet, die grundsätzlich nicht befestigt waren. Die Not der unruhigen Zeitläufe jedoch ließ allmählich die frohe Pracht schwinden, die Bewohner der Paläste waren genötigt, in beengten Burgen mit stark reduziertem Raumprogramm Schutz zu suchen. Auch Sprachgebrauch, Kleidung und Sitte wandelten sich von lateinischer Eleganz zu barbarischer Roheit.

Die Macht der Merowinger schwand dahin, bis ihnen der mächtigste Mann am Hofe, der Majordomus, die Krone vom Haupte nahm, um sich selbst zu krönen. Ihm zur Seite standen gleichgestellte Edelleute, die hohe Staatsämter (Marschall, Seneschall, Truchseß und Kämmerer) bekleideten. Pfalzgrafen waren die Vertreter des Königs, sie waren Platzhalter auf den von den Herrschern bevorzugt bewohnten Landgütern. Hier bereits entstand die hierarchische Ordnung des Staatswesens, die dann unter Karl d. Gr. ihre endgültige und für das ganze Mittelalter vorbildliche Ausprägung erfuhr. Hier auch liegen die Wurzeln zur Ausbildung des Rittertums und des Feudalwesens.

Doch erst durch den legendären Ruhm des großen Kaisers, seine überwältigende Erscheinung, erhielt der Ritter seine Legitimation. An seinem Beispiel richteten sich die Männer seiner unmittelbaren Umgebung und darüber hinaus die Vertreter des Kriegerstandes, denen Ämter übertragen waren, aus. Karl genoß die höchste Achtung seiner Zeitgenossen als kluger und gebildeter Staatsmann. Nach Sicherung und Mehrung seines Reiches im Süden und Westen wandte sich Karl 772 nach Sachsen, wo er zunächst die Eresburg eroberte und die Irminsul, ein heidnisches Heiligtum, zerstören ließ. Hier in Sachsen begegnete er dem härtesten Widerstand, dessen Anführer Widukind 785 die Taufe nahm. Einen erneuten Aufstand schlug Karl 782 nieder, der Racheakt des Blutbades bei Verden trug ihm später den Schimpfnamen des Sachsenschlächters ein.

Sachsenburgen

In den Kriegen Karls, besonders in den Kämpfen im Sachsenlande, ging es oft um die Belagerung und Eroberung von Burgen. Neben großen Wallringen, die vornehmlich vorgeschichtlichen Ursprungs waren, waren im Sachsenland wie bei vielen Völkern und Volksstämmen Mitteleuropas Rundburgen oder Rundlinge ein häufiger Wehrbautyp. Die Vermutung, diese Burgen wären im Zusammenhang mit den Auseinandersetzungen zwischen Franken und Sachsen entstanden, hat sich nicht bestätigt, der Typ war im Zeitraum vom 8. bis 11. Jahrhundert gebräuchlich. Es handelte sich dabei um kreisförmige Anlagen, deren Schutz ein Graben und ein hoher Erdwall bildeten, der im Inneren durch Einschübe von Baumstämmen verfestigt wurde. Die Köpfe der Baumstämme waren an den senkrechten Außenwänden sichtbar, eine Böschung an der Innenseite diente zur Erhöhung der Standfestigkeit des Walles und ermöglichte den Verteidigern raschen Zugang zum Wehrgang hinter einer Palisadenwand auf der Wallkrone.

Mit wenigen Ausnahmen kann nach den vorliegenden Untersuchungen gesagt werden, daß diese Burgen nicht ständig bewohnt waren. Normal genügten zur Verteidigung einer solchen Burg 40 bis 80 Mann, im Notfall fanden im Innenraum 100 bis 300 Menschen Platz, dazu auch das Vieh. Die zu solchen Burgen gehörende Bevölkerung bewohnte in der Regel offene Dörfer. Herrenburgen im Sinne des Mittelalters können diese Burgen wegen ihrer Abmessungen nicht gewesen sein; es kann angenommen werden, daß die Burgen im Kriegsfall einen Adligen, der auf seinem Salhof saß, und die abhängige Bevölkerung aufzunehmen hatten. Im Innenraum der Burg stand, sofern sie ständig oder doch öfter bewohnt war, neben kleineren

Wartburg bei Eisenach, die Gründung der landgräflichen Burg wird in der Sage auf Graf Ludwig den Springer um 1067 zurückgeführt – Rittersaal im Untergeschoß des Palas, 1190–1220.

Bauwerken als Hauptgebäude ein Langhaus von besonderen Dimensionen. Ein derartiger Bau gehört in die Reihe der germanischen Hallen, von deren Schönheit uns als den Schauplätzen festlichen Geschehens im Beowulflied und im Nibelungenlied in eindringlicher Weise berichtet wird. Huldvolle Hallenbeherrscher werden die Götter in der Edda genannt. Glänzende Hallen sind ihre prächtigen Wohnungen.

> Hoch seh ich liegen ein heiliges Land,
> den Asen näher und Alben:
> Donner soll wohnen droben in Kraftheim,
> bis daß die Götter vergehen.
> Fünfhundert Zimmer und vier mal zehn
> weiß ich in Bliskinirs Bau:
> das höchste gedeckter Häuser dünken
> sollte mich das meines Sohnes.
> Eibenthal heißt es, wo Uller die Halle
> für sich gerichtet besitzt.
> Albheim gaben die Götter dem Froh
> im Zeitenbeginn als Zahngeld.
> Der dritte Saalbau mit Silber gedeckt
> von gütigen Göttergewalten:
> Wölbschelf heißt er; es wölbte sich ihn
> der Asenfürst in der Urzeit.
> Sturzbach der vierte, durchflutet vom Strom
> der Kühlung hauchenden Quelle:
> wo selig Wodan und Saga mitsammen
> täglich aus Goldhörnern trinken.
> Glanzheim der fünfte, wo goldgeschmückt
> die weite Walhall ertönet:
> dort sammelt der Herrscher die Helden der Schlacht
> alltäglich um sich nach dem Tode. (Edda)

Doch längst vergangen war der Götterglaube, Karl hatte die Irminsul fällen lassen, Widukind hatte sich zum Christentum bekehrt. An die Stelle der bei den Germanen üblichen Gefolgschaft trat ein neues Abhängigkeitsverhältnis, der Treueid wurde ersetzt durch einen Vertrag, in welchem sich der Mächtige zu Schutz und Unterhalt, der Schutzsuchende zu Dienst und Gefolgschaft verpflichtete. Der Ursprung der Vasalleninstitution und des Lehenswesens lag vermutlich im 6./7. Jahrhundert im fränkischen Reich der Merowinger.

Vasallität und Benefizium

Die höheren Schichten der Gesellschaft, die Mächtigen und Großen, in Urkunden als optimates bzw. proceres bezeichnet, standen in einem Abhängigkeitsverhältnis zum König, sie hatten ihrerseits Gefolgsleute, die, besonders wenn sie Wehrdienst leisteten, gasindus genannt wurden, auch sonst mit Namen, die nur Unfreien gegeben wurden, wie z. B. vassus, in der Merowingerzeit soviel wie Haussklave, aus welcher Bezeichnung eines Unfreien das Wort Vasall entstand. Durch den Akt der commendatio in vassaticum trat ein freier Mann unter den Munt eines Mächtigen. Eine Urkunde aus einer Sammlung von Vertragsvorlagen vom Beginn des 8. Jahrhunderts, bekannt unter dem Namen Formulae Turonenses, gibt über Art und Charakter der Kommendation Aufschluß. Darin heißt es: »An den großmütigen Herrn . . . , ich . . . Da es allen bekannt ist, daß es mir an Nahrung und Kleidung fehlt, habe ich mich bittend an Euer Erbarmen gewandt und habe frei beschlossen, mich in Eure Munt zu begeben oder zu kommendieren. Und das habe ich getan; es soll so sein, daß Ihr mir mit Speise und Kleidung helft und mich unterhaltet, und zwar in dem Maße, wie ich Euch diene und mir damit Eure Hilfe verdienen kann. Bis zu meinem Tode muß ich Euch dienen und gehorchen, so wie ich es als freier Mann vermag, und Zeit meines Lebens werde ich mich Eurer Gewalt oder Munt nicht entziehen können, sondern ich werde, solange ich lebe, unter Eurer Gewalt und Eurem Schutz bleiben. Und so kamen wir überein, daß der von uns beiden, der sich diesen Abmachungen entziehen sollte, seinem Vertragspartner soundso viel Solidi zahlen muß und daß die Vereinbarung selber in Kraft bleibt. Daher schien es angebracht, daß die Parteien zwei Urkunden gleichen Inhalts verfaßten und bestätigten, und so taten sie.«

Der Herr konnte gegen den Vasallen den Vertrag erfüllen, indem er ihn in seine unmittelbare Umgebung aufnahm und ihm Kleidung, Nahrung und Schutz gewährte. Er konnte ihm aber auch ein Stück Land überlassen, wenn nicht zu vollem Eigentum, so doch als Leihgabe (Lehen). In diesem Falle sprach man von einem Benefizium, hier konnte von einer Wohltat die Rede sein.

Beide Institutionen, die Vasallität und das Benefizium, wurden im Laufe der Karolingerzeit weitgehend miteinander vereinigt, so daß der Begriff des karolingischen Lehenswesens gerechtfertigt ist. Unter Karl d. Gr. und seinen Nachfolgern stieg die Zahl der Vasallen im Verhältnis zur Gesamtzahl der Freien bedeutend an. Dabei war es die Regel, daß die großen Vasallen, die Ländereien von beträchtlichem Ausmaß im Benefizium erhielten, daraus ihrerseits Vasallen in ihren Diensten ausstatteten. Auf diese Weise standen den Erstgebern eine große Zahl von Reisigen zur Verfügung, derer sie in ihren kriegerischen Unternehmungen bedurften. Den Herren war vor allem daran gelegen, die hohen Amtsträger, die Grafen, Markgrafen und Herzöge, die ihnen durch ihr Amt verpflichtet waren, auch als Vasallen doppelt und damit stärker an sich zu binden.

Vasallität und Benefizium dienten zur wirksamen Ausübung der Staatsgewalt, in diesem Zusammenhang vor allem zur Sicherung einer zuverlässigen, gut ausgerüsteten Kriegsmacht. Die zunächst privatrechtlichen Institutionen der Vasallität und des Benefiziums wurden zur Erfüllung staatspolitischer Aufgaben angewandt.

Eine besondere Stellung unter den Vasallen nahmen die dem Herrscher unmittelbar verpflichteten, die Königsvasallen ein; als vasalli dominici genossen sie besonderes Ansehen. Sie standen zunächst am Pfalzort in Diensten und wurden, sofern sie die in sie gesetzten Erwartungen erfüllten, mit Benefizien ausgestattet, in fernen Teilen des Reiches angesiedelt, um Kolonien zu bilden, in denen dem König in Notzeiten getreue Streiter zur Verfügung standen. Nach diesen Grundsätzen befestigten Pippin III. und Karl d. Gr. bevorzugt ihre Herrschaft in neu unterworfenen Gebieten wie Aquitanien, Italien und Bayern. Die Kommendation, Empfang des Lehens, wurde vollzogen, indem der sich Kommendierende seine zusammengelegten Hände in die seines Herrn legte.

Es war in diesem System zu unterscheiden zwischen den Vasallen des Staatsoberhauptes und denen anderer Machthaber, der Grafen, Bischöfe, Äbte, Äbtissinnen und anderen privaten Herren, den servus vassus, die rechtlich und sozial einer anderen Gruppe angehörten als die vasalli dominici, die Vasallen des Königs, die den Grafen etc. gleichgestellt waren und hohe Staatsämter bekleideten. Diese bevorzugten politischen Ratgeber des Königs werden seit der zweiten Hälfte des 9. Jahrhunderts als ministerialis bezeichnet. Einwandfrei ist die Entstehung der Ministerialität nicht zu klären. Bosl schreibt: »Das ius ministerialium erweist sich als schillerndes, komplexes Gebilde in historischer Vielschichtigkeit.«

Zur Kommendation kam im 8. und 9. Jahrhundert noch der Treueid, den der Vasall unter Anrufung Gottes und bei Berührung einer Reliquie oder eines Evangeliars zu schwören hatte. Damit versicherte sich der Herr einer doppelten Bindung, die in der stark religiös orientierten Gesellschaft unverletzlich war. In der beschriebenen Form kommendierte sich 757 durch die Hände auch Tassilo, Herzog von Bayern, in die Vasallität König Pippins III. Der Treueid, den Karl d. Gr. 802 von allen Untertanen verlangte, lautete: »Durch diesen Eid verspreche ich, meinem Herrn, dem sehr frommen Kaiser Karl, Sohn des Königs Pippin und der Bertha, treu zu sein, wie von Rechts wegen ein Vasall seinem Herrn zur Erhaltung seines Reiches sein soll. Und ich werde und will diesen von mir geschworenen Eid halten, so wie ich es weiß und verstehe. Künftig von diesem Tag an, wenn mir Gott der Schöpfer des Himmels und der Erde und diese Reliquie helfen.«

Die einmal geschlossene Vasallität galt bis zum Tode eines Vertragspartners; eine Lösung des Verhältnisses war für den Vasallen nur bei gröblicher Verletzung durch den Herrn, die sich gegen Leib, Leben oder Ehre und Freiheit des Vasallen richtete, möglich.

In den Heeren Karls d. Gr. und seiner Nachfolger bildeten die Vasallen, deren Hauptaufgabe der Kriegsdienst war, in der Vasallenkavallerie eine Elitetruppe neben dem Volksaufgebot, dessen Vertreter geringer bewaffnet waren. Fränkische Vasallen, in Grenzgebieten und eroberten Landesteilen angesiedelt, sicherten die Herrschaft gegen Aufstände oder feindliche Einfälle. Unter diesen schweren Lebensbedingungen war es verständlich, daß die Vasallen die Erblichkeit des Benefiziums anstrebten. Da in der Nachfolge durch den Sohn eine Kontinuität der Amtswaltung garantiert war, mochte darin auch der Lehensherr einen Vorteil für sich sehen. Doch letztlich bedeutete die Erblichkeit der Benefizien, vor allem aber auch die Erblichkeit der Ämter, eine Schwächung der Staatsgewalt.

Das Rittertum im Mittelalter

Lehnsordnung und Feudalwesen

Für Deutschland wurde das Lehenswesen vor allem im 12., 13. und 14. Jahrhundert von besonderer Bedeutung. Die im fränkischen Reich entwickelte Institution hatte sich seit dem 10. Jahrhundert über ganz Europa, ja im Verlaufe der Kreuzzüge auch auf den Vorderen Orient und von Deutschland aus auch nach slawischen Staaten Osteuropas verbreitet, doch wichen die Ausprägungen vielfach voneinander ab; jede Nation entwickelte ihre eigene Individualität. In Süddeutschland war das Lehenswesen seit dem 10./11. Jahrhundert derart im Gebrauch, daß die meisten freien wehrhaften Männer, die Grundbesitz, Rüstung und Roß besaßen, in der Regel Lehensträger waren, daneben aber auch zuweilen Alloden, d. h. Grundeigentümer. Die Fähigkeit zum Erwerb des Ritterlehens war im 13. Jahrhundert in Rechtsbüchern wie dem Sachsenspiegel und dem Schwabenspiegel durch die als Heerschildordnung bezeichnete Rangstufung innerhalb der Herrenschicht festgelegt. Danach war der König der Träger des ersten Heerschildes, es folgten dann als Träger des zweiten Heerschildes Bischöfe und Äbte, des dritten die Herzöge und Grafen, des vierten freie Herren, des fünften schöffenbar freie Lehnsleute und des sechsten Heerschildes Lehnsleute der Lehnsleute. Ein siebter Heerschild war in der Lehnsordnung ungewiß (Sachsenspiegel, Landrecht I3 § 2). Nicht lehnsfähig nach dem Sachsenspiegel waren:

> *papen, koplude, dorfer, wip und alle, di*
> Pfaffen, Kaufleute, Bauern, Frauen und alle, die

> *rechtes darbet oder unecht geborn sint*
> kein Recht haben oder unstandesgemäß geboren
> *unde alle de nicht ne sin von ridders*
> sind, und alle, die nicht von Rittersart sind,
> *art, van vader unde eldervader, de scolen*
> vom Vater und Großvater, die sollen
> *lenrechtes darben. (Lehnrecht 2 § 1)*
> kein Lehnrecht erhalten.

Das Zeremoniell des vasallischen Vertrages vollzog sich im wesentlichen wie in karolingischer Zeit. Der erste Akt war die Mannschaft, die aus zwei Elementen, der Darreichung und Umschließung der Hände und der mündlichen Willenserklärung bestand. Auf die Mannschaft folgte der Treueid, der stehend unter Berührung einer Reliquie mit der Hand geleistet wurde. Zu dieser Handlung kam oft, besonders in Frankreich, als dritter Akt der Kuß als Bekräftigung. Zuweilen wurde über den Vertrag auch eine Urkunde ausgestellt, die alle näheren Umstände berücksichtigte.

Der Dienst, den der Vasall zu leisten hatte, bestand in der Hauptsache im Kriegsdienst zu Pferd, als Ritter, der dem Herrn zur Verfügung stand. Er hatte vollgerüstet oder doch mit Teilen der Rüstung anzutreten, je nach getroffener Abmachung allein zu persönlichem Dienst oder in Begleitung einer Schar von Rittern, die seine Untervasallen waren. Man könnte hier von Vasallen und Dienstrittern sprechen, die sich durch Besitzstand und Stellung voneinander unterschieden.

Gegenüber:
Burghausen/Salzach, Dürnitz, 2. H. 13. Jh., gewölbte Halle im Erdgeschoß, diente Burgmannen und Gästen als Aufenthalts- und Speiseraum.
Folgende Doppelseite:
Belehnung des Burggrafen von Nürnberg, Friedrich von Hohenzollern, mit der Mark Brandenburg durch Kaiser Sigismund 1411, aus Ulrich Richenthaler, Concilium Constantiense, Augsburg 1483, S. 46.

Die Art und Form der Leistung war in vielen Fällen vertraglich geregelt. Neben der Folge zur Heerfahrt oder lediglich zum Reiterzug, einem zeitlich begrenzten Unternehmen, konnte der Dienst auch in der Burghut oder Bewachung einer Burg des Herrn bestehen, auch konnte der Vasall gehalten sein, dem Herrn seine Burg offenzuhalten und notfalls zur Verfügung zu stellen. Dieses Öffnungsrecht blieb noch bis in die Neuzeit in Gebrauch. Immerhin waren die Leistungen nicht unbegrenzt, und der Vasall war seinerseits darauf bedacht, sie möglichst einzuschränken.

Außer dem Wehrdienst gab es noch andere Formen der Dienstleistung, die etwa in der Wahrnehmung von Verwaltungsaufgaben bestand, auch konnte der Dienst, insbesondere der Waffendienst, durch Geldzahlungen abgegolten werden, zumal in Zeiten, als Söldnerheere schlagkräftiger erschienen als Vasallenheere. War der persönliche Waffendienst in Deutschland auch zunächst die Regel, so wurde es von der zweiten Hälfte des 12. Jahrhunderts an möglich, sich z. B. von der Teilnahme an der Romfahrt freizukaufen.

Im 11. Jahrhundert verbreitete sich für Lehen immer mehr die Bezeichnung feodum, genauer feodum militis, Ritterlehen, oder feodum militare. Das Feudalsystem, feudal abgeleitet von feodum, war die Herrschaftsstruktur des Mittelalters.

miles und riter
ein Ritter war nicht immer
ein Ritter

Neben den in der Karolingerzeit üblichen Bezeichnungen der Lehensträger-Vasallen als vassus, vasallus, homo fidelis wird im 11. und beginnenden 12. Jahrhundert der Name miles immer häufiger verwendet. Mit der Bezeichnung miles (Soldat, Streiter, im engeren Sinne Reitersoldat) sind in den Zeugenreihen der Urkunden bis zur Mitte des 12. Jahrhunderts die Herren, die Edelfreien gemeint. Die zunächst servientes genannten unfreien Dienstleute bezeichnete man wie die vasalli dominici als ministerialis. Da sie als Unfreie ihren Herren sowohl zum Kriegsdienst als auch in der Verwaltung und als Berater mehr verpflichtet, insofern auch zuverlässiger als gleichgestellte Ritter waren, gewannen sie mit der Zeit derart an Ansehen, daß sie in dem Maße, wie sie sich der Beschränkungen entle-

digen konnten, zu einem Geburtsstand, dem Neuadel der Ritterbürtigen, aufrückten.

Zunächst war ritter ein Wort der Volkssprache, das vorwiegend poetisch verwendet wurde. Neben den Reiterkriegern werden in literarischen Quellen auch Schildknechte, Schützen, Knechte, Schleuderer (slingaere), Knappen-Fußknechte (sargande), Plänkler (pateliere) genannt. Jedoch ist die Abgrenzung nie absolut konsequent, auch von ungepanzerten Rittern oder solchen, die mit Pfeil und Bogen kämpften, wird berichtet. Waffengattungen im heutigen Sinne waren dem frühen Mittelalter unbekannt.

So ergibt sich für die Frühzeit ein verwirrendes Bild. Streitbare Männer von sehr unterschiedlichem gesellschaftlichem Rang heißen Ritter, unter dieser Bezeichnung findet man nicht nur Aristokraten, sondern ebenso den gewöhnlichen Kriegsknecht. Erst im 12. Jahrhundert beginnt die Aussonderung der Ritter in militärischer Hinsicht aufgrund der differenzierten Bewaffnung. Der Ritter ist nun der schwer gepanzerte Krieger zu Pferd, wobei es allerdings ohne Bedeutung ist, ob in dem Panzer ein Kaiser oder ein Kriegsknecht steckt. Gleichheit der Bewaffnung bedeutete keineswegs auch Gleichheit der sozialen Schicht. Als Waffengefährten verbunden kämpften Herr und Knecht, das änderte jedoch nichts an den Formen des Feudalismus, in denen Herrschaft und Dienst politisch, rechtlich und sozial streng getrennt blieben.

Der Bedeutungswandel des Wortes ritter ist so zu erklären, daß es seit dem späten 12. Jahrhundert nicht mehr als Bezeichnung einer Gattung von Kriegern, sondern, aufgewertet als Qualitätsbegriff, für adlige Personen sowohl des Herrenadels als des Lehensadels galt, die durch feierliche Promotion die Qualifikation als Ritter erhielten, zur Ritterwürde gelangten. So bildete sich endgültig die Vorstellung vom Rittertum, wie sie sich durch alle Zeiten erhalten hat.

Das Wort ritter ersetzte im sachlichen Gebrauch, besonders jedoch in der Poesie alle früheren Heldenbezeichnungen wie helt, degen, recke, wîgant und wurde endlich zum zentralen Begriff einer ganzen Kultur, zum Schlüsselwort einer neuen Ethik und Ästhetik. Der poetische Charakter, den die Ritterwürde gewann, umfaßte sowohl das heldische Gebaren wie auch den Dienst um die Minne einer edlen Frau.

Ohne Zweifel war bei der Bildung des adligen Rittertums der Einfluß aus Frankreich, wo der chevalier Zentralbegriff der höfischen Welt geworden war, nicht ohne Bedeutung. Die Entstehung des adligen Rittertums war ein europäischer Vorgang.

Gab es einen Ritterstand?

Forscher, die sich in jüngster Zeit mit den Problemen des Rittertums beschäftigten, meinen, das in den Handbüchern zur deutschen Geschichte geschilderte und dann stets wiederholte Ritterbild bedürfe einer Korrektur, weil eine dem 19. Jahrhundert vertraute, konkrete Ständevorstellung ohne Berücksichtigung der Bezugspunkte auf die einzelnen mittelalterlichen Ausdrücke übertragen worden sei. Das Rittertum werde als Träger einer Laienkultur, der Ritterstand als Zusammenschluß aller in schwerer Rüstung den Roßdienst leistenden Krieger, als neuer Dienstadel, der die ursprünglich geschiedenen Stände der Edlen und Ministerialen umfaßte und der ein Stand mit besonderen Vorrechten und Ansprüchen wurde, geschildert.

Nach H. G. Reuter übernahm die Romantik ihre Auffassung vom Mittelalter insgesamt aus dem 18. Jahrhundert, und zwar soll La Curne de Saint Palayes' Werk »Das Ritterwesen des Mittelalters nach seiner politischen und militärischen Verfassung« für die Historiker des 18. Jahrhunderts das Vorbild gewesen sein, an dem sich sowohl die volkstümlichen Schriften über das Ritterwesen ebenso wie die Handbücher zur mittelalterlichen Geschichte und Literaturgeschichte des beginnenden 19. Jahrhunderts orientierten.

Reuters Überprüfung der Quellen und Sätze, die zur Annahme eines Ritterstandes als historische Tatsache geführt hatten, erbrachte das Ergebnis, daß von *den* Rittern oder *dem* Ritterstand nicht gesprochen werden kann.

Diese Theorie kann jedoch nur von hypothetischem Charakter sein, da die bereits im hohen Mittelalter bestehenden Ritterbünde ohne vorherige Formierung eines Ritterstandes nicht möglich sind. Ritterbünde, Rittergesellschaften, Vereinigungen des niederen, besonders südwestdeutschen Adels wurden im 14. und 15. Jahrhundert zur Wahrung reichsritterlicher Rechte gegen Städte und Territorialfürsten und als Gegengewicht zu den Städtebünden gegründet. Die Bünde nannten sich nach ihren Erkennungszeichen, wie z. B. mit dem Schwerte (1370), Kroner (1372), Löwler (1379), Hörner (1379) und Schlegler. Seit 1500 unterschied man die drei Ritterschaften zu Schwaben, Franken und am Rhein, die sich 1577 zur Reichsritterschaft zusammenschlossen.

Ob literarische Quellen dazu taugen, die Wirklichkeit des Rittertums zu belegen, ist umstritten. Denn die mittelalterliche Ritterdichtung war die individuelle Leistung einer Personengruppe, die aufgrund ihrer erst relativ kurzen Zugehörigkeit zur Adelsschicht bestrebt war, die Ideologie stark zu betonen. Nur unter Anerkennung solcher Voraussetzungen kann in dem hier vom Rittertum gezeichneten Bild ein Bezug zur Wirklichkeit gewonnen werden.

Die Darstellung der Charaktere in der Dichtung sind immer übersteigert und gefärbt, je nach der Absicht des Autors. Diese poetischen Zeugnisse über die Rechtsvorstellungen im Mittelalter haben zwar den Vorzug der Lebensnähe, ihre Gültigkeit muß aber anhand historischer Quellen geprüft werden, da sie im Grunde etwas anderes aussagen wollen als wirkliche Begebenheiten.

Die Idealisierung entfernt den Poeten von der Wiedergabe der Wirklichkeit; zwar vermittelt er eine Fülle kulturgeschichtlich interessanter Einzelheiten, gibt aber keine vertiefte Anschauung von der Wirklichkeit des Rittertums.

Als Beleg der endgültigen Formierung und Abschließung des Ritterstandes um die Mitte des 12. Jahrhunderts werden die von Kaiser Friedrich I. erlassenen Reichslandfriedensgesetze, »Constitutio de pace tenenda« (1152) und »Constitutio contra incendiarios« (1186), angeführt. Man hält es nun neuerdings für erwiesen, daß die Lehre von der Abschließung des Ritterstandes auf einer irrigen Verknüpfung zweier inhaltlich verschiedenartiger Bestimmungen in den oben genannten Gesetzen beruht. Die Existenz eines Ritterstandes sei hierdurch nicht bestätigt. Nicht von der Abschließung des Ritterstandes im eigentlichen Sinne könne man reden, sondern von der Abschließung des ritterlichen, des niederen Adels innerhalb der Ritterschaft; nicht das Rittertum habe den Adel abgelöst, sondern adlige Prinzipien hätten sich auf das Rittertum ausgedehnt, wodurch dann der niedere Adel entstanden sei. Ohne Zweifel kann jedoch seit dem 13. Jahrhundert von einem Ritterstand gesprochen werden, der aus der Ministerialität als dem wesentlichen Träger des Rittertums hervorgegangen und durch ein Gesetz Kaiser Friedrichs II. von 1231 endgültig sanktioniert war.

Um die Mitte des 13. Jahrhunderts wird der Stand der Ministerialen, der Dienstmannen als solcher, abge-

Folgende Doppelseite:
Das tatsächliche Bild mittelalterlicher Burgen vermitteln Zeitgenossen wie Konrad Kyeser in Bellifortis, um 1405. – Links: Gipfelburg als Ort mysteriöser Vorgänge, eine Ritterburg mit allen für diese Periode charakteristischen Einzelheiten. – Rechts: Aus einer ringförmigen Gipfelburg werden 2 Männer durch einen Zauberrauch aus Magnetsteinpulver vertrieben.

Animaliiꝯ pꝛimi vꝛiꝰ mediꝰ vmbella
pendentis bꝛiui ſtupa miſtet̄ et inde
Leti candela ſoꝛine̅ꝯ eo cera coꝛumpta
Poꝛtubꝯ quo vꝛ lumaꝰ tempe noctiꝯ
Videbiꝯ effectiꝯ ſi pᷣ adeſt ingulati
Quoꝛumlibet aimo qndã ſtabulum fugiut·

Magnes lapis totus, et bene puluisatus
In scol[?] missus, repositus anguille domus
Firmius ascendens, expellit quicq[uid] notato
Magnes ferro carens, dispar[?] altera tactu
Quem si reformabis in vino si lauas rem[?]
Et post absperges, albo bi[?]m linitheo p[r]ius

schlossen: die Ritterwürde zu erlangen setzt nun Ritterbürtigkeit voraus. Den Aufstieg zu erreichen, war nun nicht mehr jedem Beliebigen möglich; die Abgrenzung wurde jedoch in den Ländern mehr oder weniger streng gehandhabt.

Aus dem Gefüge des Lehenswesens in Verbindung mit der militärischen Gruppierung kam es im Bereich des Adels zur Herausbildung von Idealforderungen, die sich im Tugendkodex der Ritterschaft kristallisierten. Hier sind die Wurzeln des Rittertums und des Adelsstandes im 12. und 13. Jahrhundert. Die Diskrepanz zwischen erdachtem Ideal und gelebter Wirklichkeit, zwischen denen ein unmittelbarer Zusammenhang bestand, ist offenbar. Das Bild, das die Dichtung präsentiert, ist maßlos übersteigert; die hier gepriesenen Ritterideale konnten nicht gelebt werden, sie sollten jedoch Forderung und Ansporn sein. Ohne Not und ohne durch einen Lehnseid gebunden zu sein, zog im 12. Jahrhundert kein Lehnsmann in einen Kampf um der Ehre willen, wie es in Heldenliedern geschildert wird, zumal der König die Adelsfehde verbot. Das formale, utopische Ideal konnte sich in der Folge nur in einer kultivierten Lebensform, die allerdings die Unsterblichkeit des Rittertums bedingte, darstellen.

Die ritterliche Weltanschauung entstand langsam, gefördert durch praktische Erfordernisse wie durch mystischen Einfluß und im notwendigen Zusammenhang mit dem feudalen System und dem Lehenswesen.

Das Zusammengehörigkeitsgefühl des Adelsstandes begünstigte trotz Kampf und Streit in den eigenen Reihen die Vorstellung einer geschlossenen Gesellschaft. Auf dieser Grundlage konnten auch internationale Vorhaben verwirklicht werden. Das Gefühl der Zusammengehörigkeit über nationale Grenzen hinweg war vor allem getragen von den großen Herren, die durch gleichartige Interessen verbunden waren und sich in der für ihren Stand und den der Geistlichen allgemein gültigen lateinischen Umgangssprache verständigen konnten.

Durch die Schwertleite zur Ritterwürde

Wie war diese Ritterwürde zu erlangen und wie vollzog sich die Aufnahme in den Ritterbund? Von der Wehrhaftmachung der jungen Krieger, über die bereits Tacitus von den Germanen berichtet, bei denen der freie Jüngling in öffentlicher Versammlung Schild und Frame erhielt, wandelte sich der Brauch im Laufe der Jahrhunderte, ohne daß davon berichtet wurde, zur Schwertleite. Die Kirche wirkte etwa seit dem 10. Jahrhundert bei diesem Brauch mit, indem sich die Sitte einbürgerte, bei der Umgürtung den jungen Krieger ebenso wie sein Schwert zu segnen. Pontifikalien deutschen Ursprungs für die consecratio ensis (Schwertweihe) und die benedictio novi militis (Segnung neuer Ritter) aus der zweiten Hälfte des 10. Jahrhunderts enthielten den Benediktionstext zu dieser Handlung, die jedoch in der Frühzeit nur selten vorgenommen wurde.

Die Ritterweihe durch Geistliche war kein Brauch von alters her, denn es bestand ursprünglich kein Zusammenhang zwischen Wehrhaftmachung und kirchlichem Segen. Doch lag es wohl im Interesse der Kirche, bei Weihehandlungen maßgebend mitzuwirken. Von besonderer Bedeutung war in diesem Zusammenhang auf höchster Ebene die Übergabe des vexillum sancti Petri, der Fahne Sankt Peters. Sie wurde, soweit bekannt ist, erstmals 1066 durch Papst Alexander II. auf Betreiben des Kardinals Hildebrand, des späteren Gregor VII., an Wilhelm, nachmals den Eroberer, Herzog der Normandie – nach dem Bericht Wilhelm von Poitiers', einem Zeitgenossen Wilhelms – »durch die Güte des Papstes« verliehen, gleichsam als Hilfe des hl. Petrus, damit Wilhelm »mit Vertrauen und Sicherheit die Gegner angreife«.

Aus dem 11. und beginnenden 12. Jahrhundert sind noch eine ganze Reihe von Verleihungen der Petersfahne bekannt. Es liegt die Vermutung nahe, daß die Päpste hier mit der Verleihung des vexillum sancti Petri eine Lehensbindung anstrebten, indem sie das kaiserliche oder königliche Recht der Investitur zu usurpieren versuchten. Wilhelm der Eroberer hatte ein diesbezügliches Ansinnen Gregors VII. abgelehnt; erste größere Vasallen der Kurie wurden durch Belehnung bei Überreichung einer Fahne die Normannen Süditaliens, die zuvor Lehnsleute des Kaisers waren. Dieses Engagement der Kirche in einer dem Kriege dienenden Institution war das Ergebnis ihrer allmählich gewandelten Einstellung zum Kriege. Nachdem die Kirche zunächst den Krieg nur zur Abwehr von Gefahr gebilligt hatte, gab sie endlich dem Angriffskrieg zur Bekämpfung und Vernichtung der Heiden ihren Segen. Die Gedankenwelt des späteren halbgeistlichen Rittertums kündigte sich im 11. Jahrhundert bereits durch einen regelrechten Ordo für die Bewaffnung eines Kirchenverteidigers oder anderen Ritters an, ein Ritual, bei dem der Bischof den Ritter samt Fahne, Lanze, Schwert und Schild segnete. Die kirchliche Heiligung des Waffenhandwerks fand ihren Ausdruck in der Verehrung von Heiligen, denen ein spezielles Kriegs- und Ritterpatronat zugeschrieben wurde. Seit langem wurden bereits in der griechischen Kirche Kriegsheilige von Soldaten verehrt und auf Kriegsfahnen dargestellt, so die Heiligen Demetrius, Theodor, Sergius und Georg. Seit Anfang des 11. Jahrhunderts galten in der römischen Kirche Mauritius, Sebastian, Martin und Georg als ritterliche Vorbilder bei der Ritterweihe. Besondere Verehrung genoß als himmlischer Kriegshelfer und Patron der christlichen Ritter der heilige Georg; er erschien vor allem den Kreuzfahrern gemeinsam mit den Heiligen Demetrius, Theodor und Merkur als Schlachthelfer.

Seit der Mitte des 12. Jahrhunderts ist das Wort swertleite oder swertleiten in Deutschland in Gebrauch. In den Heldenliedern berichtete man von diesem Vorgang als: ritterschaft geben, ritter werden, schilt gewinnen, enphahen, swert enphahen, umgürten oder ritters namen gewinnen, ze ritter machen, ritter werden, swert nemen, wâpen nemen, swertdegen werden.

Sicher ist, daß es seit Beginn des 12. Jahrhunderts eine Promotion zum Ritter in feierlicher Form gab, so daß der Begriff Rittertum als gerechtfertigt anerkannt erscheint. Wie wir sahen, vollzog sich der Bedeutungswandel des Wortes ritter bereits im frühen 12. Jahrhundert, jedoch war das ritterliche Selbstbewußtsein zunächst noch nicht ausgeprägt.

Gemeinhin erfolgte die Wehrhaftmachung im Alter von 14 bis 15 Jahren, die Erteilung der Ritterweihe meist nicht vor dem 18. Lebensjahr. Beispiele für eine Ritterpromotion in höherem Alter – bis zu 50 Jahren – sind in der Zeit, als an die Stelle der Schwertleite der Ritterschlag getreten war, zahlreich. In der Hochblüte des höfischen Lebensstils wurde eine Ritterpromotion nur in jugendlichem Alter vollzogen, sie war Voraussetzung für den Empfang eines Lehens, für die Heiratserlaubnis oder für die Ausübung einer Regentschaft.

Die Grundidee der Handlung war einem Wandel unterworfen; stand anfänglich noch die Wehrhaftmachung im Vordergrund, so war später nur die Verleihung der Ritterwürde von Wichtigkeit. Die Schwertleite konnte im Frieden und im Kriege erteilt werden. Es gab Einzel- und Massenpromotionen, wobei die Zahlenangaben zu den letzteren meist übertrieben sind. Während die Ritterpromotion ursprünglich eine besondere Feier war, findet man sie seit dem 13. Jahrhundert in Verbindung mit anderen Ereignissen. Insbesondere die Heerfahrt war bevorzugte Gelegenheit zur Erlangung der Ritterwürde. So gürtete z. B. Herzog Otto II. von Baiern seine Söhne Ludwig und Heinrich am 29. September 1253 auf einem Feldzug bei Altötting mit dem Ritterschwert.

Die Promotion konnte sowohl vor als nach der Schlacht stattfinden. Häufig fand die Zeremonie auch aus Anlaß einer Königshochzeit oder Krönung statt, um dadurch den Glanz des Festes zu erhöhen. Es handelte sich in solchen Fällen meist um Massenpromotionen, die bereits seit dem Ende des 12. Jahrhunderts nachzuweisen sind. Weitere Gelegenheiten ergaben sich bei kirchlichen Feiern, am Heiligen Grabe, auf der Tiberbrücke in Rom, auf England- oder Preußenfahrt. Bevorzugt wurden hohe Kirchenfeiertage, z. B. Ostern oder Pfingsten, wobei die vorchristliche Bedeutung dieser Zeiten als Frühlings- oder Sommerfest eine wichtige Rolle spielte. Meist geschah die Zeremonie in den Morgenstunden.

Zur Weihe erhielt der in feierlichem Rittergewand erschienene Anwärter das Schwert, den Schwertgürtel, den Schild, ein Roß und die Sporen. Der kirchliche Segen war nicht die Regel. Der Ritter verpflichtete sich zu den Tugenden der Demut, der Wohltat an Waisen und Witwen, zu Mut und Treue. Geschenke erhielt der Ritterkandidat, aber auch die Gäste, Sänger und Spielleute. Nach der Promotion schritt man zum buhurt, zuweilen ein Scheinkampf des jungen Ritters gegen einen vollendeten Ritter. Anschließend wurde ein Fest gefeiert, das u. U. mehrere Tage dauerte.

An Beispielen für die Schwertleite hochgestellter Personen mangelt es nicht. So wurde Ludwig der Fromme 791 als 13jähriger mit dem Schwert umgürtet, Heinrich IV. mit 15 Jahren 1065. Im 12. Jahrhundert ging die Wehrhaftmachung zuweilen der Schwerleite voran. So wurde z. B. Friedrich I. Barbarossa nach seiner Wehrhaftmachung an den Hof Konrads III. geschickt, mit der Ritterwürde wurde er erst als 23jähriger ausgezeichnet. Im allgemeinen war es wohl der Vater, der, wie bei der Wehrbarmachung, dem Sohn die Ritterwürde erteilte. Auch ein Oheim oder Vormund kam dafür in Frage. Die Sitte, junge Männer zur Erziehung an fremde Höfe zu schicken, brachte es mit sich, daß der dortige Fürst den Knappen zum Ritter machte.

Ausführlich und anschaulich ist von einer der glanzvollsten Feiern einer Schwertleite, dem großen Fest zu Mainz, berichtet, bei dem die beiden ältesten Söhne Kaiser Friedrichs I., Friedrich und Heinrich, die Ritterwürde erhielten. Die gewaltige Zahl der geladenen Gäste fand in der engen Stadt keine Unterkunft. Darum hatte der Kaiser auf der gegenüberliegenden Seite des Rheins eine Pfalz mit einer daran angeschlossenen Kirche aus Holz erbauen lassen, dazu ein Gästehaus und Vorratshallen für die Massen von Lebensmitteln, die zu Wasser und zu Lande herbeigeschafft wurden. Um diesen Gebäudekomplex gruppierte sich eine Zeltstadt für das kaiserliche Gefolge und fürstliche Gäste, die sich gegenseitig an Prunk und Aufwand zu überbieten trachteten.

Es versammelten sich die geistlichen und weltlichen Fürsten, die Erzbischöfe, Bischöfe und Äbte, die Herzöge, Markgrafen, Pfalzgrafen, Landgrafen, ferner die Grafen, die Edlen und Reichsministerialen aus dem ganzen deutschen Reich, aus Burgund und Italien. Von siebzigtausend Rittern war die Rede, eine Zahl, die wohl stark übertrieben ist. Alle bewirtete der Kaiser auf das Freigiebigste.

Der feierliche Akt wurde in der provisorischen Kirche am Pfingstmontag, dem 21. Mai 1184, nach der Frühmesse vollzogen, nachdem fast am Ehrgeiz einiger Kirchenfürsten am Tage zuvor das ganze Vorhaben gescheitert wäre. Der Abt des Klosters Fulda, des ältesten deutschen Klosters, hatte dem Erzbischof von Köln den Platz zur Linken des Kaisers streitig gemacht. Als dieser sich anschickte, mit seinem ganzen Gefolge das Fest zu verlassen, wenn nicht ihm der beanspruchte Platz gewährt würde, konnte der Friede nur durch Vermittlung des Kaisers und des jungen Königs Heinrich wiederhergestellt werden.

Erst nach Beseitigung dieser ärgerlichen Störung konnten dem Kaiser, seiner Gemahlin und dem jungen König die Kronen aufgesetzt werden, unter denen sie alsdann in der feierlichen Prozession einherschritten.

Folgenden Tags erhielten die beiden erlauchten Anwärter die Ritterwürde, sie wurden mit dem Schwert umgürtet und leisteten das Rittergelübde. Reiche Geschenke an Rossen, kostbaren Kleidern, Gold und Silber spendeten der Kaiser und die beiden neuen Ritter ebenso wie alle Fürsten und Großen des Reiches zur Verteilung an die Ritter und Spielleute, auch an Gefangene und solche, die als Kreuzfahrer nach dem Gelobten Lande ziehen wollten.

An die Ritterweihe der Kaisersöhne schloß sich ein Frühmahl und daran ein großes Turnier, an dem außer den beiden neuen Rittern schätzungsweise 20 000 Ritter teilnahmen. Auch der Kaiser selbst beteiligte sich an dem unblutigen Kampfspiel. Als böses Omen wurde ein Unglücksfall gedeutet, der sich am dritten Festtag ereignete. Ein heftiger Windstoß während eines Unwetters brachte die hölzerne Kirche zum Einsturz, mehrere Menschen wurden unter den Trümmern erschlagen, auch die Zeltstadt erlitt beträchtliche Schäden.

Im Sachsenspiegel, dem ältesten und einflußreichsten Rechtsbuch des deutschen Mittelalters, das der sächsische Ritter Eike von Repkow in der Zeit zwischen 1220 und 1235 aufzeichnete, heißt es:

> ›Na sassenrecht heft nemand ridder
> ›Nach Sachsenrecht hat niemand Ritter-
> *recht, syn vader und syn eldervader*
> Recht, es sei denn sein Vater und sein
> *veren riddere edder von ridders-*
> Großvater waren Ritter oder von Ritters-
> *art edder riddersgenot.‹*
> art oder Rittergenossen.‹

Voraussetzung für den Erwerb der Ritterwürde war demnach der Nachweis adliger Abstammung. In Deutschland konnte ein nicht ritterbürtiger zunächst nur durch den Kaiser zum Ritter werden. Söhne von Priestern, Diakonen und Bauern waren durch Kaiser Friedrichs I. Landfriedensgesetz von 1186 ausgeschlossen bzw. mußten gegebenenfalls der Würde durch den Landrichter entkleidet werden. Diese strengen Gesetze wurden jedoch in der Folgezeit nicht immer geachtet und angewendet. Für die Aufnahme in den Deutschen Ritterorden blieb allerdings die adlige Abstammung Voraussetzung.

Als weitere Voraussetzung zur Verleihung der Ritterwürde wurde auch ein gewisser Besitzstand gefordert. Die Annahme der Ritterwürde war im 13. und 14. Jahrhundert mit der Erhebung einer Rittersteuer, die von der Bevölkerung an den Fürsten zur Deckung der Promotionskosten abzuführen war, verbunden. Andererseits verstand man unter Rittersteuer die Kosten der Aussteuer für den Anwärter, wozu der Landesherr gelegentlich einen Zuschuß gewährte. Häufig wurde daher die Annahme wegen der hohen Kosten der Aussteuer des Ritters abgelehnt oder erst nach Erreichung eines gewissen Wohlstandes angenommen.

Endlich wurden Gesetze erlassen, die die Annahme der Ritterwürde erzwangen, wenn Verdacht bestand, daß sich Leute von »geburt und gut« aus Bequemlichkeit oder Geiz selbst ausschlossen. Die Aberkennung der durch Geburt ererbten Standesrechte konnte angeordnet werden.

Seit dem 13. Jahrhundert konnten auch Männer bürgerlichen Standes Ritter werden, selbst Bauern konnten zur Ritterwürde gelangen. Es kam im 15. Jahrhundert zur regelrechten Verschleuderung dieser Würde, ein Umstand, gegen den sich der Geburtsadel heftig zur Wehr setzte. Besonders Kaiser Sigmund nahm es mit der Abkunft der Kandidaten nicht genau und promovierte Bürger und Bauern wahllos zu Rittern. Längst war auch das Recht, die Ritterwürde an nicht ritterbürtige Anwärter zu verleihen, nicht mehr dem Kaiser vorbehalten. Die Erteilung der Würde durch Fürsten, mit der Zeit gar durch Gleichgestellte, war eine Entartungserscheinung.

Ritterschlag –
Ritter vom Heiligen Grab

Der Ritterschlag, die Zeremonie, durch einen Schlag mit dem blanken Schwert auf die Schulter die Ritterwürde zu erteilen, trat seit dem 14. Jahrhundert an die Stelle der Schwertleite. Im 15. Jahrhundert war die Form bereits gewohnte Übung unter Verwendung der mehrfach bezeugten Weiheformel: »Hie besser ritter danne knecht.«

Der Ritterschlag als Zeremonie hat seinen Ursprung in Frankreich, wo er bereits im 13. Jahrhundert üblich war. Kaiser Karl IV., der dieses Promotionsverfahren in Deutschland anwandte, war in Frankreich erzogen und hatte dort selbst 1332 die Würde eines Ritters erhalten. Für den eigentlichen Ursprung der Zeremonie gibt es zahlreiche Deutungen. Man sah darin ein Zeichen der Demütigung – als Abwandlung einer zunächst erteilten Ohrfeige –, ferner einen Erweis der Fertigkeit im Waffengebrauch in einem Scheinkampf oder die Freilassung aus der Gewalt des Gefolgsherrn. Die Ableitung aus dem Ritus der Firmung ist abwegig. Die Zeremonie des Ritterschlages hat sich bis auf den heutigen Tag erhalten, sie wird noch bei bestehenden Ritterorden, wie z. B. bei den Johannitern, geübt.

Besondere Bedeutung kam der Ritterpromotion am Heiligen Grabe in Jerusalem zu, sie wurde für deutsche Könige und Fürsten seit dem 14. Jahrhundert üblich, später folgten Adlige und andere Standesgruppen diesem Beispiel, wenn es ihnen möglich war, die Kosten für eine solche Fahrt aufzubringen. Die Würde, ein Heilig-Grab-Ritter zu sein, war sehr begehrt; man konnte sie zuletzt auch für Geld erwerben; damit verlor sie seit dem 15. Jahrhundert ständig an Wert. Zahlreich sind immerhin die Berichte über die Erteilung des Ritterschlages am Heiligen Grabe. Den ausführlichsten Bericht von einer derartigen Zeremonie gab Felix Fabri vom Ritterschlag der Grafen Solms, Zimmern und Genossen 1483; er lautet: »Der Guardian, der von Kaiser Friedrich III. das Privileg hatte, Adelspersonen, die das Heilige Grab besuchten, den Ritterschlag zu erteilen, bestellte Pilger, die Ritter des Heiligen Grabes werden wollten, eine Stunde vor Mitternacht in die Golgathakirche. Den dort Versammelten legte er die Rechte der Ritterschaft vor, verbot denen, die nicht mindestens vier adlige Ahnen und ein gewisses Vermögen hatten, sich den Ritterschlag geben zu lassen, und zählte ihnen dann die ritterlichen Pflichten auf. 1. Gehorsam gegen Kaiser und Papst. – 2. Verteidigung der Kirche, ihrer Rechte und Angehörigen. – 3. Verpflichtung, den Landfrieden zu halten. – 4. Verpflichtung, Unmündigen, Witwen, Fremden und Armen zu ihrem Recht zu verhelfen. – 5. Verbot jeder Verbindung mit Türken und Heiden. – 6. Verteidigung des Heiligen Landes und Grabes.

Darauf ging er mit den Pilgern in die Kapelle des Heiligen Grabes, rief sie nach dem Adelsrang auf und schlug sie zu Rittern. Zuerst den Grafen Johann von Solms, dem gürtete er das Ritterschwert um, schnallte ihm die Rittersporen an, ließ ihn niederknien, dergestalt, daß er mit Brust und Armen über dem Heiligen Grabe lag, zog dann das Schwert des Grafen aus der Scheide und gab ihm mit der Klinge drei Schläge auf die Schultern im Namen des Vaters, des Sohnes und des Heiligen Geistes. Danach hob er den Grafen auf, nahm ihm Schwert und Sporen wieder ab und küßte ihn. Hierauf rief er Johann Werner von Zimmern und reichte dem Grafen Solms Schwert und Sporen, daß dieser den Zimmern zum Ritter mache. Dies geschah, und der von Zimmern gab nun seinerseits Hans Truchseß von Waldburg den Ritterschlag und so fort, so daß immer der im Rang folgende von dem Nächsthöheren den Schlag erhielt.« Die Zimmernsche Chronik zählt insgesamt dreiundzwanzig

Kaiser Sigismund erteilt Heinrich von Ulm den Ritterschlag, aus Ulrich Richtenthaler, Concilium Constantiense, *Augsburg 1473, S. 55 verso.*

neue Ritter auf. Jeder von ihnen gab dem Ritter Johannes nach seinem Vermögen zur Pflege der heiligen Stätten ein Geldgeschenk im Betrag von fünf bis zehn Dukaten.

Die zunächst hochgeachtete Würde des Ritters vom Heiligen Grabe verlor mit der Zeit beträchtlich an Wert, nachdem die Bedingung adliger Abkunft nicht mehr streng beachtet wurde; endlich war die Würde gar käuflich zu erwerben.

Grenzburgen und Pfalzen der Sachsenkaiser

Die nach heutigen Maßstäben oft nur schwer verständlichen Vorgänge in der Verwaltung und im Rechtswesen sind nur durch ein völlig abweichendes Rechtsbewußtsein im Mittelalter zu erklären, das seine Begründung in der damaligen Struktur der Gesellschaft und in der daraus resultierenden Verteilung der Rechte und Pflichten des einzelnen fand.

Grundsätzlich mußten diejenigen, die dem Schutze des Leibes und der Seele ihrer Mitbürger dienten, Ritter und Geistliche, von der Allgemeinheit versorgt werden, eine Auffassung, wie sie auch in der Burgenordnung Heinrichs I. zum Ausdruck kam. Im Bericht über diese Burgenordnung in den Miracula St. Wiperti (936) heißt es: »Nachdem in jüngster Zeit die Geißel der schrecklichen Not über uns durch die Heiden hinweggegangen ist (gemeint sind die Ungarneinfälle), wurde mit königlicher Zustimmung und auf Befehl der königlichen Fürsten festgesetzt und befohlen, daß die Versammlungsstätten der ehrbaren Männer und Frauen mit starken Befestigungen und Mauern umgeben werden.« Weiter wurde verfügt, daß in einer neu angelegten Burg für zehn Ritter einer zur ständigen Besatzung die Stellung hielt, während die anderen seine Versorgung und Bevorratung zu sichern hatten.

Diese Regelung zur Sicherung der östlichen Reichsgrenze vollzog sich vor dem Hintergrund der Slawen- und Ungarneinfälle, die seit dem Anfang des 10. Jahrhunderts Not und Verwüstung über das Land brachten. Unter Konrad I., Herzog von Franken, nach dem Aussterben der deutschen Karolinger König des Ost-

Rudelsburg/Saale, als Straßensperre um 1150 von den Markgrafen von Meißen erbaut, mit mächtigem quadratischem Bergfried. Im Hintergrund die etwa gleichzeitige Burg Saaleck mit einer Schildmauer zwischen 2 runden Bergfrieden.

fränkischen Reiches (911–918), hatte Herzog Arnulf von Baiern die Ungarn 913 bei Passau besiegt. Konrad, dem durch die Herausbildung der Herzogtümer Sachsen, Schwaben, Baiern, Franken und Lothringen gefährliche Gegner erwachsen waren, mußte Arnulf, der sich gegen ihn empört hatte, aus Regensburg vertreiben. Arnulf floh zu den Ungarn und kehrte erst in sein Land Baiern zurück, nachdem Konrad 918 einer schweren Krankheit erlag. Konrad bestimmte sterbend Herzog Heinrich von Sachsen zu seinem Nachfolger.

Heinrich I. (919–936), durch Sachsen und Franken in Fritzlar zum König erhoben, organisierte den Schutz der Grenzen durch die obengenannte Burgenordnung. Gleichartige Merkmale der in diesem Zusammenhang angelegten Burgen, sogenannte Landesburgen, bestimmen diesen Typ des 10. Jahrhunderts als Anlagen aus meist drei Arealen, der dem Aufenthalt der Herrschaft und des Gefolges dienenden Kernburg, meist auf der Spitze eines Bergspornes angelegt; einer großen Vorburg für den landwirtschaftlichen Betrieb und einem weiten, mauerumschlossenen Raum als Sammelplatz des Heerbanns und zur Aufnahme der Landbevölkerung mit ihren Herden in Notzeiten.

Diese Vorsorge für das Landvolk entsprach der Gegebenheit, daß die mittelalterliche Wirtschaftsform zu Beginn überwiegend von der Landwirtschaft bestimmt war.

Auch der König lebte zunächst vom Ertrag seiner Landgüter, die über das ganze Reichsgebiet verstreut waren. Vielfach lagen diese Tafelgüter in der Nähe der Pfalzen, in denen der König umherziehend zu längerem oder kürzerem Verweilen seinen Aufenthalt nahm. Bevorzugte Plätze wurden dementsprechend ausgestaltet.

In älteren Urkunden sind die Pfalzorte unterschiedlich bezeichnet, neben palatium kommen auch villa, castrum, civitas, curtis und castellum vor. Während die Pfalzen in karolingischer Zeit vorwiegend unbefestigt waren, kann seit der Regierung Heinrichs I. eine befestigte, burgartige Anlage für Pfalzorte sicher angenommen werden.

Die bereits im 9. Jahrhundert verwendete Bezeichnung castrum läßt vermuten, daß schon zu dieser Zeit befestigte Pfalzen existierten.

Die Pfalzen bestanden zumeist aus dem Wirtschaftshof, dem Palatium (der Königsunterkunft), dem Reichssaal, der Pfalzkapelle – Elementen, wie sie auch in der Pfalz Karls d. Gr. in Aachen zu finden sind – und endlich einer Befestigung.

Deutlich sind unter den Pfalzen der sächsischen Könige verschiedene Typen zu unterscheiden. So bestand z. B. in Quedlinburg die Pfalz Heinrichs I. aus der Burg und dem Hof, wobei das Palatium in der Burg anzunehmen ist. Nach Heinrichs I. Tod verlegte man das Palatium und das Kanonikerstift St. Wiperti in den Königshof in der Ebene, die Burg blieb daneben bestehen. In Grone bei Göttingen lag das Palatium wieder in der Burg, der Königshof abseits im Tale. Zu den von Heinrich II. benutzten Pfalzbauten gehörte ebenfalls eine caminata regis (Reichssaal) und eine ecclesia (Pfalzkapelle). Bei der Werla lag gleichfalls das Palatium in der weiträumigen Burganlage. Der Wirtschaftshof, der bezeugt ist, wurde noch nicht aufgefunden.

Ähnliche Verhältnisse sind bei Allenstedt und Tilleda zu konstatieren. Für den letzteren wird vermutet, daß die Ottonen bei diesem ursprünglich karolingischen Königshof nicht nur das Palatium, sondern auch die Burg auf der Höhe oberhalb ihres Hofes neu anlegten.

Die Beispiele zeigen, daß die Pfalzen des 10. Jahrhunderts aus zwei räumlich getrennten Teilen, einem Hof und einer Burg, bestanden und daß das Palatium sich jeweils in einem dieser Teile befand, bevorzugt allerdings wohl im Schutze der Burg. Hierin vor allem lag gegenüber den karolingischen Pfalzen die Neuerung Heinrichs I. und der Ottonen, die auch die Staufer übernahmen, wie z. B. an den Pfalzen Hagenau, Wimpfen, Gelnhausen und Eger zu erweisen ist.

Die zu den Pfalzen gehörigen Burgen waren von durchaus verschiedener Gestalt, Befestigungsweise und Funktion. Gemeinsam war ihnen die Siedlungsnähe, die auch die Platzwahl bestimmte; es wurde nicht immer der strategisch günstigste Platz, sondern der relativ brauchbarste verwendet. Alle zu den Pfalzen gehörigen Burgen waren weiträumig, allen gemeinsam war auch für die Kernburg die Form als Ringwall- oder Ringmauerburg; die Gebäude des Palatiums waren vorwiegend ohne Bezug zur Umwallung in sich geschlossen hineingestellt, wie die Ausgrabung der Werlaburg gezeigt hat.

Die Vielzahl der Pfalzen im frühen und hohen Mittelalter ergab sich aus dem Verfahren des Regimentes. Der König mußte reisen, um durch seine Anwesenheit und Gegenwart seine Regentschaft auszuüben, darüber hinaus aber auch, um die Erträgnisse seiner Güter zu verwenden und davon zu leben. Es gehörte zu seinen Aufgaben, an verschiedenen Orten zu richten und altes Recht zu erneuern. Eine Sicherung der

Rechtslage über längere Zeit war allerdings unmöglich, weil auch das kodifizierte, in Urkunden festgelegte Recht Fälschungen und Veränderungen unterlag und Überprüfungen durch Vergleich von Abschriften mangels verfügbarer Archive unmöglich waren. Die meisten Fälschungen dieser Zeit gingen zu Lasten der Kirchen und Klöster, die auf diese Weise ihren Besitz abrundeten.

Faustrecht und Fehde – Landfriedensgesetze

Sein Recht zu wahren, war im Mittelalter Sache jedes einzelnen, und es galt als durchaus legal, seinen Vorteil oder seinen Anspruch zu ertrotzen, wenn nicht gütlich, so durch Gewalt. Im Mittelalter war es nicht ein Vorrecht des Königs, als der Spitze des Staates, Recht mit Macht durchzusetzen. Nicht ein zentrales, allgemeingültiges Recht regelte die Beziehungen der Mächtigen, die sich selbst zu schützen imstande waren und anderen Schutz gewährten, sondern jeder einzelne war der Wahrer seiner Interessen. Die Vertretung des Anspruchs geschah in der Regel in der Form der Fehde, die nach genauem Ritual verlief. Für die Wandlung des Rechtsbewußtseins im Mittelalter war das jeweilige Ausmaß der Legalität der Fehde ein beredter Gradmesser.

In dem Maße, in dem die Fehde die allgemeine Sicherheit beeinträchtigte, fühlte sich die durch den König repräsentierte staatliche Macht bemüßigt, diesem Unwesen entgegenzutreten. König Heinrich IV. verkündete 1103 den ersten Reichslandfrieden, durch den Personen wie Geistliche, Frauen, reisende Kaufleute, Bauern, Jäger und Fischer sowie auch Sachen wie Kirchen, Wohnhäuser, Mühlen, Ackergeräte auf dem Felde und Königsstraßen unter besonderen Schutz gestellt wurden. Landfriedensgerichte hatten die Einhaltung des Gesetzes zu überwachen und gegebenenfalls Strafen zu verhängen.

Von entscheidender Bedeutung war diese Regelung für den Wehrbau, denn er konnte wegen seiner Wehrhaftigkeit öffentlichen Schutz nicht in Anspruch nehmen, während nach der geschilderten gesetzlichen Regelung jedes bewohnte Haus samt zugehörigem Hofraum den besonderen Friedensschutz genoß. Der in einer Burg sitzende Ritter verzichtete auf die Wehrlosigkeit als einer Voraussetzung für den Rechtsschutz und vertraute auf seine Mauern.

Den Bau einer Burg oder Ortsbefestigung hatte nach Ausweis des Schwabenspiegels der Landrichter zu genehmigen (Landrecht 143a)

> *. . . man sol ovch dehein burch powen noch dörfer*
> . . . man soll auch keine Burg bauen noch Dörfer
> *veste machen noch berge mit vestenvnge an des*
> befestigen noch befestigte Refugien ohne des
> *lantrichters vrlovp . . .*
> Landrichters Erlaubnis . . .

heißt es da. Genau bestimmt waren aber auch die Arten von Umfriedigungen von Grundstücken, die keiner Genehmigung bedurften (Landrecht 143b)

> *an des lantrihters vrlovp mach man wol*
> Ohne des Landrichters Erlaubnis kann man wohl
> *graben in die erde als tief als ein man mit*
> in die Erde graben so tief wie ein Mann mit
> *einer schvvel vf geschiezzen mach vz der erden*
> einer Schaufel auswerfen kann aus der Erde
> *also daz er deheinen schamel mache. mag ovch*
> so daß eine Stufe entsteht. Kann auch
> *wol powen an sein vrlovp drier gadme hoh*
> wohl ohne seine Erlaubnis bauen drei Gaden hoch
> *mit holtz oder mit steinen ob der erde an*
> mit Holz oder mit Steinen über der Erde ohne
> *zinnen vnd an brustwere vnd an alle wer,*
> Zinnen und ohne Brustwehr und ohne alle Wehr,
> *man mag ovch an sein vrlovp einen hof*
> man kann auch ohne seine Erlaubnis einen Hof
> *an ebner erde vmbe vahen mit einer mavre*
> zu ebener Erde umschließen mit einer Mauer,
> *so ein man sitzet vf einem rosse daz als*
> wenn ein Mann auf einem Roß sitzt, die so
> *hoh sei daz er wol ze oberist dar an*
> hoch sei, daß er wohl zu oberst daran
> *geraichen mvge mit der hant ane zinnen vnd*
> reichen möge mit der Hand ohne Zinnen und
> *an brustwere vnd an aller slaht vestenvnge.*
> ohne Brustwehr und ohne alle Art Befestigung.
> *in der selben wise mag ein man mit holtze*
> In der gleichen Weise kann ein Mann mit Holz
> *seinen hof vme vahen . . .*
> seinen Hof umschließen . . .

Was den Burgbesitz betrifft, so war dieser von Rechtsgrundsätzen bestimmt. Zunächst war noch im 12. Jahrhundert Befestigungsrecht gräfliches Recht, seit 1220 bzw. 1231 aber Bestandteil des landesfürstlichen Rechtes. Burgbesitz hatte auch einen angemessenen Besitzstand zur Voraussetzung; das erhellt aus einer besonderen baierischen, in den Landfrieden des 13. Jahrhunderts getroffenen Bestimmung, wonach ein Einkommen von 30 Pfund Pfennigen notwendig war. Ein landesherrliches Befestigungsregal als Folge fortgeschrittener territorialstaatlicher Entwicklung ist vielleicht aus dem Artikel 32 des baierischen Landfriedens von 1281 abzuleiten, der bestimmt, daß niemand eine Burg haben soll, er habe sie denn ohne des Landes Schaden.

Landschädliche Wehrbauten konnten nach Landfriedensgesetzen zerstört, ihre Wüstung durch Feuer oder Niederreißen (brennen und werfen) angeordnet werden. Wie dabei zu verfahren war, bestimmte das Landrecht im Sachsenspiegel. Der Fall konnte z.B. eintreten, wenn in der Burg ein Friedensbrecher Zuflucht nahm oder die Beute eines Raubzuges dort gehehlt wurde. Zum Abbruch einer Burg heißt es dort (Ldr. III 68 § 1):

> *De richtere scal to dem ersten mit enem*
> Der Richter soll zuerst mit einem
> *bile dre sleghe slan an ene borch*
> Beile drei Schläge schlagen an die Burg
> *oder en ghebuw, dat mit ordelen verdelet*
> oder einen Bau, der durch Urteil verurteilt
> *is; dar scolen de lantlude to*
> ist; dazu sollen die Dienstpflichtigen
> *helpen mit howene unde mit rammene. Nicht*
> helfen mit Hauen und mit Einstoßen.
> *ne scal men it bernen, noch stene noch*
> Man soll es nicht brennen noch Steine oder
> *holt danne vuren, noch nicht des dar oppe*
> Holz davonführen, oder was sonst darauf
> *is, it ne si rofleke dar op gevuret; tut*
> ist, das nicht räuberisch fortgeschafft
> *sek dar ieman to mit rechte, de vure't*
> wird; tut jemand es rechtmäßig, der führe es
> *dannen; den graven unde den berch scal man*
> hinweg; den Graben und den Berg soll man
> *evenen mit spaden.*
> einebnen mit Spaten.

Auch die Kirche nahm Anteil an der Sorge um die Wahrung des Friedens und bedrohte Friedensbrecher mit Kirchenstrafen. Mehrere Synoden befaßten sich mit Gesetzen zur Friedenseinigung streitender Parteien und mit dem generellen Verbot der Fehde.

Nachdem aufgrund der Entwicklung des Lehenswesens die Fürsten mächtige Territorialherren geworden waren, übertrug ihnen die Kirche Schutzfunktionen, die zunächst nur dem König zugewiesen waren, insbesondere den Schutz mit dem Schwert. Das galt vor allem für die Institution der Vogtei, des weltlichen Schutzes und der Verwaltung der Klöster, in der sich

das Gewicht von der Verwaltung mehr auf den Schutz verlagerte, zumal Kirchen und Klöster in dieser Zeit auch am wachsenden Fehdewesen beteiligt waren. Vom Mainzer Reichslandfrieden von 1103 führt eine gerade Linie über Barbarossas »Constitutio de pace tenenda« von 1152, die »Constitutio pacis« des Reichstages von Roncaglia und die »Constitutio contra incendiarios« von 1186 zum ersten in deutscher Sprache abgefaßten Reichsgesetz, dem Reichslandfrieden Friedrichs II. von 1235. 1495 verkündete Maximilian I. den Ewigen Reichslandfrieden, der das Fehderecht endgültig beseitigte.

Dörfer, Städte, Burgen: Mittel zur Macht

Die Bauern, meist völlig unbewaffnet, lebten im Machtbereich herrschaftlichen Schutzes. Eigene Schutzbauten errichteten sie nur in Gestalt befestigter Friedhöfe. An die Stelle der im frühen Mittelalter Schutz bietenden Wallanlagen trat nun für den Herrn das feste Haus, der befestigte Adelshof, endlich die Burg, die ebenso dem Schutz wie der Beherrschung diente, deren Anzahl sowohl in der Bevölkerungsdichte wie in der strategischen Situation begründet war; Burgen waren Knotenpunkte eines Netzes zur Beherrschung eines Landesteiles.

Von ca. 1050 bis 1300 war die Zeit der Städtegründungen. Der Kaiser und die Fürsten wetteiferten im Bemühen um die Schaffung neuer Machtzentren und neuer Einnahmequellen. Demgegenüber strebte eine selbstbewußte, wachsende Bürgerschaft nach Freiheit gegenüber dem Stadtherrn; Standbilder des Ritters Roland waren vermutlich Symbole städtischer Autonomie.

Doch nicht nur Städte wurden gegründet, im gleichen Zeitraum ist auch eine gewaltige Zunahme an Burgengründungen festzustellen. War es zunächst das alleinige Recht des Königs und in seiner Stellvertretung seiner Grafen gewesen, Burgen zu bauen, so

---

Der Sachsenspiegel, wichtigste Quelle des Rechts im Mittelalter, 1220–1235 von Eike von Repkow, enthält u. a. Bestimmungen über Bestrafung von Burgherren, die den Frieden brechen – Oben: (Landrecht II 72 § 5) Wenn von einer Burg aus ein Raubzug angetreten wird, so haftet die Burg nur, wenn die Räuber dorthin binnen 3 Tagen zurückkehren oder den Raub dort hehlen. Hier Ausritt und Missetat – Mitte: (Ldr. II 72 § 1) 6 Boten des Richters suchen auf einer Burg einen flüchtigen Friedensbrecher – Unten: (Ldr. III 68 § 1) Beim Abreißen einer verurteilten Burg soll zunächst der Richter 3 Schläge mit einem Beil tun; dann sollen die Dienstpflichtigen sie zerstören.

ging mit der schwindenden, durch die Entwicklung des Lehenswesens geminderten königlichen Zentralgewalt dies Recht zunächst an die Territorialherren und von diesen weiter an abhängige Lehensträger über. Die Bildung der Territorien brachte es zwangsläufig mit sich, daß sowohl Herrschafts- und Verwaltungszentren wie auch Wehrbauten als militärische Stützpunkte zur sicheren Beherrschung eines jeden Landesteils notwendig wurden. Die Strategie jener Tage war nicht so sehr auf die große Feldschlacht abgestellt als vielmehr auf die Verwüstung der Landschaft und damit auf die Zerstörung der Ernährungsgrundlage. Militärischer Schutz mußte daher organisiert und an Gefahrenpunkten gegenwärtig sein. Die erste Maßnahme zur Beherrschung eines eroberten Gebietes war demnach die Besetzung vorhandener Burgen oder der Bau neuer Wehranlagen. Obwohl die Tatsache einer von den Landesfürsten betriebenen Burgenpolitik noch gründlicher Erforschung bedarf, kann die Hypothese gelten, daß die Burgenorganisation entweder der Errichtung landesherrlicher Ämter als Mittelpunkten zu dienen hatte oder aber einer vorhandenen Gerichtsbezirksbildung nachfolgte und daß überall da Burgen notwendig waren, wo Rechtsverhältnisse ungeklärt bzw. die Behauptung einer Stellung nur mit Gewalt zu ertrotzen war. Sicher war ein Stützpunktsystem auch zur Wahrung des Friedens durch den Landesherrn notwendig in einer Zeit, in der das adlige Fehdewesen blühte.

Als Burgenpolitik kann die Schaffung eines lückenlosen Netzes von geschlossenen Burgbezirken, als Burgenverfassung die gerichtliche und militärische Mittelpunktsbildung innerhalb der landesherrlichen Ämterverfassung bezeichnet werden.

Burgenpolitik an zwei Beispielen

Konsequent betriebene territoriale Burgenpolitik sei hier an zwei Beispielen erläutert, erstens am altwittelsbachischen Gebiet und zweitens an der Entwicklung der Landesherrschaft der Grafen von Katzenelnbogen.

Das Stammgebiet der Grafen von Scheyern, die sich später nach ihrer neuen Burg von Wittelsbach nannten, lag im ausgehenden 11. und 12. Jahrhundert im Raum zwischen mittlerer Isar und dem unteren Lech um die Bischofsstadt Freising. Es war ihnen auf dem Erbwege 1045 von den mächtigen Grafen von Ebersberg zugefallen. Die Scheyerner Grafen begannen alsbald in dem ererbten Gebiet durch Bau von Burgen neue Mittelpunkte zu schaffen. Das alte Zentrum Geisenfeld ersetzten sie 1070 durch die neue Burg Scheyern. Als sie diese Burg 1120 in ein Familienkloster umwandelten, bauten sie bei dem nahe gelegenen Ort Wittelsbach eine neue Burg, nach der sie sich in Zukunft nannten, anstatt den alten Ebersbergischen Vorort Kühbach-Hörzhausen neu zu beleben. Ebenso fand die alte Burg Ebersberg im neuen System der Landesherrschaft keinen Platz; statt dessen wurde nach 1100 die Burg Wartenberg erbaut. Auch bei Dachau saß eine Seitenlinie der Grafen von Scheyern-Wittelsbach auf einer Burg.

In dieser Weise wurde die systematische Einkreisung des Bischofssitzes Freising, über den die Scheyerner als Nachfolger eines Grafen Udalschalk die Vogtei hatten, betrieben. Der massive Druck der Wittelsbacher richtete sich zunächst gegen ein Geschlecht, das ältere Rechte als sie über die Kirche von Freising hatte, gegen die Grafen von Ottenburg, die sich zu Beginn des 12. Jahrhunderts nach und nach zurückzogen und im Eichstätter Raum, wo ihnen die Hochstiftsvogtei zugefallen war, eine neue Herrschaft ausbauten.

Die Bischöfe von Freising ihrerseits leisteten den Wittelsbachern Widerstand; so baute Bischof Otto, der berühmte Geschichtsschreiber, die Burg Ottenburg, die erneut Besitz des Hochstifts geworden war, wieder auf. Die inzwischen zu Herzögen aufgestiegenen Wittelsbacher beantworteten diese Maßnahme mit dem Bau der Burgen Kranzberg und Landshut kurz vor bzw. nach 1200 und zogen damit den Burgenring um Freising enger. Ergänzt wurde dieser Ring noch durch die Ansiedlung wittelsbachischer Dienstmannen im Umkreis von Freising auf festen Burgen. Die Bischöfe von Freising waren durch diese Burgenpolitik letztlich auf ihr Stadtgebiet beschränkt, ihre Bestrebungen zur Ausbildung einer eigenen Landesherrschaft wurden somit vereitelt.

Durch diese territorialpolitischen Maßnahmen wurde auch die Bildung von Ämtern angebahnt, sie waren die Zentralstellen für Abgaben der Untertanen, die gerade auch im Fehdezeitalter des besonderen Schutzes der Herrschaft bedurften.

Ergebnis einer nachhaltig betriebenen Burgenpolitik war auch die Entwicklung der Besitzungen der Grafen von Katzenelnbogen zu einem geschlossenen Territorium. Zunächst weit verstreute, mehr oder weniger zufällig erworbene Gebiete zwischen Niederrhein und

Schwarzwald trachteten die Grafen im 13. Jahrhundert mit erkennbarer Zielstrebigkeit nach und nach zusammenzuschließen und abzurunden. Dabei konzentrierten sich die Grafen Diether V. (†1276) und Eberhard I. (†1311) nach Abstoßung der äußeren Flügel ihres Besitzes am Niederrhein und im Kraichgau auf die Komplexe am Taunus und an der Bergstraße, wo sie die Burgen Rheinfels, Hohenstein, Braubach (Marksburg), Auerbach, Lichtenberg, Rheinheim und Dornberg besaßen, zahlreiche andere Burgen als Pfandbesitz oder zu Lehen hatten und in weiteren Burgen das Öffnungsrecht besaßen. Seit Wilhelm I.

(†1331) nennen sich die Grafen nach ihrer Burg Katzenelnbogen, Herren zu Rheinfels.

Ohne auf dynastische Rivalitäten und Familienfehden im 14. Jahrhundert einzugehen, während welcher Zeit die Katzenelnbogener ihre zeitweilig in andere Hände geratene Stammburg zurückgewannen, wird gerade in dieser Periode der Familiengeschichte die Zähigkeit und Konsequenz der Grafen in ihrer Territorial- und Burgenpolitik offenbar, die Voraussetzung für den Aufstieg in machtpolitischer und wirtschaftlicher Hinsicht des Hauses Katzenelnbogen in den folgenden Jahrhunderten war.

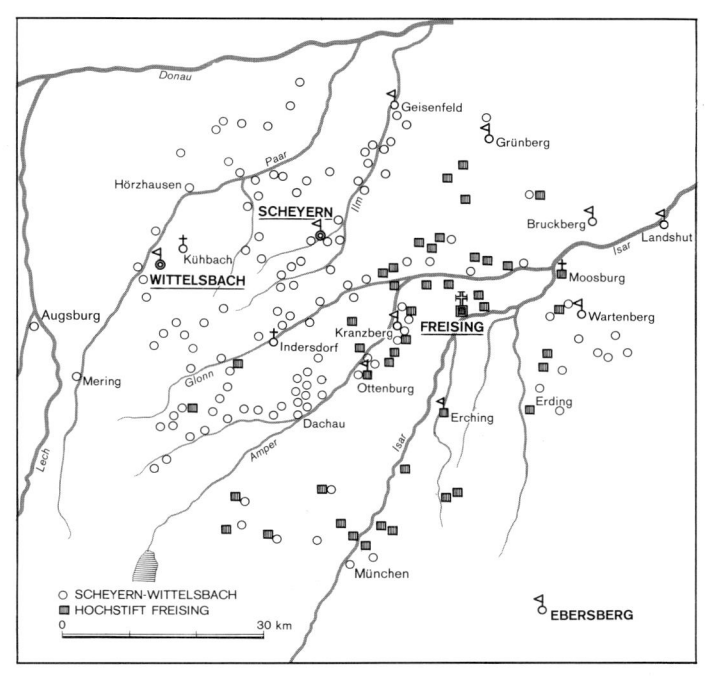 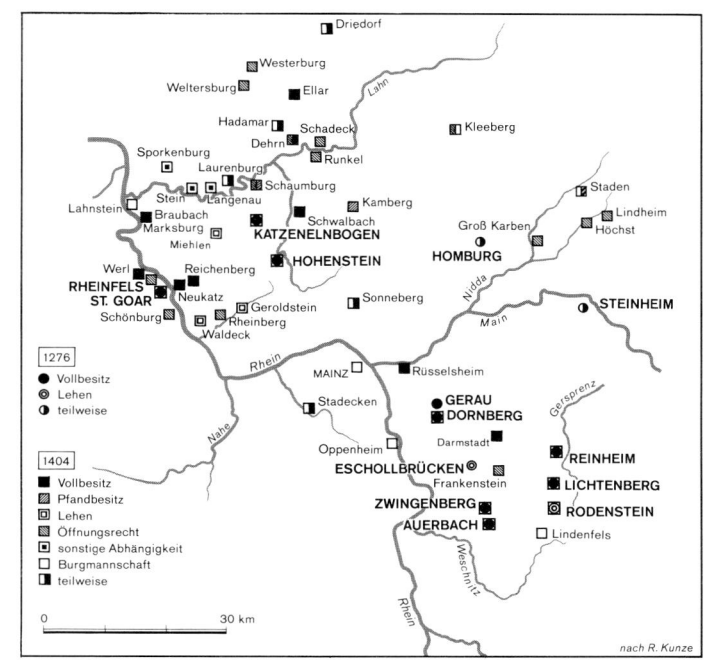

Burgenpolitik – Links: *Machtkampf der Wittelsbacher gegen das Bistum Freising* – Oben: *Konsequente Territorialbildung der Grafen von Katzenelnbogen.*

Folgende Doppelseite:
Forchtenstein/Burgenland. Auf den Resten der Burg der Forchtensteiner aus dem 14. Jh. erbaute Graf Nikolaus Esterházy im 17. Jh. um den alten Bergfried ein befestigtes Wohnschloß.

Die Kreuzzüge

Päpste rufen die Ritter zum Heiligen Krieg

Von eminenter Bedeutung für die Entwicklung des Rittertums und die Verwirklichung seiner Ideale wurden die von der Kirche angeregten Kreuzzüge. Bereits im Jahr 1074 hatte Papst Gregor VII., dem ein besonderer Hang zur Planung und Begünstigung kriegerischer Unternehmungen nachgerühmt wird, sich mit dem Gedanken eines eigenen Feldzuges gegen die Türken befaßt. Eine Auseinandersetzung mit dem Normannen Robert Guiscard, den er mit Heeresmacht einzuschüchtern beabsichtigte, sollte der Vorwand zur Sammlung einer Streitmacht sein, die nach Erledigung des Zuges gegen die Normannen zur Verteidigung des Byzantinischen Reiches antreten sollte. Der Papst rief alle Christen im Namen des hl. Petrus auf, an der Befreiung der Glaubensgenossen im Vorderen Orient teilzunehmen. Dieser Appell an die Christenheit kann als erster Kreuzzugsaufruf eines Papstes gelten.

Mit Unterstützung von deutscher Seite war dabei zunächst kaum zu rechnen, da König Heinrich IV. gerade mit der Niederwerfung der aufständischen Sachsen voll in Anspruch genommen war (1073–75). Das Klima zwischen dem deutschen König und dem Papst verschlechterte sich durch den Investiturstreit. Um ein Bündnis zwischen dem Papst und den deutschen Fürsten zu verhindern, mußte sich Heinrich zum Bußgang nach Canossa entschließen (1077). Der Investiturstreit konnte erst unter Heinrich V. im Vertrag von Sutri (1111) zunächst beendet und 1122 durch das Wormser Konkordat endgültig beigelegt werden.

Als sich Papst Urban II. 1095 aus Anlaß einer Synode zur Beratung über die Reformierung der französischen Kirche in Clermont aufhielt, erlebte die europäische Menschheit eine durchaus andersgeartete Sensation. Urban II. proklamierte den Aufruf zum Kreuzzug gegen die Heiden, zur Befreiung der Heiligen Stätten aus den Händen der Ungläubigen. Ob er es mit den Worten: »Gott will es« tat, ist umstritten, jedenfalls nahm die durch den Aufruf entfesselte Begeisterung, ja Leidenschaft ein unvorhergesehenes Maß an, so daß die Bewegung zunächst außer Kontrolle geriet.

Die ebenso von naiv gläubiger Frömmigkeit, andererseits auch von unlauteren Motiven wie beutefroher Abenteuerlust getragene Bewegung bildete drei Jahrhunderte lang einen entscheidend wichtigen Faktor im Leben der europäischen Menschheit, die erstmals zu einer Aggression über Europas Grenzen hinaus antrat. Insbesondere brachte sie dem Rittertum die große gemeinsame Aufgabe und damit die volle Entfaltung und Ausbildung ritterlicher Ideale. Jedoch stifteten Machtgier und Besitzstreben unter den großen und kleinen Herren immer von neuem Uneinigkeit, so daß das Unternehmen, das so hohen Blutzoll gefordert hatte, letzten Endes trotz aller Frömmigkeit an egoistischen Zielen scheitern mußte.

Bereits Papst Urbans Vorgänger Gregor VII. hatte die Gefahr einer Umklammerung des christlichen Abendlandes durch den Islam erkannt, beschworen durch die Anwesenheit der Moslem auf der Iberischen Halbinsel und dem Vormarsch der Türken in Kleinasien, eine Gefahr, die bereits im 8. Jahrhundert bestanden hatte und damals durch den Sieg Karl Martells bei Tours und Poitiers abgewendet werden konnte. Doch auch unmittelbar anstehende politische Probleme waren im Spiel. Die in der zweiten Hälfte des

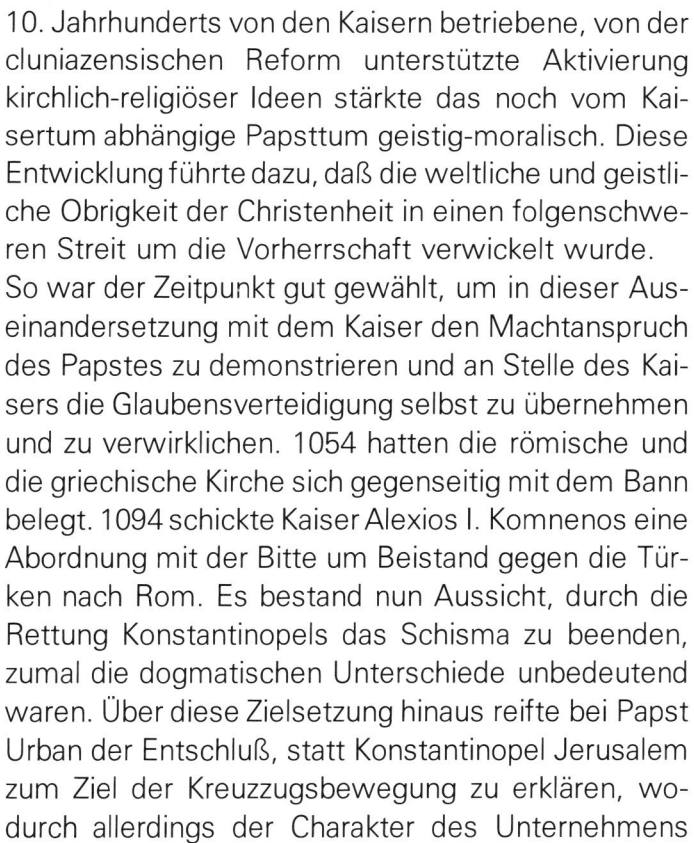

Links: *Bari, bedeutendste Stauferburg in Apulien, zum Schutz des Hafens von Kaiser Friedrich II. erbautes Kastell* – Oben: *Montfort, Starkenberg, einzige, um 1230 vom Deutschen Ritterorden in Palästina erbaute Kreuzfahrerburg* – *Rekonstruktionen von Werner Meyer.*

10. Jahrhunderts von den Kaisern betriebene, von der cluniazensischen Reform unterstützte Aktivierung kirchlich-religiöser Ideen stärkte das noch vom Kaisertum abhängige Papsttum geistig-moralisch. Diese Entwicklung führte dazu, daß die weltliche und geistliche Obrigkeit der Christenheit in einen folgenschweren Streit um die Vorherrschaft verwickelt wurde.

So war der Zeitpunkt gut gewählt, um in dieser Auseinandersetzung mit dem Kaiser den Machtanspruch des Papstes zu demonstrieren und an Stelle des Kaisers die Glaubensverteidigung selbst zu übernehmen und zu verwirklichen. 1054 hatten die römische und die griechische Kirche sich gegenseitig mit dem Bann belegt. 1094 schickte Kaiser Alexios I. Komnenos eine Abordnung mit der Bitte um Beistand gegen die Türken nach Rom. Es bestand nun Aussicht, durch die Rettung Konstantinopels das Schisma zu beenden, zumal die dogmatischen Unterschiede unbedeutend waren. Über diese Zielsetzung hinaus reifte bei Papst Urban der Entschluß, statt Konstantinopel Jerusalem zum Ziel der Kreuzzugsbewegung zu erklären, wodurch allerdings der Charakter des Unternehmens

grundlegend geändert wurde. Wesentlich kam es dabei dem Papst darauf an, die europäische Ritterschaft unter Führung ihrer Könige in den Dienst der Kirche zu stellen.

Alsbald begeisterte sich die Christenheit am Kreuzzugsgedanken, zumal als Lohn Erlaß der Sünde winkte, deren Bewußtsein die Reformbewegungen der Klöster erweckt hatten. Wenngleich Krieg und Mord nicht Sache der Kirche waren, so gab Bußfertigkeit doch Antrieb und Legitimation zu einer Wallfahrt in kriegerischer Form. Zunächst war an die Entsendung eines gut organisierten Ritterheeres gedacht; der Erfolg des durch die Kirche bis in den hintersten Winkel getragenen Aufrufs war jedoch ein allgemeiner überstürzter Aufbruch der ganzen christlichen Bevölkerung zum sogenannten Bauernkreuzzug.

Doch bewogen neben echter religiöser Begeisterung und wahrhaftiger Bußfertigkeit, die nicht unterschätzt werden sollen, auch durchaus irdische Motive das einfache Volk zu einem solchen Wahnsinnsunternehmen. Vorstellungen von einer möglichen Befreiung aus der Leibeigenschaft, des leichten Gewinns von Beute und Reichtümern, gar der Eroberung orientalischer Paläste und eines Herrenlebens im Kreise liebreizender Haremsdamen verwirrten die von Aberglauben erfüllten Herzen und Geister.

Getrieben von religiösen Vorstellungen, die das Lebensgefühl im Mittelalter bestimmten, beherrscht von der Angst vor dem Jüngsten Gericht, das aus Anlaß der tausendjährigen Wiederkehr der Kreuzigung Christi angenommen wurde, angespornt vom Ruf nach kollektiver Buße zur Befreiung der Menschheit von allen Nöten und Sorgen, waren Bauern und Bürger bereit, Weib, Kind und Hof zu verlassen, um in wilden Haufen gen Osten zu ziehen. Judenpogrome in den Städten am Rhein waren die ersten schrecklichen Auswirkungen; nur zerlumpte Haufen erreichten nach mühevollen Märschen durch den Balkan Konstantinopel. Kaiser Alexios I. Komnenos ließ die Kreuzfahrer über den Bosporus setzen, nachdem es einem ihrer Führer, dem später als Helden gefeierten Peter von Amiens, nicht gelungen war, sie in Konstantinopel zurückzuhalten. Bei der ersten Kampfberührung mit den Türken wurde der Haufen fast aufgerieben, Reste gelangten nach Konstantinopel zurück, wenige sahen die Heimat wieder.

Ritterheere erobern das Heilige Land

Zum ersten planmäßig organisierten Kreuzzug brach 1096 ein Ritterheer aus Engländern, Franzosen, Flamen, Norditalienern und süditalienischen Normannen auf. Deutsche und Spanier waren nicht beteiligt, dagegen schlossen sich später noch Skandinavier, Böhmen, Polen und Magyaren an. Anführer waren: Herzog Robert von der Normandie, Bruder König Heinrich I. von England, Herzog Gottfried von Bouillon, Graf Hugo von Vermandois, Bruder König Philipps I. von Frankreich, Raymond von Toulouse, Beomund von Tarent u. a. Das Heer sammelte sich bei Konstantinopel, um von hier aus den beschwerlichen Marsch durch Kleinasien bis zur Kilikischen Pforte anzutreten. Auf ihrem Zuge sahen die Ritter, die sich ständig gegen Attacken der Ansässigen zu wehren hatten, erstmals die gigantischen byzantinischen Stadtbefesti-

gungen, die bei weitem alles übertrafen, was sie aus ihren europäischen Heimatländern kannten. Im weiten Bogen über Kaisareia (Kayseri) und Germanikeia (Maras) gelangten sie endlich nach Syrien.

Nach der Belagerung und Eroberung von Antiochia 1097/98 gelang nach fünfwöchiger Belagerung die Erstürmung von Jerusalem am 15. Juli 1099 unter Einsatz von Belagerungsmaschinen und Wandeltürmen. Gottfried von Bouillon, dem als erstem mit seinen Mannen der Sprung auf die Ringmauer der Stadt und damit die Überwindung der Verteidiger gelang, wurde von den Rittern zum ersten Herrscher des Königreichs Jerusalem gewählt, ihm folgte von 1100 bis 1118 Baudouin I. Neben dem neugegründeten Königreich entstanden kleinere Lehensstaaten, Antiochia, Edessa und Tripolis.

Geistliche Ritterorden

Der Antrieb zu den Kreuzzügen war nicht vom Rittertum ausgegangen, auch bedingten die Kreuzzüge nicht das Ritterwesen, jedoch fällt die höchste Blüte des Rittertums eben in die Zeit der Kreuzzüge. Ein unmittelbarer Zusammenhang bestand allerdings zwischen Rittertum, Kreuzzügen und geistlichen Ritterorden; hier wurde am deutlichsten der Einfluß der Kreuzzüge auf die Entwicklung der ritterlichen Ideale offenbar, hier entstand internationale Waffenbrüderschaft, endlich wurde der Kreuzzug zur notwendigen Voraussetzung, die ritterliche Ehre zu wahren. Eben diese Verpflichtung zur Erfüllung der Ideale des Ritterstandes waren dem Adel stärkerer Antrieb als Abenteuerlust und Gewinnsucht.

Die geistlichen Ritterorden waren Gründungen der Aristokratie, mit der Aufgabe, Kranke und Verwundete zu betreuen. Ein provenzalischer Adliger namens Gerald sammelte eine Schar gleichgesinnter Ritter um sich; sie ließen sich in Jerusalem gegenüber dem südlichen Tor zum Bezirk des Heiligen Grabes nieder; sie nannten sich nach ihrem Patron Johannes Baptista Johanniter oder Hospitaliter. Durch notwendig gewordene Ortswechsel hießen sie später auch Rhodesier- und Malteserritter. Die erste Ordensregel erhielten sie 1113 von Papst Paschalis II. Geralds Nachfolger, Raimund von Puy, vollzog die Umwandlung in einen geistlichen Ritterorden. Freiwillig legten die Ritter das Gelübde der Armut, des Gehorsams und der Keuschheit ab.

Eine zweite Rittergemeinschaft, die von Hugo von Payens 1118 gegründet wurde und als erste Unterkunft die als Tempel Salomos angesehene Akramoschee wählte und sich danach Templer oder Tempelritter nannte, machte es sich vor allem zur Aufgabe, den Pilgern auf ihrer Reise zu den Heiligen Stätten militärischen Schutz zu gewähren, da die ansässigen Moslem auch nach der Unterwerfung feindlich gesinnt blieben und Straßen und Wege unsicher machten. Auch dieser Verband nahm alsbald mönchische Gewohnheiten an und verlangte von den Mitgliedern die Ablegung eines Gelübdes.

Äußerlich unterschieden sich die Ordensritter durch ihr Gewand; während die Templer im weißen Mantel mit aufgesetztem rotem Kreuz einhergingen, erkannte man die Johanniter, die in Konkurrenz zum Templerorden später auch militärische Aufgaben erfüllten, am schwarzen Mantel mit dem weißen Kreuz. Die Ordensleute gliederten sich in Ritter, Priester und dienende Brüder. Neben ihren karitativen Pflichten übernahmen die Orden auch Aufgaben zur Verteidigung der Kreuzfahrerstaaten, indem sie strategisch wichtige Wehrbauten, Burgen, Wachttürme usw. besetzten und sicherten.

Während die einzelnen Ritter, ihrem Gelübde treu, in Armut lebten, sammelten ihre Gemeinschaften durch Stiftungen, fromme Schenkungen, vor allem aber durch päpstliche Privilegien Reichtum an Bargeld und Grundbesitz, der ihnen zu einer ungewöhnlichen Machtstellung verhalf. Dieser wachsende Besitz an Gütern und Gebäuden bildete die Sicherheit, die den Orden als Großbankiers, zu denen sie mit der Zeit wurden, das besondere Vertrauen im Geldverkehr jener Tage eintrug. Mit ihrem verfügbaren Kapital betrieben sie Kreditgeschäfte mit Königen und Fürsten und übertrafen darin die zivilen Unternehmungen. Dieser blühende Wohlstand, der für die Templer zugleich Ursache ihres Untergangs wurde, trug den beiden Orden Tadel und Verurteilung durch die Zeitgenossen ein.

Den Unterschied zwischen weltlichem und geistlichem Ritter hatte Bernhard von Clairvaux in seiner Schrift »Lob der neuen Ritterschaft« charakterisiert, in welcher er den weltlichen Ritter ob seiner Eitelkeit, seines Kleiderluxus und seiner Unbesonnenheit tadelte, dagegen den geistlichen Ritter für Disziplin und Gehorsam und wegen der bescheidenen, allem Aufwand und aller Zerstreuung abholden Lebensführung lobte.

Aus der Einrichtung eines Lazaretts für deutschsprechende Kreuzfahrer durch Lübecker und Bremer Kaufleute bei der Belagerung von Akkon entstand der Deutsche Orden des Hospitals Sankt Marien vom Deutschen Hause. 1191 bestätigte Papst Clemens III. die zunächst unter Aufsicht der Johanniter stehende Vereinigung, die 1198 von deutschen Fürsten zu einem Ritterorden umgewandelt wurde und 1199 Selbständigkeit erhielt. Auch der Deutsche Orden nahm zunächst an den Kämpfen in Palästina teil, die Burg Montfort (Kalaat Kourein) in Galiläa wurde von ihm erbaut. Seine eigentliche Wirksamkeit entfaltete er hingegen in Europa, wo er im Auftrage des Königs von Ungarn zunächst die Karpatengrenze befestigte, um sich dann auf Aufforderung des polnischen Herzogs von Masovien 1231 der Bekämpfung der heidnischen Preußen zu widmen und hier einen eigenen Staat zu gründen.

Außer den drei großen Ritterorden entstanden im Heiligen Lande – hier der Orden des heiligen Lazarus – wie auch in Europa, zumal in Italien, England, Spanien und Portugal, später auch in Litauen und Polen nationale Ritterorden mit regional beschränktem Wirkungskreis. Gegen Ende des Mittelalters wurde die Mehrzahl dieser Orden aufgelöst.

Siege und Niederlagen – Ende der Kreuzfahrerstaaten

Unterstützt von dem schwärmerischen Abt von Clairvaux ordnete Papst Eugen III. einen neuen Kreuzzug an, nachdem die Türken die Grafschaft Edessa erobert hatten und der Verlust der übrigen Besitzungen in Palästina zu befürchten war. 1147 machten sich Deutsche und Franzosen unter Führung ihrer Könige Konrad III. und Ludwig VII. auf den Marsch; der Kreuzzug scheiterte jedoch, weil, anstatt die Grafschaft Edessa zurückzuerobern, die Stadt Damaskus erfolglos belagert wurde.

Einen schweren Rückschlag ihrer Bemühungen erlitten die Christen durch die Eroberung Jerusalems 1187 durch Saladin, den Sultan von Ägypten. Dieser Umstand veranlaßte den dritten Kreuzzug 1189–1192, zu dem Kaiser Friedrich I. Barbarossa mit einem Ritterheer zu Lande, die Könige Richard Löwenherz von

Folgende Doppelseite:
Sieg König Ludwigs d. Gr. von Ungarn (1342–82) über die Bulgaren (Ausschnitt). Altarbild von Hans v. Tübingen (?) für Kloster St. Lambrecht, Mitte 15. Jh. Graz, Joanneum.

England und Philipp II. August von Frankreich mit ihrer Streitmacht zur See aufbrachen. Kurz nach einem Sieg über die Türken bei Iconium ertrank Barbarossa beim Bade im Salef. Das deutsche Heer zerstreute sich darauf zum Teil, der Rest vereinigte sich unter Barbarossas Sohn Herzog Friedrich von Schwaben mit den anderen europäischen Heeren. Zunächst gelang 1191 die Eroberung Akkons, Richard Löwenherz errang einen glänzenden Sieg über Saladin in der Schlacht bei Arsuf und eroberte die südlichen Küstenstädte bis Jaffa. Jerusalem jedoch blieb in den Händen Saladins, so daß auch diesem Kreuzzug kein entscheidender Erfolg beschieden war.

Ungeachtet dieser Mißerfolge ließ Papst Innocenz III. das Kreuz predigen. Als erste Resonanz auf diese Werbung kam es zum vierten Kreuzzug, dem die Venezianer die Richtung nach Konstantinopel zu geben verstanden. Die Kreuzfahrer eroberten Konstantinopel und führten den Umsturz des Byzantinischen Reiches herbei; Palästina, das eigentliche Ziel des Unternehmens, erreichten sie nicht; Venedig war der Gewinner und breitete seine Macht aus. Eine weitere Folge war die Gründung mehrerer fränkischer Fürstentümer in Mittelgriechenland, die ihren Bestand durch zahlreiche Burgengründungen sicherten.

Eine weitere Folge der Werbung des Papstes war 1212 der Kinderkreuzzug. Bei diesem von religiösem Wahn entfachten Unternehmen gingen viele Tausende deutscher Buben und Mädchen in Italien zugrunde, französische Kinder, die in Marseille eingeschifft wurden, ertranken oder wurden nach Ägypten in die Sklaverei verkauft.

Den fünften Kreuzzug unternahm Kaiser Friedrich II.; er erfüllte damit sein Gelübde, das er bei seiner Krönung 1215 zu Aachen abgelegt hatte. Der langen Säumigkeit halber war er von Papst Gregor IX., seinem großen Widersacher, mit dem Bann belegt. Der Kreuzzug endete unblutig mit einem Vertrag zwischen Friedrich und den islamischen Machthabern, durch den den Christen die Orte Jerusalem, Bethlehem und Nazareth nebst einem großen Landstrich ausgeliefert wurden. Friedrich krönte sich 1229 in der Grabeskirche selbst zum König von Jerusalem. Der Erfolg war nicht von Dauer, 1244 ging Jerusalem endgültig an die Muslime verloren.

Kreuzzüge, als der sechste und siebte bezeichnet, die König Ludwig IX., der Heilige, von Frankreich unternahm, brachten diesem im ersteren Fall nur Gefangenschaft, im zweiten Fall den Tod. In Palästina verloren die Christen unterdessen eine Stadt nach der

anderen, zuletzt kapitulierte 1291 Tyrus; die Kreuzfahrerstaaten im Orient waren damit erloschen.

Eine gewisse Fortsetzung fand der Kreuzzugsgedanke bei der Ausdehnung des Christentums auf der Iberischen Halbinsel und bei den Kämpfen des Deutschen Ritterordens im Osten. Pläne zur Rückeroberung des Heiligen Landes erbat Papst Gregor X. auf der Synode zu Lyon 1274. Als Reaktion gingen zahlreiche Pläne bei der römischen Kurie ein, die teils von Schwarmgeistern, andererseits aber auch von nüchtern denkenden Politikern und Militärs entwickelt waren. Diese Bemühungen führten im späten 14. Jahrhundert zu zwei Unternehmungen, die als die letzten Kreuzzüge anzusprechen sind.

1365 wurde unter der Führung Peters I. Lusignan, des Königs von Zypern, durch ein europäisches Ritterheer, von Zypern ausgehend, die Stadt Alexandria im Sturm erobert und geplündert. Nach einwöchigem Aufenthalt bereits wurden jedoch die Eroberer von den Moslem vertrieben, erachteten ihre Aufgabe als erfüllt und kehrten auf ihre heimischen Burgen zurück. Der letzte kriegerische Einsatz mit Kreuzzugscharakter war im Gegensatz zu allen anderen vorangegangenen aggressiven Planungen ein rein defensives Unternehmen. Seit der ersten Hälfte des 14. Jahrhunderts bedrohten die über Kleinasien auf die Balkanhalbinsel vordringenden Türken das christliche Abendland. Dem Rufe des Papstes Bonifaz IX. zur Rettung und Verteidigung der Christenheit vor den anstürmenden Ungläubigen folgend, sammelte sich ein Heer, dem französische, deutsche, englische und tschechische Ritter angehörten, unter der Führung von König Sigismund von Ungarn. Bei Nikopolis kam es im September 1396 zur Schlacht, die mit einer katastrophalen Niederlage des Ritterheeres endete. Mit diesem letzten Heerzug gegen den Islam kann das Kapitel der Kreuzzüge als abgeschlossen betrachtet werden, die Begeisterung für die Idee, für die Hunderttausende von Menschenleben geopfert waren, war erloschen.

Politische und ökonomische Gegebenheiten, die lähmende Auseinandersetzung zwischen Papsttum und Kaisertum im 13. Jahrhundert, der Egoismus der an der Stärkung ihrer Nationalstaaten interessierten feudalen Monarchen, ließen die Kreuzzugsidee abklingen. Ebenso wichtig aber war, daß sich allmählich gegenüber der Kreuzzugsideologie eine neue, die der Missionierung, von Geistlichen und Gelehrten gefördert, durchzusetzen begann. Zu einer Verschmelzung dieser neuen, auf die Erfüllung des christlichen Missionsauftrags gerichtete Geisteshaltung mit den allerdings mehr auf praktische Ziele gerichteten Fahrten zur Erforschung und Beherrschung der Erde kam es zu Beginn des 16. Jahrhunderts, zwar noch unter Teilnahme des Ritterstandes, doch in völlig gewandelter Erscheinung.

Ergebnisse der Kreuzzüge, Wandlungen in Staat und Gesellschaft, gelebtes Ritterideal, Begegnung mit dem Wehrbau der Antike

Als Ergebnis dieses Blutvergießens ist zunächst ein Prestigegewinn der Kirche und des Papsttums zu erkennen. Durch tätige Anwendung der Ideale war aus der Ritterschaft ein europäischer Adelsstand, der Ritterstand geboren, der sowohl in den Kämpfen als auch im Bereich der karitativen Fürsorge für die Schwachen und Notleidenden seine Bewährung gefunden hatte. Die Begegnung mit der Kultur des Islam und der Umgang mit gebildeten Orientalen erweiterte den geistigen Horizont der Europäer. Die in den Jahrhunderten der Kämpfe angebahnten und später fortentwickelten Handelsbeziehungen zum Orient bedeuteten eine starke Belebung des Mittelmeerhandels und im Zusammenhang damit eine allgemeine Steigerung des Lebensstandards des europäischen Bürgertums auf Kosten des stark ausgebluteten und teilweise verarmten Adels.

Doch nicht nur Staat und Wirtschaft waren durch die Kreuzzugsunternehmungen tiefgreifend verändert worden, ebenso war das gesellschaftliche Leben und damit das Schicksal jedes einzelnen von der Idee beeinflußt, die unablässig von allen Kanzeln gepredigt und verbreitet wurde. Verteidigung und Schutz des Glaubens galt zu Beginn des 12. Jahrhunderts als vordringliche Aufgabe eines jungen Ritters. Im Kampf gegen das Heidentum, den er in Preußen oder im Kampf gegen die Mauren in Spanien, am wirksamsten aber im Heiligen Lande ausfechten konnte, lag die eigentliche Bewährung.

Diese Ritterpflicht wurde auch über die Gattenpflicht und die Sorge für Heim und Familie gestellt. So sehr beherrschte die religiöse Einstellung das Tun und Lassen, daß sich jeder dafür verantwortlich fühlte, die

Schmach der Besetzung der Heiligen Stätten der Christenheit durch die Heiden abzuwenden.

Der Status des Kreuzfahrers, den die Kirche in einem Zeremoniell verlieh, brachte nicht nur Ablaß von Sünden, sondern auch Freistellung oder Aufschub von Schulden und Verpflichtungen. Zu dem von einem Priester vollzogenen Ritual gehörte auch das Annähen eines roten Kreuzes auf den Mantel des Ritters als Zeichen dafür, daß nur der Dienst an der Christenheit Ziel des Unternehmens sein sollte. Beichte und Abendmahl sowie die Segnung der Waffen waren obligate Weihehandlungen. So brach der Ritter zu einer Fahrt ins Ungewisse auf, zu einer Reise, die im günstigsten Falle nach zwei Jahren ein Wiedersehen brachte, oft aber zu einem jämmerlichen Tod durch Krankheit, vor dem Feind oder in der Gefangenschaft führte.

Diese außerordentlichen persönlichen Opfer sind nur zu verstehen, wenn man sich vor Augen hält, daß die Gläubigkeit der auf Abenteuer ausziehenden Ritter echt, in ihrer Erziehung begründet war. Von der Geburt bis zum Tode lebte der mittelalterliche Mensch eingebettet in die christliche Religion, deren Gültigkeit außer allem Zweifel stand, was allerdings keineswegs bedeutete, daß sich die Ritter auch stets eines christlichen Lebenswandels befleißigten. Der Lebensfreude wurde nach besten Kräften gehuldigt, wozu die Ritter durch frivole Gesänge der Troubadours geradezu provoziert wurden. Mit dieser Hinwendung zur irdischen Liebe kontrastierte im Heiligen Lande die Vision von der himmlischen Liebe, deren Kult dem Abendlande die Ideologie vom untadeligen, christlichen Ritter bescherte. Ihre praktische Verwirklichung fand diese Regung in der Gründung der Ritterorden, in denen die Synthese von Mönchtum und Rittertum Ausdruck des mittelalterlichen Ethos wurde.

Neben diesen Veränderungen im persönlichen Bereich zeitigten die Kreuzzüge auf dem Gebiet der Architektur besonders bemerkenswerte Ergebnisse. Sie wurden ebenso im sakralen wie im profanen Bauwesen sichtbar, am deutlichsten jedoch in der Entwicklung des Wehrbaus, wo ein außergewöhnlicher Beitrag zur mittelalterlichen Baukunst in Europa geleistet wurde.

Die Kreuzritter, die in den neugegründeten Staaten im Vorderen Orient gegenüber den Eingeborenen stets in der Minderzahl waren, mußten ihre Eroberungen

Folgende Doppelseite:
Kasselburg/Kyll, Bergfried, 14. Jh., romanischer Unterbau, Doppelturm in Funktion einer Schildmauer.

schützen und sichern. Sie taten dies durch Konzentration an geeigneten Plätzen, zunächst in den Städten und Burgen, die sie im Lande vorfanden. Da jedoch die strategische und politische Lage im Verlauf der Kriegszüge und der friedlichen Perioden häufig wechselte, waren Neubauten fester Plätze unerläßlich. In diesem System mußte vom Roten Meer bis zum Euphrat über ca. 800 Kilometer ein kaum 100 Kilometer breiter Gebietsstreifen durch eine große Zahl solcher größeren und kleineren Relais gesichert werden; darüber hinaus bauten die europäischen Ritter, vor allem die Ordensritter, Burgen in Griechenland, auf Zypern, auf den Ägäischen Inseln und an der kleinasiatischen Küste.

Bei den zunächst übernommenen Verteidigungsbauten, die nach geographischen und strategischen Gegebenheiten angelegt worden waren, lagen bereits mehrere historische Schichten übereinander. Aus der Tradition der Römer, der Byzantiner, der Araber oder Armenier waren Elemente in der Gesamtorganisation sowie im Grund- und Aufriß und in der Ausbildung von Bauteilen überkommen, die mit mehr oder weniger Effekt von den neuen Herren weiterbenutzt werden konnten. Ein unmittelbarer Anschluß an das Vorhandene ergab sich zunächst auch aus der Tatsache, daß einheimische Handwerker hier nach altem Brauche ans Werk gingen und man Steinmaterial aus nahe gelegenen Brüchen zu verarbeiten hatte. Wenn dergestalt bereits mehrere Faktoren vorgegeben waren, so spielte doch bei der Ausbildung der Typen auch die wachsende Erfahrung der Kreuzritter und im einzelnen die Anwendung von importiertem Formgut eine Rolle.

Die typische byzantinische Stadtbefestigung bestand aus einem Mauerring mit Türmen, einem breiten, tiefen Graben davor und gelegentlich aus Außenwerken. Innerhalb der Stadt befand sich meist als Quartier des Herrschers oder des Kommandanten eine Zitadelle, oft von Arabern nachträglich angelegt. Außer an Verbesserungen der Befestigungen von Hafenstädten hatten die Türken nur geringen Anteil an der Neugestaltung alter Festungen. Seit dem 10. Jahrhundert hatten byzantinische und einheimische Fürsten auf schwer zugänglichen Plätzen im Gebirge neue Befestigungen angelegt, die entgegen älterer Gewohnheit und wegen der geographischen Voraussetzungen vielfach einen unregelmäßigen Bering hatten. Diese kleineren Burgen entsprachen durchaus den in Europa üblichen Herrenburgen, die in einer größeren Vorburg auch der Landbevölkerung Schutz boten.

Nach der Einnahme von Jerusalem und der Vernichtung des ägyptischen Entsatzheeres bei Askalon begann für das junge Königreich eine fruchtbare Zeit der Ausdehnung und Festigung. Von der neuerbauten Burg Montreal aus wurde der erste Vorstoß ins Ostjordanland 1115 unternommen. Von der im gleichen Jahr erbauten Burg Montferrand aus bereitete man den Angriff auf Damaskus vor. Bei der Verteidigung der beiden nördlichen Grafschaften wurden unter König Fulco von Anjou die Burgen Paneas, Safed, Belvoir, Bethgibelin, Blanchegarde und Ibelin teils erbaut, teils umgebaut, dazu auch noch die starke Festung Kerak. Oft bewährte sich das Kreuzfahrersprichwort: »Eine zerstörte Burg ist bereits halb erbaut«, denn man brauchte sie nur noch einmal auszubauen. Neu errichtete Burgen dienten den Angriffen und der Eroberung von Neuland; sie entstanden meist an großen Karawanenstraßen oder an den Zugängen zu den Städten.

Stets bildeten die Burgen und Wachttürme in Sichtweite angelegte Punkte eines Sicherungssystems, die in ständigem Kontakt standen. Wichtige Nachrichten wurden durch Feuerzeichen oder Brieftauben übermittelt, wie es die Franken im Orient gelernt hatten. Nach gewohnter Weise wurden die fränkischen Burgen meist solide aus guten Quadern erbaut. Während vor allem die von den Orientalen übernommenen Burgen im Bergland – als Typen uneinheitlich – am ehesten als Abschnittsburgen gelten können, wurde von den Franken im flachen Küstenland nach normannischem Vorbild der Donjon-Typ entwickelt. Hier stand ein mächtiger Wohnturm, der gelegentlich auch einen Innenhof umschloß, in einem Mauerring mit Ecktürmen, weiteren in die Mauer eingefügten Flankierungstürmen und einem starken Torbau. Der Donjon enthielt in den Ordensburgen den Kapitel- oder Rittersaal, die Unterkünfte der Ritter, Küche und Vorratsräume. Das Obergeschoß erreichte man über eine Freitreppe im Hof oder über Treppen in angefügten Türmen; es umschloß neben der Kapelle und Amtsräumen die Wohnung des Ordensmeisters. Beispiele sind die Burgen Blanchegarde, Tortosa, Safita und Qual'at Yahmûr.

Weder die Byzantiner noch die Armenier bauten Wohntürme; nur in Nordsyrien gab es aus der Spätantike feste Türme im Zuge des Limes-Systems, wohl ähnlich den Burgi des obergermanisch-rätischen Limes in Deutschland. Außer im Grenzgebiet des Königreichs Jerusalem erbauten sich vor allem kleinere Feudalherren im Hinterland bescheidene Sitze, die dann im 12./13. Jahrhundert von den Ritterorden übernommen und baulich stark verändert wurden.

Der siegreiche Feldzug Sultan Saladins, der 1187 begann, in dessen Verlauf das fränkische Heer am 4. Juli 1187 bei Hattîn vernichtend geschlagen wurde und nach und nach die Städte Akkon, Jaffa, Beirut, Jerusalem, Saida, Giblet, Gabala, La Liche (Lattaquia) sowie die großen Burgen Beaufort, Kerak und Montreal in Feindeshand fielen, war der Anlaß zu neuen Anstrengungen der Kreuzritter zur Rückeroberung verlorener Gebiete von den wenigen, ihnen noch verbliebenen Küstenstädten aus. Die daraufhin erbauten zahlreichen Burgen waren zugleich Höhepunkt und Ende des fränkischen Wehrbaus in Palästina.

Die Stadtbefestigungen wurden in dieser Periode wegen der gesteigerten Bedeutung der Städte als Verwaltungszentren und Handelsplätze stärker als zuvor befestigt. Nur geringe Reste blieben bis zur Gegenwart erhalten; diese erweisen immerhin, daß die Befestigungen äußerst stark gewesen sein müssen, z. B. hatte Tyrus einen dreifachen Mauerring auf der Landseite, Akkon eine Doppelmauer. Die Mauern waren durch flache Bastionen oder rechteckige Türme in gleichmäßigen Abständen verstärkt. Davor lagen zuweilen wassergefüllte, stets breite Gräben und gelegentlich Außenwerke. Besondere Sorgfalt verwendete man auf die Gestaltung der Stadttore; noch komplizierter als diese wurden die Tore der Zitadellen ausgebildet. Meist war ein Durchgang zwischen zwei starken Türmen im Winkel oder durch mehrere Torkammern geführt und im inneren Verlauf durch Scharten und Galerien gesichert. Besonderen Schutz erhielten die meist an natürlichen Buchten angelegten Häfen durch Molen, deren Einfahrt man mit Türmen oder Hafenkastellen besetzte, von denen aus feindliche Eindringlinge mit Wurfgeschützen abgewehrt werden konnten. So wie man den Schiffsverkehr auf Flüssen durch quergespannte Ketten unterband, schloß man auch die Hafentore in gleicher Weise.

Ebenso wie bei den Stadtbefestigungen wurden auch die Wehranlagen der Burgen ganz auf Verteidigung eingestellt und entsprechend stärker bemessen. Grundsätzlich waren die Elemente des Wehrbaus von denen der Antike nicht sehr unterschieden; man be-

gann, sie zu vermehren und zu häufen. Die Kurtinen erhielten Sockelschrägen, die sogenannte Dossierung; zur Sicherung gegen Erdbeben und Unterminierung legte man die Säulenschäfte in die Fundamente. Die Schießscharten wurden vermehrt und in mehreren Geschossen angeordnet, den oberen Abschluß von Wehrmauern und Gebäuden bildeten Gußlochreihen, die sogenannten Maschikulis, zu denen Vorformen bereits im 5. Jahrhundert an spätantiken Türmen auftraten.

An den Burgen erhielten die Ringmauern durch Zwingeranlagen vermehrten Schutz, weitere Verstärkung erreichte man durch die Einfügung weiterer Türme, durch die Verbreiterung und Vermehrung der Gräben und durch die Anlage von Vorwerken, von denen aus die für die Ringmauer gefährlichen Schleudermaschinen des Feindes wirksam bekämpft werden konnten. Die Burgtore erhielten Fallgatter, eisenbeschlagene Torflügel und Zugbrücken; weiter behinderten Hindernisse im Vorgelände, die von gut gedeckten Galerien flankiert werden konnten, feindliche Angriffe. Das Prinzip der Verbesserungen bestand in der Perfektionierung des Wehrbaus, um dadurch Mannschaften einzusparen und um den Gegner zu vermehrtem Mannschaftseinsatz zu nötigen.

Feindschaften innerhalb des in mehrere Machtgruppen zerfallenen Kreuzfahrerstaates, ausgelöst durch Rivalitäten unter den Handelsmächten Venedig, Genua und Pisa, führten 1256/58 zum Bürgerkrieg und damit zum inneren Zerfall, dem alsbald auch die Auflösung des äußeren Gefüges folgte. So gelang es dem Sultan Baybar leicht, die fränkische Herrschaft endgültig zu vernichten. Die letzten Ritter und Bürger fanden auf der Insel Zypern ein neues Refugium. Etliche Burgen und Städte in Syrien und Palästina wurden zerstört. Die meisten großen Burgen hatten die Mameluken besetzt und ausgebaut. Nach dem Ende der Mamelukenherrschaft durch den Sieg der Türken blieben die Burgen unbenutzt und verfielen.

Folgende Doppelseite:
Sprechenstein/Eisack, 1241 auf einer Felsnase über dem Tal erbaut. Um den geräumigen Hof stehen der runde Bergfried, der Palas, die Kapelle mit reichem Freskenschmuck und Nebengebäude.

Rittertum und Ritterburgen zur Zeit der Hochblüte

Königslandpolitik der Salier und Staufer

Während im Vorderen Orient über einen Zeitraum von mehr als hundertfünfzig Jahren europäische Ritter vereint einen letztlich nutzlosen Kampf führten, gelangte in den Heimatländern, zumal in Deutschland, das Rittertum zu besonderer Bedeutung für das Staatswesen, insonderheit für das Königtum.

Die unter den ersten salischen Kaisern intakte Königsmacht, die auf der noch in Elementen gültigen karolingischen Reichsorganisation einerseits und auf der Reichskirche andererseits ruhte, war in der Gewalt des Königs über die Bischöfe durch den Investiturstreit bedenklich geschwächt. Auch die Fürsten hatten die bedrängte Lage des Königs genützt, um ihre Stellung zu stärken und größere Unabhängigkeit zu erlangen.

Die fortschreitende Territorialisierung des Reiches in der Zeit der Salier zwang die Könige, Königslandpolitik zu betreiben, weil Landbesitz die stärkste Machtquelle war. Sie bedienten sich dabei der ehemals unfreien Servientes, des bevorrechteten, wenngleich abhängigen Standes der ministerialis regis und regni. Der sich in dieser Zeit der Gegensätze zwischen dem Herrschaftsrecht des hohen Adels und dem Staatsgedanken des Königs herausbildende Typ des militärischen Verwaltungs- und Hofbeamten wurde eine entscheidend wichtige Hilfe des Königtums.

Der Hohenstaufe Friedrich I. Barbarossa, Sohn eines Staufers und einer Welfin, konnte durch zielbewußte Fortsetzung dieser Politik der Stellung des Königs neuen Glanz verleihen, indem er den Staat auf lehensrechtlicher Grundlage reorganisierte und sich dabei auf die beträchtlich angewachsene Ministerialität stützte.

Friedrich II., Herzog von Schwaben, der Vater Barbarossas, hatte bereits die Burgenpolitik eingeleitet und damit die Grundlage zur staufischen Hausmacht geschaffen. Otto von Freising, der Chronist der Staufer, berichtete, Friedrich sei nachgerühmt worden, daß er stets am Schwanz seines Rosses eine Burg mit sich führe. Systematisch wurden diese Burgen als Kreuzpunkte eines Netzes von großer Dichte im nahen Umkreis der Pfalzen und großen Reichsburgen angelegt.

Vom schlichten Turm auf einem Hügel in einem Dorf bis zu den nach neuesten Erkenntnissen der Wehrbaukunst organisierten, reich ausgestatteten großen Burgen waren in diesem Herrschaftssystem alle Typen je nach Wichtigkeit und Bedeutung vertreten. Träger dieses Machtsystems, das König Friedrich I. fortführte und vervollständigte, das aus Haus-, Königs-, Reichs- und Reichskirchengut aufgebaut war, waren die Reichsministerialen.

Friedrich I. fand einen Kompromiß zwischen den Zielen des Herrschers und den Interessen des Reichsfürstenstandes, dem alle weltlichen Fürsten, die Herzöge und Markgrafen angehörten. In dieser Ordnung kam die Lehnshierarchie zur Geltung, wie sie im Heerschild festgelegt war und die Rangfolge vom König bis zu den Ministerialen und deren Lehensträgern bestimmte.

Die Hausmacht der Staufer beruhte auf ihrem Landbesitz, der durch ein dichtes Netz größerer Burgen und kleinerer Ansitze gesichert war.

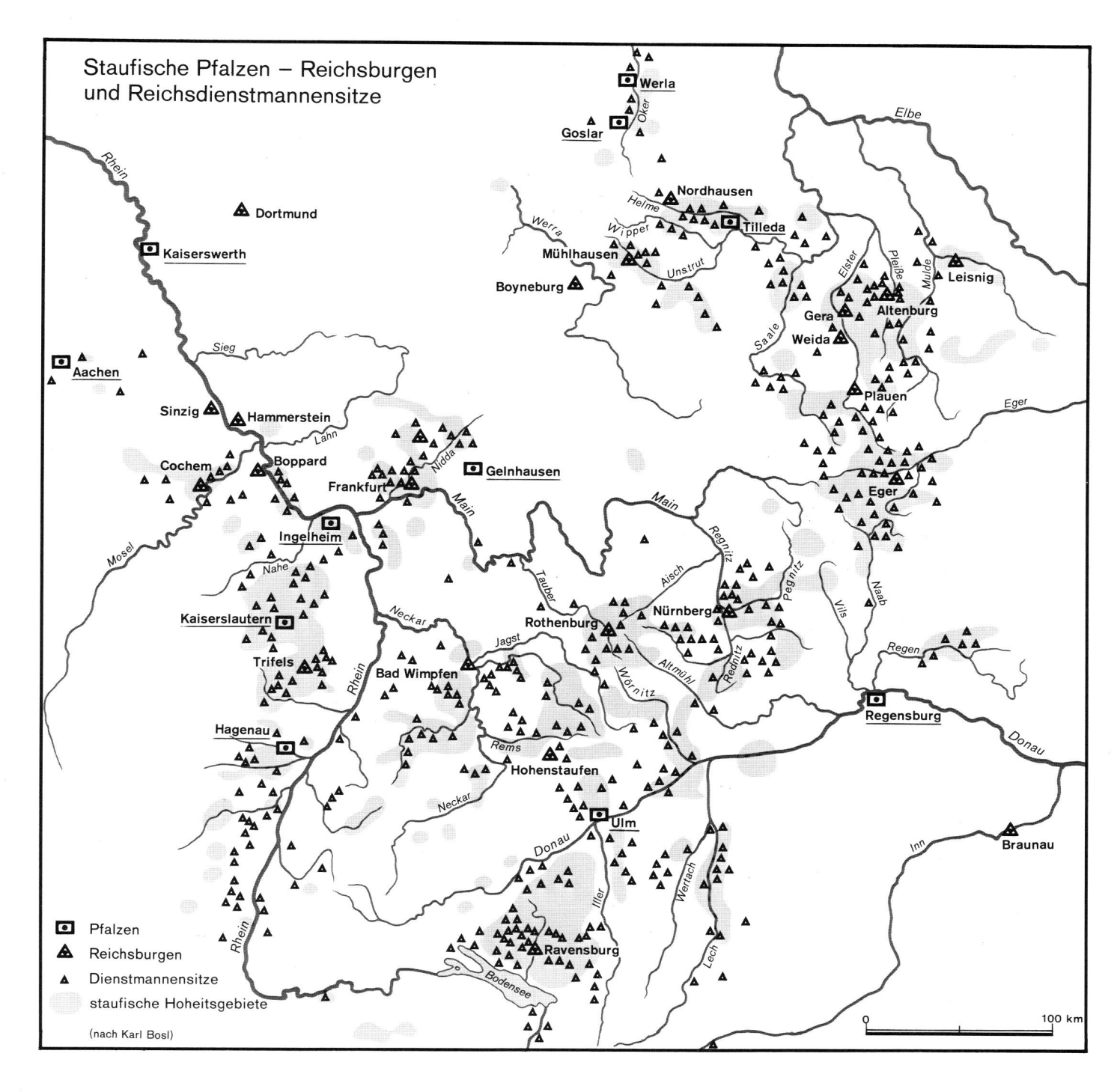

Staufische Pfalzen – Reichsburgen und Reichsdienstmannensitze

(nach Karl Bosl)

Legende:
- Pfalzen
- Reichsburgen
- Dienstmannensitze
- staufische Hoheitsgebiete

Staufische Pfalzen – Staufische Baukunst

Doch nicht nur in diesem Sektor des Staatswesens erstrebte Friedrich I. eine Stärkung der Königsmacht, es gelang ihm auch, sich bei der Repräsentation geeigneter Mittel zur Steigerung der Würde und des königlichen Ansehens zu bedienen.

Besonderen Ausdruck fand dies Bestreben in der künstlerischen Gestaltung der Pfalzen, in der Förderung der Profanarchitektur. In diesem Sinne unternahm es Friedrich, auch karolingische Pfalzen, wie z. B. Ingelheim, Aachen und Kaiserswerth, instand zu setzen und damit bewußt eine Verbindung zur Glorie des Reiches unter Karl d. Gr. herzustellen, den er heiligsprechen ließ.

Wie bereits geschildert, wurde in staufischer Zeit die Zusammenlegung von Palatium und Burg als Planungsprinzip für die Pfalzen beibehalten. Immerhin handelte es sich hier im Gegensatz zu den karolingischen Pfalzen in erster Linie um Burgen, Wehrbauten im eigentlichen Sinne, angelegt auf möglichst unangreifbaren Plätzen, wobei die Platzwahl ebenso nach strategischen wie auch nach machtpolitischen Gesichtspunkten erfolgte.

Was den Typ betrifft, so verwendete man je nach Gelände die Formen, die für den Burgenbau des Hochmittelalters allgemein üblich waren, nämlich Höhenburgen als Sporn- oder Gipfelburgen und Talburgen als Wasser- oder Inselburgen. Wesentliche Bestandteile waren in jedem Fall für den Kern der Burg die Ringmauer mit dem Tor, der Wohnbau oder Palas, der Bergfried als Hauptstütze der Verteidigung und letzte Zuflucht und eine Kapelle entweder in einem der vorbenannten Gebäude oder als selbständiges Bauwerk. Diesem Komplex der Kernburg zugeordnet war eine Vorburg, gleichfalls ummauert, auf der neben Ställen und Speichern, sofern es sich um eine Pfalz handelte, auch Behausungen für Gäste, Gesandtschaften sowie für des Königs engste Berater standen.

Man glaubte wohl gelegentlich im System der Anlagen Anklänge an karolingische Beispiele feststellen zu können, ein Umstand, der aus der Aufmerksamkeit und Pflege, die diesen Idealtypen zuteil wurde, zu erklären wäre. Als Beispiele könnten Hagenau, Kaiserslautern und die Reichsburg Trifels, ferner Gelnhausen, Seligenstadt, Wimpfen und die Dynastenburgen Büdingen, Babenhausen und Dreieichenhain genannt werden. Die Reichsfeste Eger, Hauptstützpunkt staufischer Politik in Böhmen, ähnelte mehr den sächsischen Pfalzen Dankwarderode und Goslar.

Die an staufischen Pfalzen und Burgen verwirklichte Architektur, die für festliche Repräsentation den Rahmen abgab, ergänzt durch entsprechende Dekorationselemente in Form und Farbe, im Einklang mit Schöpfungen geistigen Schaffens, ist durch ihre individuelle Eigenart zum zentralen Begriff einer Kunstepoche, der staufischen, geworden.

Die weiten Säle des Palatiums, für Versammlungen und Staatsakte über breite Freitreppen durch reich gezierte Rundbogenportale zugänglich, belichtet durch meist in Gruppen zusammengefaßte Fensteröffnungen zwischen paarweise gestellten Säulen, beheizt durch gewaltige Kamine mit ornamentierten Hauben auf gemeißelten Konsolen, atmeten Feierlichkeit und Würde. Die in herber Strenge gestalteten Sakralräume, gelegentlich als Doppelkapellen ausgeführt wie in Nürnberg und Eger, die klare Form der Ornamente, die profilierten Sockel und Gesimse, endlich auch die trutzigen Buckelquaderwände der Wehrmauern sind die charakteristischen Elemente dieses Stilbegriffs.

Typologie

In dieser glanzvollen Periode staufischer Profankunst, die zugleich auch Zeit der Hochblüte des Rittertums war, erreicht gerade der Burgenbau zahlenmäßig ebenso wie praktisch und ästhetisch die höchste Stufe seiner Entwicklung. Es gab viele Neubauten, aber ebenso wurden ältere Anlagen ausgebaut und umgewandelt, so daß sich eine Vielzahl von Typen ergab. Zur zeitlichen und sachlichen Gliederung dieser Baugattung haben sich Burgenforscher vieler Generationen um eine brauchbare Typologie bemüht, denn ohne Zweifel wäre eine solche als Hilfsmittel zur Bestimmung der Entstehungszeit nützlich und notwendig.

Verschiedene Möglichkeiten bieten sich grundsätzlich an. Man kann Anlagen scheiden nach Zahl, Art und Stand der Benutzer, also Volksburgen, Herrenburgen, Klosterburgen, Ordensburgen, Dynastenburgen, Ganerbenburgen. Weiter ist eine geographische Einteilung denkbar; man unterscheidet Höhenburgen und Talburgen und gliedert Gipfelburgen, Sporn- oder Zungenburgen, Hangburgen, Felsen- oder Höhlenburgen, Stadtburgen, Wasserburgen und Inselburgen. Ein anderer Gesichtspunkt ist die rein architektonische Gliederung in Turmburgen, Hofburgen, Hausrandburgen, Schildmauerburgen und Abschnittsburgen oder die Bestimmung nach der jeweiligen Aufgabe als Zwingburg, Paßburg oder Klause, Straßenwarte, Zollburg, Grenzburg. Natürlich gibt es hier Überschneidungen nach allen Richtungen, die noch durch gelegentliche Umwandlungen baulicher oder organisatorischer Art verunklärt werden.

Es soll versucht werden, die hier benannten Typen kurz zu charakterisieren, damit sich die Namen mit einer genauen Vorstellung verbinden. Um den Leser mit den Fachausdrücken der Burgenkunde vertraut zu machen, sei zunächst die Terminologie an einer erdachten Idealburg vorgeführt und erläutert.

Bauprogramm einer Ritterburg

Unsere Idealburg steht am Talrand auf einem aus dem Hang vorspringenden Sporn. Wir steigen, dem gewundenen Burgweg folgend, den Berg hinan zur Hochebene vor der Angriffsseite der Burg. Am Wege

stehen die Türme und Höfe der Burgmannen, der Ritter, die als Krieger oder Beamte in der Burg verschiedene Funktionen haben. Ihre Behausungen sind zugleich Sicherungen des Burgweges, der in seinem letzten Teil so verläuft, daß der Ankommende der Burg die schildentblößte Rechte zuwenden muß. Vor der Burg breitet sich das ansteigende Plateau der Hochebene; die Vegetation ist niedrig gehalten, um dem Angreifer keine Deckung zu geben; über die ganze Breite sind als vorderstes Hindernis Hecken, das Gebück, gezogen.

Eine zunächst unüberwindliche Sperre bildet der Graben mit dem davor als Wall aufgehäuften Aushub. Trennt der Graben den Burgplatz vom Plateau, indem er quer die Bergzunge abschneidet, so heißt er Halsgraben; vielfach ist er mit einer Krümmung nach außen sichelförmig angelegt. Umzieht der Graben die ganze Burg, so spricht man von einem Ringgraben. Um einem vordringenden Feind den Eintritt in den inneren Burghof möglichst zu erschweren, wurde gelegentlich die ganze Burg in Abschnitte gegliedert, die jeweils durch Abschnittsgräben getrennt und gesichert waren. Die Krone des vorgelagerten Walles ist oft mit einer Palisade besetzt, einem Zaun aus in den Boden gerammten, oben angespitzten, dicht beieinander stehenden Holzpfählen.

Je nach Beschaffenheit des Untergrundes kann der Graben als Spitzgraben in V-Form oder als Sohlgraben in U-Form angelegt sein. Die häufigste Form ist der breite Sohlgraben, dessen Böschungen (Skarpen) im Erdreich geböscht sein können, zuweilen auch als senkrecht gemauerte Wände zu größerer Stabilität ausgebildet sind. Im felsigen Grund ist der Graben ausgesprengt, der anstehende Fels bildet dann die Skarpe (innen) und die Kontereskarpe (außen).

Zum äußeren Burgtor führt eine Brücke über den Graben. Je nach Breite des Grabens wird sie von einem oder mehreren Pfeilern gestützt. Während der äußere Brückenteil fest liegt, ist das letzte Stück beweglich; es ist als Zugbrücke konstruiert, so daß die Brückenplatte an einer am Torfuß liegenden Achse drehbar durch verschiedene Mechanismen aufgezogen werden kann, wodurch die Brücke unterbrochen und das Tor verschlossen wird. Zur Betätigung der Zugbrücke

Buckelquadermauerwerk am Wehrbau und feine Steinmetzarbeit an Arkaden und Kapitellen des Wohnbaus sind charakteristische Merkmale staufischer Burgen – Oben v. l. n. r.: Arkaden der Pfalz Wimpfen/Neckar – Palas-Saal der Wildenburg/Odenwald – Unten: Bergfried in Wimpfen, der Rote Turm – Säulenkapitell vom Palas der Pfalz Gelnhausen/Kinzig – Tympanon aus Büdingen/Vogelsberg mit Reliefdarstellung der Ritter von Ysenburg als Kreuzfahrer.

67

dienen Vorrichtungen am und im Torbau. Die Brücke kann an Stricken oder Ketten, die über Rollen in Mauerschlitzen laufen, mit Muskelkraft aufgezogen werden. Zur Erleichterung können innen das Gewicht ausgleichende Gegengewichte angebracht sein. Die Ketten können ferner über Rollen zu Winden geführt werden, die im Raum über der Torhalle aufgestellt sind. Diese Winden können horizontal mit Kurbeln betätigt oder durch senkrechte Walzen an durchgesteckten Holmen von Knechten betrieben werden.

Eine andere Hebevorrichtung sind Schwungruten, in Mauerschlitzen über dem Tor schwenkbare Balken oder Ruten, an deren äußerem Ende mit Ketten das vordere Ende der Brückenplatte befestigt ist, auf deren hinterem Ende in der Torhalle Gegengewichte befestigt sind; diese Konstruktion ermöglicht eine leichtere und schnellere Bewegung der Zugbrücke.

Endlich kann die Brückenplatte in Form einer Balkenwaage so angebracht sein, daß sie, auf der Achse am Torfuß ruhend, mit dem äußeren Teil aufschlagend, das Tor verschließt, während der innere Teil, den möglicherweise bereits ein Angreifer erreicht hat, innen in eine Grube, die Wolfsgrube, schlägt, die zunächst in der Normalstellung der Brücke verdeckt, bei heruntersinkender Platte dem Angreifer zum Gefängnis wird, in das er hinabstürzt. Diese Zugbrücke nennt man Kipp- oder Wippbrücke.

Zum Einlaß bei geschlossenem Haupttor dient eine seitlich neben dem Haupttor liegende Pforte, zu der ein zuweilen auch mit Zugvorrichtung ausgestatteter Steg führt. Als die am meisten bedrohte Stelle der Burg ist das Tor durch weitere Anlagen gesperrt und gesichert. Dazu gehören die Torflügel, aus doppelten Brettlagen fest vernagelt und zum Schutz gegen Brand außen mit Eisenblech beschlagen. Zumeist ist das Tor zweiflüglig, wobei in einem der Flügel eine kleine Tür, das Mannloch, eingeschnitten ist, das nur den gebückten Zutritt eines einzelnen Menschen zuläßt. Außer durch feste Kastenschlösser und Eisenriegel ist das Tor noch durch einen Torbalken versperrt, der aus einem seitlich in die Mauer eingeschnittenen Kanal in eine entsprechende Vertiefung der gegenüberliegenden Laibung eingeschoben wird. Es können auch Torbalken in hakenförmige Wandschlitze der Laibungen eingerastet oder in Nuten eingeschwenkt werden. Das Einrammen der Torflügel wird durch solche Stabilisierung weitgehend erschwert.

Zur weiteren Sicherung der Torhalle dient das Fallgatter: eine Vorrichtung, die bereits die Römer kannten und die an den Kreuzfahrerburgen wieder zur Geltung kam und seit dieser Zeit auch in Europa Verwendung fand. Das Gatter wird entweder durch einen Balkenrost gebildet, dessen untere Balkenenden in geschmiedeten Eisenschuhen stecken; es kann auch ein Eisenrost aus durchgesteckten Vierkanteisen in Flacheisenbändern sein. Das Fallgatter kann außen, über dem Tor hängend, in seitlichen Nuten oder hinter Hakensteinen laufen, es kann unmittelbar hinter den Torflügeln in einem Deckenschlitz herabgelassen werden oder, in Wandschlitzen laufend, einen vorderen Teil der Torhalle abriegeln.

An Seilen oder Ketten hängend, die im Bedarfsfall gekappt werden, saust das Gatter, den Feind überraschend, von der Schwerkraft bewegt, hinab.

Das Untergeschoß des Torbaus oder Torturmes, die Torhalle, kann auch noch durch seitliche Schlitze und Scharten für Bogen- und Armbrustschützen überwacht und gesichert werden. Gewöhnlich ist dieser Raum gewölbt, wobei im Scheitel der Wölbung das Mörderloch, wie es in England genannt wird, eine Senkscharte, dazu dient, einen Eindringling von oben zu bekämpfen bzw. Sprechverbindung mit den Wächtern im Obergeschoß herzustellen. Die hier postierte Mannschaft hatte die Zugbrücke zu bewachen, einen Ankommenden nach Wunsch und Herkommen zu befragen, gegebenenfalls die Zugbrücke aufzuziehen oder, wenn es dazu zu spät sein sollte, den Eindringling am Tor aus der darüber vorkragenden Pechnase zu begießen oder zu bewerfen.

Da bei den deutschen Herrenburgen des Mittelalters meist eine Vorburg vor der Kernburg lag, die neben der Aufgabe, als Wirtschaftshof zu dienen, auch ein beträchtliches Hindernis für den vordringenden Feind bedeutete, finden wir hier seltener eine äußere Sicherung, die bei größeren Hofburgen in West- und Osteuropa häufig war, nämlich den Barbakan. Hier handelt es sich um einen mauerumschlossenen Vorhof am Tor mit umlaufendem Wehrgang, gegebenenfalls mit Ecktürmen oder Eckerkern. In dieser Form war der Barbakan vor allem an Stadttoren üblich. Seltener findet man ihn als einen frei vor dem Tor stehenden, eigens von einem Graben umschlossenen Wehrbau, durch den der Zugang zur Burg gewinkelt geführt ist, mit dieser einerseits und dem Vorgelände andererseits durch Zugbrücken verbunden.

Ebenso wie dem Tor eine äußere Verstärkung zugeordnet war, wurde es seit den Kreuzzügen üblich, auch den ganzen Bering der Burg zu verdoppeln, so daß ein schmaler Geländestreifen vor der Ringmauer die Burg mit einer zweiten, niedrigeren Mauer abschloß. Auf diese Weise wurde der Zwinger gebildet, ein Element des Wehrbaus, das die Kreuzfahrer an byzantinischen Stadtbefestigungen, in vollendeter Form an der Stadtmauer von Konstantinopel, kennengelernt hatten. In die Zwingermauer, die zugleich innere Grabenwand war, wurden häufig kleine halbrunde Türme oder Bastionen eingefügt, die eine Überwachung und Bestreichung des Grabens ermöglichten.

Wesentlichster Schutzbau der Burg, das Grundelement aller Typen, war die Ringmauer, die zugleich der aktiven Verteidigung diente. Im Prinzip war es eine hohe, breite Mauer, zuweilen auf geböschtem (dossiertem) Sockel, örtlich und zeitlich nach Material und Mauertechnik verschieden, entweder aus Bruchsteinen, aus Ziegelsteinen oder Quadern, glatt behauen oder mit Bossen als Buckelquadermauerwerk, das besonders für die Stauferzeit charakteristisch war. Sauber bearbeitete Steine bildeten die innere und äußere Schale, der Mauerkern bestand aus Bruchsteinen und gelöschtem Kalk. So entstand ein Bauwerk von äußerster Festigkeit, das durch seine Höhe dem Übersteigen, durch seine Stärke dem Stoß der Kriegsmaschinen und durch tiefe Fundamente dem Unterminieren widerstehen konnte.

Zur aktiven Verteidigung war der Wehrgang auf der Mauer bestimmt. In der Zeit vor Erfindung des Schießpulvers war der Kämpfer im Vorteil, der erhöht über seinem Gegner stand, da als Antriebskraft aller Wurfwaffen neben der Muskelkraft wesentlich die Schwerkraft wirkte. Darum war es notwendig, solche Standorte rings um die Burg vorzusehen. Zum Schutz der Verteidiger verlief der Wehrgang hinter einer festen, halbmannshohen Brüstung, auf die in regelmäßigen Abständen Mauerzähne (Zinnen) aufgesetzt waren, hinter denen der Verteidiger sich aufrichten oder einen Verteidigungsakt wie das Spannen der Armbrust oder dergleichen vorbereiten konnte. Vielfältig sind die Formen der Zinnen, als glatte Rechtecke, schildartig gerundet, mit Ziergiebeln oder als Schwalbenschwanz-Zinnen gestaltet. Zierformen kamen mehr für offene Wehrgänge in Frage, wie sie in milderem Klima vorherrschen; in Deutschland war der Wehrgang meist überdacht, um vor der Witterung Schutz zu bieten.

Außer durch die Zinnenlücken, in denen die Schützen auch durch Klappläden geschützt wurden, konnte man mit Schußwaffen, Bogen und Armbrust auch durch Schießscharten schießen. Eine größere Bewegungsfreiheit als der Armbrustschütze brauchte der Bogenschütze; sein Standort war eine Schartennische. Für den Bogenschuß war die Schießscharte ein langer, schmaler, senkrechter Mauerschlitz, für die Armbrust waren kürzere Scharten mit seitlichen Erweiterungen, ihrer Form wegen Schlüsselscharten genannt, zweckmäßiger. Eine spezielle Form der Schießscharte, die vollkommene Deckung des Schützen gewährleistete, war die Kugelscharte, bei der eine durchbohrte Holzkugel in einem Lager drehbar in den Schartenschlitz eingefügt war.

Bot das Maß der Mauerkrone unter Berücksichtigung einer starken Brüstung nicht Platz genug für einen ausreichend breiten Wehrgang, der ja auch Verbindungsgang zwischen den einzelnen Burggebäuden war, so wurde der Gang in Fachwerk konstruiert, innen über Konsolen auf Streben ausgekragt. Es konnte in gleicher Weise eine Auskragung nach außen vor die Brüstung gestellt werden, um hier durch Löcher im Boden des Ganges Angreifer am Fuße der Mauer besser und wirksamer bekämpfen zu können. Solche außen vorgekragten, hölzernen Wehrgänge nennt man Hurden. War die äußere Vorkragung in Stein über kurzen Bögen auf Konsolsteinen ausgeführt und war hier jedem Bogenfeld vom Wehrgang ein Gußloch oder eine Senkscharte zugeordnet, so entstand am oberen Mauerrand eine Gußlochreihe, Maschikulis genannt, eine in Deutschland allerdings seltene Bauform, die hier auch nur als Zierform anzutreffen ist und außer an der Ringmauer auch am oberen Rand von Türmen und weiteren Burggebäuden vorkommt.

In der Ringmauer stehen häufig Türme, in der Frühzeit außen bündig mit der Mauer, als Grundrißformen kommen Quadrat, Rechteck und Kreis vor. Während der Kreuzzüge lernten die Ritter den Wert der Flankierung zu schätzen, so daß sie aus einem vor die Mauer tretenden Bauteil entlang der Mauer schießen und so vor allem Feinde am Mauerfuß besser bekämpfen konnten. Die Formen dieser Flankierungstürme, die als Rechteck, Dreieck oder Halbkreis vor die Mauerflucht treten, geben keinen Anhalt für eine genaue Zeitstellung, je nach Landschaft, Tradition und Gelegenheit waren verschiedene geometrische Figuren gebräuchlich. Kleine, meist runde oder polygonale Türme, die speziell der Beobachtung des Vorgeländes dienten und gern auf Mauerecken oder über Strebepfeilern an exponierten Mauerteilen angebracht waren, sind die Scharwachttürmchen oder Echaugettes, auch Pfefferbüchsen genannt.

Zuweilen wurden innen in der Mauerflucht stehende

Türme an der Innenseite gegen den Burgraum offengelassen. Man verhinderte damit, daß ein bereits eingedrungener Feind sich hier festsetzte, und sparte außerdem an Material und Arbeitsleistung. Solche Türme heißt man Schalentürme. Verschlüsse solcher Turminnenseiten durch Fachwerkwände sind meist spätere Ergänzungen, um die Türme für friedliche Zwecke nutzbar zu machen.

Türme konnten auch frei vor der Mauer oder in gewissem Abstand im Vorgelände zur Beobachtung stehen; solche Warten in unmittelbarer Nähe der Burg sind allerdings in Deutschland selten anzutreffen.

Im inneren Bereich der Burg, auf dem teilweise oder ganz von Gebäuden umschlossenen Burghof, steht der Hauptturm der deutschen Burg, der Bergfried, ein Bauwerk, ausschließlich zur passiven und aktiven Verteidigung bestimmt, das im Falle der höchsten Not, wenn Feinde bereits in den Innenraum der Burg eingedrungen waren, als letzte Zuflucht diente. Dieser Bestimmung entsprechend waren auch sein Aufbau und seine Einrichtung. Die außerordentliche Mauerstärke machte einen Einsturz fast unmöglich, zumindest erforderte ein solches Beginnen einen bedeutenden Zeitaufwand. Der Zugang lag hoch über dem Hof, er war nieder und eng, so daß jeweils nur ein Mensch eintreten konnte. Zu erreichen war der Zugang über eine äußere Holzstiege oder Leiter, die man notfalls hinter sich abbrach, zu einer kleinen Plattform auf Konsolen. Um einen derart sicheren, hohen Standort zu schaffen, entstand im Innenraum notwendigerweise ein tiefer Schacht; nur selten war der Turm bis zur Eingangshöhe massiv.

Der Schacht konnte entweder als Speicher oder als Gefängnis Verwendung finden. Zugänglich war er nur durch ein Loch in der Wölbung, das Angstloch, so geheißen, weil man durch diese Öffnung einen Gefangenen mittels einer darüber stehenden Haspel auf einem Reitholz sitzend herabließ bzw. nach Erstattung des Lösegeldes heraufzog. Diente der Schacht als Verlies, so gab es ab und zu an der Sohle wohl auch einen mehr oder weniger primitiven Abtritt in der Mauerstärke. Die Belüftung des Gefängnisses erfolgte durch einen für den Gefangenen unerreichbar hoch gelegenen Mauerschlitz, durch den ein spärlicher Lichtstrahl eindrang.

Da dieser Turm zugleich als Wachtturm diente, gab man ihm die entsprechende Höhe; mehrere Geschosse waren entweder durch Holztreppen miteinander verbunden oder durch Treppenläufe in der Mauerstärke zu erreichen.

Während die Zwischengeschosse kaum genutzt wurden, befand sich im obersten die Wächterstube und darüber eine Plattform hinter einer Brustwehr mit Zinnen. Zur Ausstattung des Turmes gehörte jedenfalls ein Abort, als Erker ausgebildet oder mit einer Röhre im Mauerwerk, und ein oder mehrere Kamine. Das Klima in Deutschland erforderte im allgemeinen einen Dachabschluß, doch baute man das Dach meist so, daß es im Ernstfall abgeworfen werden konnte, um gegebenenfalls eine Schleuder oder ein Geschütz auf der Plattform postieren und um von hier aus unbehindert den eingedrungenen Feind bekämpfen zu können.

Für den Bergfried sind verschiedene Grundrißformen gebräuchlich; am häufigsten sind das Quadrat und der Kreis, letzterer, weil er dem Stoß den stärksten Widerstand leistet. Ein fünfeckiger Grundriß konnte durch Vorlage eines Dreiecks entstehen, die Dreieckskante war dann feindwärts gerichtet; an den Schrägseiten prallten Geschosse ab. Der Dreieckskörper konnte auch eine Wendeltreppe zur Verbindung der oberen Geschosse enthalten. Daneben sind weitere Polygonformen gelegentlich verwendet worden.

Bei frühen Burgen findet man den Bergfried im Burgraum nicht an einem für die Verteidigung der Burg wichtigen Platz. Offenbar überwog zunächst die passive Verteidigung. Als der Turm mehr der aktiven Verteidigung diente, erhielt er seinen Platz an entsprechender Stelle an der Angriffsseite oder zum Schutze des Tores als der schwächsten Stelle des Beringes.

Nach wie vor findet man in Fachbüchern für den Hauptturm unterschiedliche Schreibweisen. Die Wortteile Burg und fried, in der alten Form berc und vrit, können für die erste Silbe von Berg = Höhe oder berg = bergen, für die zweite Silbe von Fried = Frieden oder frit = umhegen abgeleitet werden. Allgemein hat sich die seit dem 19. Jahrhundert übliche Schreibweise Bergfried durchgesetzt.

Der Hauptturm der Burg konnte auch für eine andauernde Bewohnbarkeit eingerichtet sein; als solchen findet man den Typ des Wohnturmes, des Donjons, wie er in Westeuropa und England vielfach gebaut wurde, der aber auch in Deutschland vorkommt. Sein Urvater war wohl der hölzerne Turm der Motte, des befestigten Turmhauses der Normannen. Dem erweiterten Verwendungszweck entsprechend sind die Dimensionen größer. Dieser Allfunktionenturm ist oft auch das einzige Bauwerk innerhalb einer Ringmauer. Das Innere, in mehrere meist gewölbte Geschosse aufgeteilt, enthielt Keller, Küche und Vorratsraum, einen Saal als Tagesraum mit großem Kamin, der ein ganzes Geschoß einnahm. Zuoberst Kammern und Nebenräume, von denen etliche zunächst mit Holzkohlenfeuer in offenen Gitterkörben, später mit Kachelöfen beheizbar waren. Eine weite, offene oder überdachte Plattform, mit Zinnenkranz oder Maschikulis ausgestattet, bildete auch hier den oberen Abschluß. Vielfach findet man einen Mittelpfeiler oder eine Mittelsäule in allen Geschossen als Stütze der Zwischendecken oder Gewölbe. Auch die Wohntürme waren nur vom ersten Obergeschoß her zugänglich.

Außer durch Ringmauer und Bergfried konnte eine Burg auch durch eine Schildmauer geschützt werden, einen gewaltigen Mauerbau von außerordentlicher Stärke und Höhe, der die ganze Angriffsseite einer Burg deckte. Solche Wehrbauten findet man häufig in West- und Südwestdeutschland. Sie boten die Möglichkeit, auf der geräumigen Wehrplatte eine große Zahl von Verteidigern einzusetzen, mehrere Wurf- und Schleudermaschinen aufzustellen und so den Angreifer wirkungsvoller zu bekämpfen. Gelegentlich konnten natürliche Felsbildungen benutzt und einbezogen werden, in anderen Fällen war die Mauer zwischen zwei mächtige Ecktürme eingespannt. Im Schutze einer solchen Schildmauer, die zumeist einen Bergsporn hinter einem tiefen Halsgraben abriegelte, war der ganze, von den Steilhängen her unangreifbare Burgraum wirksam geschützt. In bescheidenerem Ausmaß konnte ein Teil der Ringmauer zum Schutze eines Wehrbaus besonders kräftig gestaltet oder als bastionsartige Ausbauchung angelegt sein; in diesem Fall spricht man von einer Mantelmauer.

Zu verschiedenen Zwecken bestimmt findet man an Wehrbauten und Mauerzügen auf Konsolen gestellte Ausbauten. Gußerker, Pechnase, auch Bretesche genannt, dienten, wie ihr Name sagt, dazu, um auf den Feind am Mauerfuß Flüssigkeiten wie siedendes Wasser, Öl oder Pech hinabschütten oder gedeckt nach unten werfen oder schießen zu können. Es konnte sich dabei um regelrechte Häuschen ohne Boden unter einem Pultdach handeln oder lediglich um einen Schirm vor einer Mauerlücke in unterschiedlichen Formen. Mit der unteren Öffnung über dem Graben oder über einer abgelegenen Stelle der Burg am Abhang wurden, im Prinzip den Pechnasen ähnlich, Aborterker angelegt. Bodenerker, auch Söller genannt, findet man an Türmen und Wohnbauten zur Ausschau oder zur Zierde.

Der Wohnbau der Burg, der Palas oder Saal, war, wie der Name sagt, ein Gebäude, das zumindest einen großen Raum, meist im Obergeschoß, enthielt. Je nach der Größe der Burg, nach ihrer Bestimmung oder Lage konnte der Palas sehr unterschiedlich gestaltet sein. Nur für landesfürstlich große Burgen trifft die übliche Beschreibung zu, die den Palas als langgestreckten, stattlichen Bau ausweist, dessen Obergeschoß den Rittersaal mit rundbogigen, gekuppelten Fenstern aufnahm und dem gegen den Hof ein Laubengang vorgelegt war. Zu bemerken ist, daß die Bezeichnung Rittersaal im Mittelalter nicht gebraucht wurde, sondern eine Erfindung des romantischen 19. Jahrhunderts ist. In Ritterromanen spielt der so bezeichnete Raum als Schauplatz ritterlichen Lebens eine wichtige Rolle.

Es sind nun in der Tat aus der Stauferzeit Palasbauten restauriert oder als Ruinen überkommen, wie z. B. in Gelnhausen, Münzenberg, in Eger, Wimpfen, Seligenstadt und Wildenburg, ferner frühere Anlagen in Goslar, Braunschweig und die Wartburg, die als Spitzenleistungen romanischer Profanbaukunst gelten können und vermuten lassen, daß ihre Bewohner hier nicht ein allen Schmuckes und aller Zierde bares Leben in Trübsal fristeten, wie man es gelegentlich liest. Von der Ausstattung der Räume geben nur spärliche Reste von Wandmalereien und Illustrationen zeitgenössischer Handschriften eine Vorstellung; der abstrakte Charakter der letzteren bedarf allerdings einer Interpretation. Mögen also die großen Burgen der Landesherren gewisser Bequemlichkeit nicht völlig entraten haben, so verbrachte der Dienstmann als Platzhalter auf einer kleinen Burg mit den Seinen zumindest im Winter schlimme Zeiten. Nicht umsonst klingt die Sehnsucht nach dem Frühling und das Lob der schönen Maienzeit in den Liedern der Minnesänger immer wieder auf.

Zuweilen war das Untergeschoß oder Erdgeschoß des Palas als Aufenthalts- und Speiseraum für die Burgmannen und die Gäste bestimmt. Einen solchen Raum nannte man Dirnitz, Dörntze oder Dürnitz. Meist handelte es sich um einen gewölbten Saal mit mittlerer Säulenstellung.

Da aber Burgen in erster Linie zum Kampf und zur Abwehr zu dienen hatten, kam es vor, daß der Palas durch besondere bauliche Gestaltung auch diesen Zwecken nutzbar gemacht wurde. Zwar war eine Verteidigung hier nicht besonders aussichtsreich, doch konnten bei der Anlage der Zugänge, beim Verschluß der Fenster durch Holzläden mit Schießschlitzen oder

Feste Tore schützen den Zugang – Oben v. l. n. r.: Burg Herzberg/Schwalm, 14. Jh. – Rapottenstein/Waldviertel, 16. Jh. – Unten: Schweinsberg bei Marburg/Lahn, 13. Jh. mit späteren Zutaten. – Riegersburg/Oststeiermark, 16. Jh.

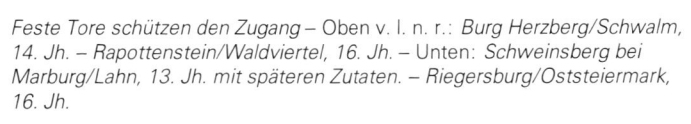

72

Der Torbogen, eine einfache Konstruktion oder eine Schmuckform am Zugang der Burg – Links oben: *Weidelsberg/Hessen, 12. Jh.* – L. unten: *Weidelsberg/Hessen, 13. Jh.* – Mitte: *Henneburg/Main, 13. Jh.* – Rechts oben: *Scherenbergtor der Feste Marienberg über Würzburg, 15. Jh.* – Rechts unten: *Hornberg/Neckar, Burg des Götz von Berlichingen, romanischer Torbau mit jüngerem Fachwerkaufbau.*

durch hölzerne Wehrgänge (Hurden) unter der Dachtraufe sowie Gußlochreihen (Maschikulis) und Zinnen am Dachfuß Vorkehrungen getroffen werden, die der aktiven Abwehr feindlicher Aktionen dienten.

Von Wichtigkeit war auch die Stellung des Palas im Grundrißschema der Burg. In Hinblick auf seine Funktion als Wohnbau gab man ihm innerhalb der Burg einen möglichst gesicherten Platz und erschwerte den Zugang durch künstliche Sperren. Ausschlaggebend für die Lage war vor allem der zur Verfügung stehende Raum in dem meist durch natürliche Gegebenheiten bestimmten Bering.

Als weiterer Wohnbau oder Wohnraum der Burg ist die Kemenate zu nennen (abgeleitet von caminata), ein heizbares Gemach, das mit einem Kamin ausgestattet war und in späterer Zeit durch einen Kachelofen erwärmt wurde. Für die Zuteilung der Kemenate nur an Frauen gibt es keinen Beleg; dies ist auch insofern zweifelhaft, als Kemenate auch gleichzeitig zur Bezeichnung für den Palas vorkommt. Bauten oder Räume mit gleicher Funktion wie die Kemenate sind in Berichten und Urkunden als Gaden oder Mushaus bezeichnet.

In irgendeiner Form gab es auf jeder Burg einen dem Gottesdienst geweihten Raum, Raumteil oder Bau, eine für den mittelalterlichen Menschen, zumal für den zur Frömmigkeit erzogenen Ritter unabdingbare Notwendigkeit. Meist gehörte auch ein Geistlicher, der Burgkaplan oder Burgpfaffe, zu den Burgbewohnern; er hatte neben seiner geistlichen Funktion auch Aufgaben als Schriftkundiger und Lehrer.

Im bescheidensten Falle bestand die Burgkapelle nur in einer Wandnische, in der ein kleiner Altar Platz fand. Entweder konnte die Nische in der Wandstärke ausgespart sein oder als halbrunder oder rechteckiger Konsolerker außen vorkragen. Wenngleich Burgkapellen in allen Burggebäuden vorkommen, findet man sie doch besonders häufig im Torbau oder in seiner Nähe. Diese Platzwahl legt die Vermutung nahe, daß sich die Burgbewohner an der am stärksten bedrohten Stelle der Burg des göttlichen Schutzes in besonderer Weise versichern wollten. Frei stehende Burgkapellen waren zumeist einfache rechteckige oder quadratische Saalbauten mit einer halbrunden Apsis; gelegentlich kommen auch kleine Zentralbauten oder kreuzförmige Grundrisse vor.

Kapellen in Verbindung mit Wohnbauten, etwa dem Palas, hatten oft eine Empore für die Herrschaft; die Trennung der Andächtigen nach Rang und Stand lag wohl auch dem Bauprinzip der zweigeschossigen Ka-

pellen zugrunde, bei denen nur ein Loch im Gewölbe des unteren Raumes die Kommunikation zum oberen herstellte. Derartige Doppelkapellen wurden vorzugsweise für solche Burgen gebaut, die den Charakter einer Pfalz oder Residenz hatten. Gelegentlich waren die Geschosse auch durch Treppen verbunden.

Zur Ausstattung der Burgkapelle gehörten neben einem kleinen Altar und einfachen Bänken in der Regel Wandfresken mit Darstellungen biblischer Szenen oder der Legende des Patrons. Gute Beispiele sind vor allem in Südtirol erhalten. Zuweilen dienten Burgkapellen auch als Grablege des auf der Burg sitzenden Adelsgeschlechtes; auch als Asyl konnte der Sakralraum von Bedeutung sein.

Nur allmählich konnte im frühen Mittelalter die Geldwirtschaft die Naturalwirtschaft verdrängen. Die Untertanen hatten demgemäß ihre Abgaben, den Zehnten, in Naturalien zu erstatten. Zur Verwahrung dieser anfallenden Güterdienste diente das Kastenhaus, kurz Kasten oder Speicher genannt, seiner Bestimmung nach ein fester Bau mit mehreren Böden, oft auch mit gewölbten, tiefen Kellern, um Getreide, gepökeltes Fleisch, Fett, Wein und Bier aufzunehmen. Je nach der landesüblichen Bauweise wurden die Zehentscheunen als Massivbau oder in Fachwerk ausgeführt.

Wichtig für alles Leben auf der Burg war ein genügender Vorrat an Wasser. Es ist daher nicht verwunderlich, daß man ohne Rücksicht auf den gewaltigen Arbeitsaufwand, auf die Kosten und technischen Schwierigkeiten Brunnen von beträchtlicher Tiefe vom Burghof durch den Felsen bis zum Grundwasser der Talsohle bohrte. Brunnenschächte von mehr als hundert Meter Tiefe waren keine Seltenheit. Die Lage des Brunnens war in erster Linie durch natürliche Gegebenheiten bestimmt, jedoch wurde er bevorzugt an sicherer Stelle im inneren Burghof oder, wenn es möglich war, in einem Burggebäude angelegt, damit auch im Falle einer Belagerung die Wasserversorgung gesichert war. Stand der Brunnen im Freien, so überbaute man ihn wohl mit einem Brunnenhaus, darinnen befand sich eine mehr oder weniger aufwendige Aufzugsvorrichtung. Konnte der Brunnen aus natürlichen Gründen nicht vom Burghof aus, sondern nur von einer Stelle im Außenbereich der Burg ergraben werden, so bedurfte es eines besonderen Schutzes, meist in Gestalt eines vorgeschobenen, festen Turmes.

Gab es keine Möglichkeit, die Burg mit Grundwasser zu versorgen, so legte man eine Zisterne an, in der das

Regenwasser von den Dächern zusammengeführt wurde. In diesem Falle bedurfte es einer Reinigung des Wassers, die man durch Filterung in Kieslagern erreichte. Je nach der Ergiebigkeit der Quellen gab es Burgen mit Brunnen und Zisternen sowie mit Speicherbassins, um auf jeden Fall in Friedens- und Kriegszeiten einen genügenden Wasservorrat zu haben. Selten waren Fälle, in denen Wasser in Leitungen von höheren Bergen der Burg zugeführt wurde, zumal hier eine Störung oder Unterbindung der Wasserversorgung durch den Feind leichter möglich war. Wasser wurde gebraucht zum Tränken von Menschen und Tieren, ebenso zur Körperpflege im Bad, sei es, daß man es dem ankommenden Gast in einem Zuber anrichtete oder gemeinsam die Heilkraft des Dampfbades im Badehaus genoß. Zur Reinigung der Pferde war gelegentlich auf der Vorburg eine Roßwette angelegt, ein kleiner künstlicher Teich. Man brauchte aber auch Wasser als Kampfmittel, um es siedend auf den anstürmenden Feind zu schütten.

Die Burgwirtschaft mußte autark sein, wie es die meist einsame Lage und die Gefahr der Einschließung durch Feinde bedingte. So gab es entweder im Anschluß an die Burgküche oder als freistehendes Gebäude einen Backofen oder ein Backhaus. In der Burgküche loderte auf einem Herdsockel unter einer mächtigen Kaminhaube das offene Feuer zur Bereitung der Speisen.

Kriegshandlungen brachten es mit sich, daß Feinde gefangengenommen wurden. Allerdings waren nur solche Gefangenen der Mühe des Verwahrens wert, von denen ein bedeutendes Lösegeld oder eine politische Konzession zu erwarten war. Kriegsgefangene – um die es sich in der Hauptsache auf den Burgen handelte, an Rechtsbrechern wurde im Mittelalter das Urteil unmittelbar vollzogen – mußte man an einen sicheren Ort legen. Wenn dazu nicht der Schacht des Bergfrieds diente, so richtete man Gefängnisse in Kellergewölben, wohl häufig in einem eigenen Gefängnis- oder Faulturm ein. Die Einrichtung war minimal und bestand bestenfalls aus einer Steinbank und einer Abtrittsröhre, für Licht und Lüftung gab es einen Mauerschlitz. In anderen Fällen verwendete man auch Blockgefängnisse, einfache Kästen aus festen Bohlen, in denen der Gefangene kauern mußte; man konnte sie in jedem Raum, so auch in den Zwischengeschossen des Bergfrieds aufstellen. Bessere Gefangene bekamen wohl ein gesichertes Turmgemach, wie weiland Friedrich der Schöne von Österreich in der Haft seines wittelsbachischen Jugendfreundes auf der Burg Trausnitz an der Pfreimd oder Richard Löwenherz auf dem Trifels.

Über unterirdische Gänge in Burgen ist viel gefabelt worden. Zweifellos gab es solche Anlagen hie und da, nur wenige aber führten tatsächlich zu Orten außerhalb der Burg und könnten somit als Fluchtweg angesprochen werden. Keinesfalls hat es jedoch Gänge von Kilometerlänge zu fernen Städten oder benachbarten Burgen gegeben, sonst wäre wohl nicht, wie stets berichtet, bei der Einnahme einer Burg die Besatzung in Feindeshand gefallen, niedergemacht oder frei entlassen worden, man hätte immer nur leere Burgen angetroffen.

Es gab wohl Gänge von Brunnenschächten aus zu anderen, ergiebigeren Quellen, es kommen auch Verbindungsstollen zwischen Burggebäuden vor. Viele Gänge, deren Zugänge noch sichtbar sind, werden vermutlich nur zu Räumen oder Höhlen geführt haben, die zur Verwahrung wertvollen oder verderblichen Gutes dienten. Ungeachtet dessen sind es gerade die unterirdischen Gänge, die in Gruselgeschichten und Ritterromanen eine ihnen nicht zukommende bedeutende Rolle spielen.

Das Tor, die schwächste Stelle der Burg, bedurfte besonderer Sicherungen –
Oben v. l. n. r.: *Churburg/Vintschgau, Torhalle – Leofels/Hohenlohe.
Riegellöcher und Schlitze am Tor – Harburg/Ries, Fallgatter am inneren Tor –
Unten v. l. n. r.: Wildenburg/Odenwald, Angelstein am Tor – Ostheim
v. D. Rhön, mit Eisenbändern beschlagener Torflügel der Kirchenburg –
Marburg, Fallgatterspitzen mit Eisenschuhen.*

Folgende Doppelseite:
*Ring- und Zwingmauern umschließen die Burg. – Oben v. l. n. r.:
Chillon/Genfer See, um den Bergfried, 11. Jh., auf einem Felsen im See
gruppiert, mehrfach erweitert bis zur 2. H. d. 13. Jh. – Querfurt bei Halle/
Saale 12./13. Jh. – Unten v. l. n. r.: Ronneburg bei Hanau, Schießscharte
in der Torlaibung – Burg Trifels/Wasgau, Buckelquader mit Zangenlöchern
zum Aufziehen – Breuberg/Odenwald, Zwinger.*

Das jeweils verwendete Steinmaterial bestimmte Struktur und Oberfläche –
Links v. o. n. u.: *Wildenburg/Odenwald, Buckelquader mit Steinmetzzeichen –
Burscheid/Sauer, Schichtmauerwerk aus schiefrigem Material – Vaduz/
Liechtenstein, lagerhaftes Bruchsteinmauerwerk mit behauenen Konsolen
und Schlüsselschartensteinen am Wehrturm –* Mitte: *Heidenreichstein/
Waldviertel, verputztes Bruchsteinmauerwerk. –* Rechts: *Neuenburg/
Unstrut, Strebepfeiler.*

85

Durch Scharten, Fenster, Schlitze, aus Erkern, Pechnasen und von Galerien wurde der Feind beschossen oder übergossen. – Links oben: *Friedewald bei Bad Hersfeld, Schlüsselscharte* – *Harburg/Ries, Fensternische mit Prellholz* – L. Mitte: *Neuenburg/Unstrut, Dreipaßscharte* – *Spangenberg bei Kassel, Doppelscharte* – L. unten: *Querfurt bei Halle/Saale Kreisscharte im Wehrturm* – *Harburg/Ries, Kugelscharte* – Mitte oben: *Schweinsberg bei Marburg/Lahn, Schartennische* – M. unten: *Seebenstein/Leitha, Pechnase am Runderker auf Konsolen* – *Vaduz/Liechtenstein, hölzerner vorgekragter Wehrgang* – Rechts: *Breuberg/Odenwald, Konsolen eines nicht mehr vorhandenen hölzernen Wehrgangs am Eckturm.*

Folgende Doppelseite:
Links oben: *Bürresheim/Eifel, Weg zu den Wehranlagen durch gewölbte Gänge* – L. unten: *Ronneburg bei Hanau, Wehrgang auf vorgekragter Bogenreihe* – Rechts: *Nördlingen, überdachter Wehrgang auf der Stadtmauer.*

*Zinnen auf der Mauerkrone sind ein charakteristisches Element des mittel-
alterlichen Wehrbaus – Oben: Bentheim/Emsland, Zinnen vor den
Wehrgängen, auf Hauptturm und Ringmauer, 15./16. Jh. – Rechts:
Sterrenberg/Mittelrhein, Zinnen auf der äußeren Schildmauer.*

*Vorhergehende Doppelseite:
Links: Chillon/Genfer See, eine Stiege im Dachgeschoß verbindet Wehrgänge
und Plattformen – Rechts: Saaleck/Saale, 12. Jh., auf engstem Raum
2 runde Bergfriede, dazwischen eine Schildmauer; Gründer waren die
Markgrafen von Meißen.*

Der wehrhafte Turm, Urform der Burg – Oben v. l. n. r.: Ostheim v. d. Rhön – Raabs/Thaya – Forchtenstein/Burgenland – Kufstein/Inn – Hermannstein/Lahn – Ardeck/Lahn – Mitte v. l. n. r.: Büdingen/Vogelsberg – Spangenberg bei Kassel – Henneburg/Main – Hornberg/Neckar – Wimpfen/Neckar – Trendelburg/Diemel – Unten v. l. n. r.: Balingen/Eyach – Chillon/Genfer See – Eckartsberga bei Weimar.

Folgende Doppelseite:
Ingolstadt, Burgschloß, Endform im Burgenbau, wohl von Herzog Ludwig dem Gebarteten von Bayern-Ingolstadt begonnen, von den Landshuter Herzögen nach Mitte des 15. Jh. vollendet.

Mindestens 2 Höfe, einer in der Vorburg und ein weiterer in der Kernburg, öfter aber auch mehrere umbaute Höfe wurden zur Anlage einer Burg verbunden. – Links oben: Rapottenstein/Waldviertel, Wirtschaftsgebäude am Vorhof – L. unten: Runkel/Lahn – Mitte: Riegersburg, vorderer Hof. – Rechts oben: Riegersburg/Oststeiermark, vorderer Hof. – Rechts unten: Burg Rapottenstein, Innenhof mit Lauben.

Links: *Harburg/Ries, der Bergfried diente als Gefängnis. Am Seil der Haspel ließ man Gefangene durch das Angstloch in den tiefen Schacht.* – Mitte oben: *Büdingen/Vogelsberg, Hand-, Fuß- und Leibschellen mit Ketten zur Fesselung der Gefangenen* – M. unten: *Harburg, Bergfried, die Blocktreppe zu den Kastengefängnissen im Oberstock* – Rechts: *Hinrichtung eines Ritters, aus Johannes Stumpf, Gemeiner loblicher Eydgnoschafft . . . Beschreybung, Zürich 1548, Bd. 1, S. 137.*

Folgende Doppelseite:
Sterrenberg/Mittelrhein, Reichsburg in Spornlage, an der Angriffsseite durch 2 Halsgräben und 2 romanisch-gotische Schildmauern geschützt.

Wölbung: stabile Konstruktion und harmonische Form – Links: *Chillon/Genfer See, Gurtrippengewölbe über einer 2schiffigen Halle am Felssockel* – Oben: *Albrechtsburg in Meißen, 15. Jh., Festsaal* – Links unten: *Hohensalzburg, Maßwerk einer Gewölbekappe, 2. H. 15. Jh.*

105

Erker und Söller, auf Konsolen gestellte Vorbauten, dienten kriegerischen, friedlichen und nützlichen Zwecken als Guß-, Kapellen-, Fenster- oder Aborterker – Oben v. l. n. r.: Ronneburg bei Hanau, Fenstererker – Wildenburg/Odenwald, Kapellenerkerkonsole am Torturm (oben) – Trifels/Wasgau (darunter) – Neuenburg/Unstrut, 2 Aborterker übereinander – Wartburg bei Eisenach, Erker an der Vogtei – Unten v. l. n. r.: Bentheim/Emsland, Erkerkonsole – Rudelsburg/Saale, Pechnase.

Folgende Doppelseite:
Büdingen/Vogelsberg, ehemalige Wasserburg, 13seitiges Vieleck mit hufeisenförmiger Vorburg; beide Höfe von Gebäuden umschlossen, der Bergfried, 12. Jh., beherrscht die Wehranlage; im 16. und 17. Jh. vollendet.

Chillon/Genfer See, in karolingischer Zeit gegründet, nach 1150 im Gebiet der Grafen von Savoyen innerhalb der Grenzen des Römischen Reiches Deutscher Nation, endgültig gegen Ende des 13. Jh. gestaltet, mittelalterliche Burg von europäischem Rang – Prunksäle meist aus der Savoyer Zeit.

Folgende Doppelseite:
Hohensalzburg – Links: *Goldene Stube, 1501, Staatsgemächer der Salzburger Bischöfe, spätes Mittelalter –* Rechts: *Detail des Kachelofens.*

111

Oben: *Gotisches Kastenbett, jetzt in Kreuzstein bei Wien, die Decke diente hauptsächlich dem Schutz vor Ungeziefer* – Rechts: *Dampfbad für Männer und Frauen aus Konrad Kyesers Büchsenmeisterbuch Bellifortis, um 1405.*

Folgende Doppelseite:
Links: *Karlsteijn/Böhmen, ab 1346 durch Matthias von Arras erbaut, Kapellenraum im festen Turm von Kaiser Karl IV. als Verwahrort der Reichskleinodien erstellt* – Rechts: *Büdingen/Vogelsberg, Burgkapelle, von gotischen Rippengewölben überspannter, unregelmäßiger Raum, für die tägliche Andacht.*

Übernächste Doppelseite:
Kreuzenstein bei Wien, rekonstruierte Burgküche. Die Burg wurde im 19. Jh. auf Ruinen von Grizanestein im Stil des 14./15. Jh. gebaut. Schöpfer war Hans Graf Wilczek in Idealkonkurrenz zu Kaiser Wilhelm II., der die Hohkönigsburg bei Schlettstadt aufbauen ließ.

Doppelseite vor Kapitelanfang:
Wartburg bei Eisenach, 1080 erstmals genannt, Pfalz der Thüringer Landgrafen; in der Stauferzeit Mittelpunkt des Minnesangs; Wirkungsstätte der 1235 heiliggesprochenen Landgräfin Elisabeth, 1521/1522 Asyl Martin Luthers; von besonderer Bedeutung Bergfried, Palas und Landgrafenhaus, letzteres Stätte des sagenhaften Sängerkrieges.

Burgentypen

Allen Gemeinwesen der mittelalterlichen Gesellschaft, ob Dorf, Stadt, Kloster oder Burg, ist in gleicher Weise die Geschlossenheit und Abwehrbereitschaft eigen. Alle waren Faktoren eines Kräftespiels, in dem jedoch gerade den Burgen eine besondere Rolle zufiel. Ihre Aufgabe bedingte ihre Gestaltung, und trotz aller Verschiedenheit der Typen, die noch im einzelnen betrachtet werden sollen, zeigen die Burgen doch eine Einheitlichkeit des Bauprogramms, die bei den anderen Siedlungstypen nicht im gleichen Maße gegeben ist. Zur Erfüllung ihrer Bestimmung als Wohn- und Wehrbau waren alle die Elemente notwendig, die zuvor aufgezählt und beschrieben wurden.

Die vielfältigen, durch unterschiedliche Faktoren bedingten Burgentypen stellen sich im einzelnen wie folgt dar:

Volksburgen, in Deutschland zunächst ein vor- und frühgeschichtlicher Burgentyp, waren dazu bestimmt, in Notzeiten einer Dorfgemeinschaft oder gar einem Volksstamm, auf jeden Fall einer größeren Personengruppe, Schutz vor unmittelbaren feindlichen Angriffen zu bieten. Der Plan kann ringförmig, amorph, aber geschlossen, nach Vorgabe des Geländes, selten rechteckig oder polygonal sein. Häufig war auch die Spornlage auf einer Berg- oder Hügelzunge oder in Flußschleifen bzw. moorigem, unwegsamem Gelände. Den Schutz bildeten Gräben und die aus dem Aushub aufgeworfenen Wälle in Ringform, die ganze Burg umschließend oder vor der einzigen vom Angriff bedrohten Seite aufgeworfen.

Die Stabilisierung der Wälle durch Einfügung von Holzblockgerüsten mit Steinlagen, wie sie beim murus gallicus der Kelten üblich war, wurde im Mittelalter kaum noch angewendet. Allein bei den Rundburgen des 8. bis 10. Jahrhunderts in Norddeutschland wurden verkämmte Balkenroste als Einlagen zwischen Schichten von Grassoden zum Aufbau eines Walles verwendet. Ansonsten häufte man statt dessen die Wälle zu riesiger Höhe auf und vermehrte diese Hindernisse. Burgen und Schanzen dieser Art, in Wäldern versteckt, waren als Zufluchtsorte der Landbevölkerung noch bis in die Zeit des Dreißigjährigen Krieges in Gebrauch.

Die eigentliche Form der Volksburg im Mittelalter war hingegen der befestigte, von einer starken, hohen Mauer umzogene Dorffriedhof. In Anbetracht dessen, daß hier alle Elemente eines Wehrbaus wie Tor- und Ecktürme, Wehrgänge, Gußerker, Graben, Zwinger und Zugbrücke verwendet wurden, kann tatsächlich von Burgen gesprochen werden. Eine besondere Eigenart dieser Burgen waren die Speicherbauten, Gaden, Schutz- und Aufenthaltsräume der einzelnen Familien, an die Ringmauer angefügte oder freistehende Bauwerke neben der Kirche im Innenraum.

Herrenburgen, Burgen der Ritter und Lehnsleute, dienten dagegen grundsätzlich einem einzelnen Herrn mit seiner Familie, seinem Gesinde und je nach Bedeutung und Stellung einer größeren oder kleineren Mannschaft als sichere Wohnung, als Zentralort einer Verwaltung, Sammelpunkt und Verwahrort für Abgaben der Holden oder Hintersassen und als Stützpunkt einer größeren Territorialmacht.

Herrenburgen entsprachen der Herrschaftsform des Feudalwesens, sie wurden seit dem 9. Jahrhundert die vorherrschende Burgenform, die im Hochmittelalter zur Vollendung reifte. Als Zwischenstufe sind die ottonischen Landesburgen zu werten, die sowohl als Herrenburg wie auch als Flucht- oder Volksburg angelegt waren. Im einfachsten Falle bestand die Herrenburg nur aus einem Turm in einer Ringmauer; als Gegenpol kann die Burg eines Landesherrn, eines Dynasten gelten, deren Bauprogramm eine Vielzahl verschiedenen Zwecken dienender Gebäude in mehreren getrennten Bereichen umfaßte.

Klosterburgen. Bei der im Mittelalter vorherrschenden Unsicherheit auf dem Lande bedurften auch die Klöster, die zunächst als Niederlassungen der Benediktiner und der Augustiner grundsätzlich außerhalb von Siedlungen in der offenen Landschaft lagen, eines wirksamen Schutzes durch Wehrbauten. Eine gewisse Geschlossenheit der Klosteranlage war schon durch das Bauschema gegeben, hinzu kam noch der Wirtschaftshof, der die absolute Autarkie gewährleistete. Gräben und feste Zäune, auch Mauern mit Türmen bildeten eine Abgrenzung, die zwar wehrtechnisch von geringer Bedeutung, immerhin als ein gewisser Schutz wirksam war. Die einfache Linie, die den Klosterplan von Sankt Gallen (um 820) umschließt, kann als eine derartige Begrenzung gewertet werden.

Wesentlich sicherer konnte sich der Konvent im Schutze von Wehranlagen fühlen, die, als solche geschaffen, nach Aufgabe durch ihre weltlichen Erbauer eine Klostergründung aufnahmen, wie das im 12./13. Jahrhundert z. B. für Großcomburg, Kastl in der Oberpfalz oder Gries bei Bozen und der Sonnenburg im Pustertal der Fall war. Im ersteren Falle war Graf Burkhard von Comburg-Rothenburg der Gründer des Klosters in seiner Burg, über welche im 12. Jahrhundert die Staufer die Vogtei hatten, im anderen Fall gaben die Grafen Berengar I. von Sulzbach und Friedrich von Kastl-Habsberg mit seinem Sohn Otto 1103 ihren Burgbesitz den Benediktinern. Das von Arnold von Morith-Greifenstein und seiner Gemahlin in der Mitte des 12. Jahrhunderts gegründete Augustinerkloster wurde durch die Habsburger 1406/07 in die Burg Gries verlegt. Hartwig, Bischof von Brixen, Sohn des letzten Gaugrafen im Pustertal, stiftete die Sonnenburg 1018 den Benediktinerinnen.

Die Klosterburgen waren selten Originalanlagen, dafür häufiger Adelsburgen in zweiter Hand, wobei es im wesentlichen auf den Bering aus Graben, Ringmauer mit Wehrgang, Mauertürmen und Toranlagen ankam.

Von besonderer Bedeutung war in der mittelalterlichen Rechtsordnung die Wahrung der klösterlichen Interessen durch einen Laien, den vom König eingesetzten Vogt. In karolingischer Zeit verlangte der König von Bistümern, freien Klöstern und den großen Reichsabteien die Bestellung von Vögten durch die jeweiligen Grafen; die Vögte hatten die Kirche und ihren Grundbesitz vor Gericht in persönlichen wie in vermögensrechtlichen Sachen gegenüber der öffentlichen Gewalt zu vertreten und daneben als Richter und in der Verwaltung der kirchlichen Grundherrschaft oder des Immunitätsgebietes tätig zu sein. Der König unterstellte diese Kirchenvögte wie seine Grafen einer strengen staatlichen Aufsicht. Im hohen Mittelalter wurden die belehnten Edel- und Großvögte in ihrem Streben nach Herrschaft den bevogteten Klöstern gelegentlich gefährlich. Neben den Reichsabteien gab es auch Eigenklöster von Adligen, einmal gegründet aus reiner Frömmigkeit, zum anderen aber auch wohl oft zum Ausgleich für eine drückende Sündenlast; endlich nahmen Klöster die nachgeborenen Söhne auf, die somit versorgt waren, wie ja anfangs die Konvente der Reichsklöster wie Fulda, St. Gallen und Reichenau nur aus Edlen oder gar Hochadligen bestanden.

Bistümer, Stifte und Klöster genossen seit dem 9. Jahrhundert einen erhöhten gerichtlichen Schutz ihrer Immunität für den ummauerten oder mit Graben und Zaun umgebenen Stifts- oder Klosterbezirk einschließlich der Kurien- und Wirtschaftsgebäude. Sie unterstanden nach der Karolingerzeit der allgemeinen Gerichtsbarkeit des Bischofs oder Abtes, besaßen Asylrecht und Abgabefreiheit, so daß der Vogt hier gänzlich ausgeschlossen war. Die Blutsgerichtsbarkeit hingegen lag beim Vogt; todeswürdige Verbrecher mußten ihm zur Bestrafung ausgeliefert werden.

Ordensburgen. Nach Beendigung der Kreuzzüge folgte der Deutsche Ritterorden, der unter seinem Hochmeister Hermann von Salza in Palästina zu Macht und Ansehen gekommen war, 1211 dem Ruf des Ungarnkönigs Andreas II. gegen die Ungläubigen in Siebenbürgen. In beachtlich kurzer Zeit errichteten die Ordensritter zur Sicherung der Ostgrenze auf dem Kamm der Karpaten fünf Burgen, von denen nur spärliche Reste erhalten blieben. An den Ruinen ist zu erkennen, daß es sich um rechteckige Mauerringe mit Verstärkungen durch viereckige Türme und Zwingeranlagen handelte, von Anbeginn in Steinbauweise errichtet, wozu allerdings die königliche Erlaubnis den Ordensrittern erst drei Jahre vor ihrer Ausweisung erteilt wurde. Die im Innenraum des Beringes anzunehmenden Holzbauten sind vergangen. 1225 bereits verwies der König Andreas den Orden, der ihm zu mächtig geworden war, des Landes. Ein neuer Beistandsruf erging im gleichen Jahr an den Hochmeister aus dem Nordosten Europas.

Der Herzog von Masovien bat den Orden um Unterstützung in seinem Kampf gegen die heidnischen Preußen. Durch die schlechten Erfahrungen in Ungarn gewitzigt, gaben die Ordensritter erst ihre Zustimmung, nachdem ihnen das Kulmer Land als Pfand und Gegenleistung in aller Form abgetreten war. Ausgestattet mit wertvollen Gerechtsamen Kaiser Friedrichs II., einem alten Vertrauten des Hochmeisters, rüsteten sie sich für die neue Aufgabe.

Die bei Eroberungen im Heiligen Lande gemachten Erfahrungen nutzend, sicherte Hermann Balk, der als erster Landmeister die Unternehmungen in Preußen leitete, jeden Landgewinn durch die unmittelbare Anlage einer Burg, in deren Schutz aus dem Reich herbeigeholte Siedler sich niederließen. Diese provisorischen Burgen waren zunächst Erdwerke, teils unter Weiterverwendung vorhandener Feindanlagen ausgebaut.

Nach Konsolidierung der Herrschaft verwandelte man diese Uranlagen in regelrechte Burgen, deren Bauprogramm sich aus der Bestimmung für eine nach mönchischen und ritterlichen Lebensformen ausgerichtete Gemeinschaft ergab. Die Elemente, die es sinnvoll anzuordnen und zu koordinieren galt, waren eine Kirche oder Kapelle, ein Remter oder Kapitelsaal entsprechend dem Refektorium der Mönche für Versammlungen und gemeinsame Mahlzeiten, das Dor-

mitorium (Schlafhaus) und die Firmarie (Kranken-stube). Als zweckmäßige Lösung, die gleichzeitig auch den wehrtechnischen Erfordernissen entsprach, ergab sich die geschlossene Vierflügelanlage. Nach diesem Schema wurden mit gewissen individuellen Abwandlungen u. a. die Burgen Gollub, Rheden und Schlochau gebaut. Bei der Marienburg, die seit 1309 Haupthaus des Ordens war, wurden die Maßstäbe der besonderen Bedeutung und der großen Zahl ihrer Bewohner entsprechend vergrößert und die einzelnen Bauteile mit vermehrtem Aufwand gestaltet.

Es ist vielfach die Vermutung geäußert, daß Ordensritterburgen in Preußen und Kastelle Kaiser Friedrichs II. im hohenstaufischen Südreich in gewisser Abhängigkeit zueinander ständen. Die bereits erwähnten Beziehungen des Ordenshochmeisters zum Kaiser sowie gewisse Übereinstimmungen in der strategischen Zielsetzung dieser Bauten machen es wahrscheinlich, daß die Ordensburgen nicht ohne jede Anknüpfung an eine Tradition nur aus Gründen der Zweckmäßigkeit so und nicht anders gestaltet wurden.

Neben den großen kastellartigen Hauptburgen bauten die Ordensritter vorwiegend zum Schutze der Grenzen für zahlenmäßig geringere Kontingente bescheidenere Burgen. Die geschlossene Form wurde auch hier beibehalten, der Unterschied bestand lediglich darin, daß nur ein Hauptgebäude, das alle notwendigen Räume enthielt, an einem Hof stand, dessen übrige drei Seiten von hohen Mauern umschlossen waren. Ein breiter Graben, über den die Zugbrücke zum Tor führte, vervollständigte den Schutz. Als Baumaterial der Ordensburgen wurde vorwiegend Backstein verwendet, ein Material, das sowohl zur ornamentalen Gliederung der Flächen wie zur Ausbildung von Detailformen geeignet war. Im Kontrast zu den überwiegend roten Flächen standen, sparsam verteilt, gekalkte Blenden und Friese.

Der Versorgung der oft zahlreichen Burgbesatzungen dienten in jedem Falle größere oder kleinere Wirtschaftshöfe, die in das gesamte Wehrsystem einbezogen waren. Hier standen neben Speichern und Ställen der Karwan (Zeughaus), Werkstätten, Brauerei und Wohnbauten des Gesindes.

Dynastenburgen. Dynasten, Herrscher, Fürsten bildeten im Deutschen Reich den Stand der mächtigen Landesherren, gegen den zu behaupten die Könige seit Bildung der Landesfürstentümer im 12. und 13. Jahrhundert an Stelle der Stammesherzogtümer Mühe hatten. Dynasten- oder Fürstenburgen waren demnach Zentralen der reichsunmittelbaren Territorien, der geistlichen und weltlichen Reichsfürstentümer.

Es handelte sich dabei also im Prinzip um Herrenburgen, die allerdings ihrer besonderen Aufgabe entsprechend von bedeutenderen Dimensionen waren als die Burgen der Vasallen. Die Weiträumigkeit, die vielfach der der ottonischen Landesburgen entsprach, hatte wohl auch darin ihre Ursache, daß sich in oder bei Dynastenburgen im Falle kriegerischer Unternehmungen der Heerbann zu sammeln hatte oder zu friedlichen Versammlungen eine größere Anzahl von Rittern zusammenkam. In Friedenszeiten war die Burg von zahlreichen, im Hofdienst stehenden Personen bewohnt, auch waren Gäste und Gesandtschaften zu beherbergen. Diese Umstände bedingten eine größere Anhäufung von Gebäuden, Türmen, Giebeln und Dächern, die in Verbindung mit den ausgedehnten, vermehrten Wehranlagen Bilder mittelalterlicher Profanarchitektur von besonderem malerischem und romantischem Reiz ergeben.

Ganerbenburgen waren Burgen im gemeinsamen Besitz mehrerer Erben, die bei Anfall einer Erbschaft nicht mit eigenen Sitzen abgefunden werden konnten. Jedoch nicht nur in einem derartigen Fall, sondern auch beim Zusammenschluß nicht verwandter Adliger zum Ankauf einer Burg, die durch einen Vogt als Vertreter der Interessengemeinschaft verwaltet wurde, galt für die Besitzer die gleiche Bezeichnung. Saßen nun mehrere der Besitzer gleichzeitig am Platze, so war es zweckmäßig, die Bereiche abzugrenzen und gleichsam mehrere Burgen im Gesamtkomplex einzurichten. Jede erhielt ihren Bergfried und ihren Wohnbau, war von einer Mauer umschlossen und durch ein geschütztes Tor zugänglich. Selbst in so enger Nachbarschaft waren Streit und Fehde nicht ausgeschlossen, andererseits erzwang gemeinsame Not auch Einigkeit und vereinte Abwehr.

Die wachsende Bedeutung, die im Mittelalter dem Handel neben der Landwirtschaft zukam, veranlaßte viele Adlige, dem Landleben zu entsagen und sich an dem gewinnbringenden Güteraustausch der sonst so verhaßten Pfeffersäcke in den Städten zu beteiligen. Teils wohl ihrer vom Burgenbau gewohnten Gepflo-

Ostheim v. d. Rhön, Kirchenburg, die besterhaltene Bauernburg mit Ringmauer, Zwinger, Wehrtürmen; im Innenraum Gaden (Speicherräume); Zustand wohl aus dem 15. Jh.

Folgende Doppelseite:
Vaduz/Liechtenstein, auf hohem Felsen über dem Rhein, im Kern aus dem 13. Jh.; nach Zerstörung zu Anfang des 16. Jh. die beiden Rondelle und der Westtrakt angefügt.

genheit folgend, teils der Sicherheit, auch der Repräsentation wegen entwickelten sie eine Form des städtischen Adelssitzes, der gern als Patrizierturm bezeichnet wird und als Turmbau im Verband mit einem Wohn- und Speicherbau verwirklicht wurde. Bei den Unruhen, die im Verlauf der Auseinandersetzungen zwischen den zur Macht strebenden Handwerkergilden und dem herrschenden Stadtpatriziat entstanden, kam diesen Kleinburgen in den Städten auch eine gewisse Bedeutung als Wehrbau zu. Zu Kämpfen der Adligen untereinander, wie sie in italienischen Städten ausgetragen wurden, kam es in Deutschland nicht. Bezeichnungen von Burgentypen nach ihrer geographischen Lage bedürfen kaum einer Erläuterung, ihre Namen geben über ihren Charakter hinreichend Aufschluß. So steht die Gipfelburg auf dem Gipfel eines Berges oder Felsens und genießt damit von allen Seiten den gleichen natürlichen Schutz. Erschwert ist hier allerdings der Zugang, oft nur zu Fuß auf steilem Steig oder über Treppen und Leitern. Die Sporn- oder Zungenburg auf einer Berg- oder Geländezunge ist auf drei Seiten von der Natur geschützt. Die vierte Seite, zu der ein ebener Zugang möglich ist, decken Wehranlagen, die als Wall und Halsgraben in mehrfacher Wiederholung, als vorgelagerte Vorburgen und als starke Mauerbauten ausgebildet sein können. Die Hangburg genießt ähnliche Vorteile wie die Zungenburg, sie wurde vielfach an Talrändern zur Überwachung von Flußläufen oder Straßen errichtet. Nachteilig war die Überhöhung durch das Hintergelände, von dem aus der Burgraum einzusehen und auch zu beschießen war. Dieser Gefahr konnte nur durch Außenwarten oder Vorwerke begegnet werden. Gelegentlich boten sich natürliche Fels- und Höhlenbildungen zur Anlage einer Höhlenburg an; in dieser wohl ältesten Form einer menschlichen Zuflucht war der Schutz der Bewohner auch gegen den Einsatz zeitgenössischer Kriegsmittel des hohen Mittelalters so gut wie vollkommen, denn zu sichern war hier nur der Zugang. Allerdings war die Unwirtlichkeit des Ortes ein hoher Preis für die garantierte Sicherheit. Je nach der örtlichen Situation konnte es genügen, die Höhle selbst als natürlichen Schutzraum zu benutzen, man konnte ferner ergänzende Mauerbauten hinzufügen oder endlich auch das Höhlensystem durch künstliche Erweiterung, Anlage von Treppen und Verbindungsstollen vervollständigen.

Einen sicheren natürlichen Schutz konnte auch das Wasser gewähren, wie es bei der Wasser- oder Inselburg ausgenutzt wurde. Im einzelnen konnte der Standort der Burg auf einer Trockenstelle in einem Moor sein, auf einer natürlichen oder künstlich geschaffenen Insel in einem See oder Flußlauf oder auf einem strategisch wichtigen Platz in der Ebene, dessen Schutz durch mehrere Ringe von Wassergräben, die man aus einem Fluß oder aus Bächen speiste, gewährleistet wurde. Zur Erschwerung des Zugangs waren mehrere Brücken seitlich versetzt angeordnet. Eingeschränkt war die Sicherheit der Wasserburgen durch Eis im Winter; für diesen Fall waren weitere Hindernisse wie Wälle, Palisaden und feste Mauern unerläßlich.

Eine weitere Gruppe bilden Burgen, die nach ihrer Bautechnik zu unterscheiden sind. Grundsätzlich kann man zwei Arten unterscheiden, solche, die als befestigtes Haus anzusprechen sind, also Burgen, bei denen das bewohnte Bauwerk an sich ein Wehrbau ist, und Burgen, deren Wehrhaftigkeit auf dem entsprechenden Ausbau des umschließenden Beringes beruht. Hier ist, zur ersteren Gruppe gehörig, als ein weitverbreiteter, früher Typ die Erdkegelburg, die Motte oder, wie es im Fränkischen heißt, das Wale zu nennen. Wichtigstes Charakteristikum ist der meist künstlich aufgeworfene Erdhügel als Standort eines Wohn- und Wehrturmes in einem engen Bering am Rande des Plateaus. Ein breiter Wassergraben, auch ein Trockengraben, je nach Art des Geländes, ein Wirtschaftshof als Vorburg und weitere Absicherungen gaben der zentralen Burg Schutz und Sicherheit. Die ursprüngliche Entwicklung dieses Typs wird den Normannen zugeschrieben, die seit dem 8. Jahrhundert die Küstenländer an der Nordsee und am Kanal heimsuchten. Gleichviel ob die Normannen die Erfinder dieser Motten waren oder ob sie einen von der ansässigen Bevölkerung zum Schutz vor normannischen Raubzügen verwendeten Typ darstellen, sind sie durch Darstellungen und Beschreibungen am eindringlichsten aus der Normandie überliefert. Der Wandteppich von Bayeux zeigt mehrere Beispiele, die den Aufbau in allen Einzelheiten erkennen lassen. Man bemerkt auf der Plattform eines Hügels hinter einer Palisade mit Zinnen ein hölzernes Turmhaus unter hohen Giebeln mit nordischer Dachzier. Zu erkennen ist ferner in allen Fällen eine lange Brücke auf Stützen,

Katzenstein bei Nördlingen, 12. Jh., nach Zerstörung im 30jährigen Krieg unter Benutzung des romanischen Bestandes ausgebaut.

Folgende Doppelseite:
Pfalzgrafenstein/Mittelrhein, Idealtyp der Inselburg; 1327 ließ Kaiser Ludwig der Bayer die kurpfälzische Zollburg errichten, endgültige Form um 1500.

die von der Gegenseite des Grabens bis zum Plateau reicht. Diese – im Vergleich zu den gleichzeitig noch gebräuchlichen Ringwällen – kleinen Burgen waren zugleich als Herrenburgen die Urform dieses Typs, der dann im hohen Mittelalter der vorherrschende wurde.

Will man bei den in zeitlicher Abfolge auftretenden Burgentypen den Zwang einer Entwicklung erkennen, so kann man als eine unmittelbare Fortsetzung der Motte die Turmburg oder den Wohnturm ansehen, einen Typ, bei dem, wie der Name sagt, ein wehrhaftes, turmförmiges Bauwerk sämtliche Funktionen des Wohnens und der Abwehr in sich vereinigt. Die deutsche Turmburg als eine Nebenform oder Ableitung vom französischen Donjon anzusprechen, bestreitet der Nestor der Burgenkunst Otto Piper mit guten Gründen.

Der Wohnturm unterscheidet sich von der Motte zunächst durch den Stand zu ebener Erde und die grundsätzliche Ausführung in Steinbauweise. Um als Wohnbau geeignet zu sein, waren für die meist rechteckigen oder quadratischen, seltener polygonalen Türme Mindestmaße und mehrere Geschosse erforderlich, die im Innenraum auch Unterteilungen zuließen. Außer durch ihre Masse und Höhe imponieren die Wohntürme als Wehrbauten durch ihre gewaltige Mauerstärke. Eine Spezialform dieses Typs findet man in Franken als sogenanntes Weiherhaus. Hier handelt es sich nicht um Wehrbauten im eigentlichen Sinne, sondern vielmehr um Adelssitze, die wohl im Schutze von Teichen und Wassergräben eine gewisse Sicherheit boten, aber durchaus keine Kampffestigkeit besaßen.

Den Gegenpol zur Turmburg finden wir in der Hofburg, einem Burgentyp, für den der mauerumschlossene Hof als hervortretendstes Charakteristikum erscheint. Hofburgen waren z. B. die von den Deutschordensrittern in Ungarn geschaffenen Anlagen, die als befestigtes Lager gelten konnten. Als Hofburgen sind aber auch alle Herrenburgen – und sie machen die Masse aller deutschen Burgen aus – zu verstehen, die aus Vorburg und Kernburg bestehen, aus dem Wirt-

Folgende Doppelseite:
Kloster Comburg/Kocher, Klosterburg, in älteren Wehrbau eingefügt, nachdem 1079 Burkhard II. Graf von Rothenburg seinen Burganteil den Benediktinern gestiftet hatte.

Unten: *Vianden/Our, 1090 erstmals genannt, Stammburg der Oranier, mutwilliger Abbruch 1820; wertvolle Teile, u. a. die interessante Burgkapelle, konnten gerettet werden – Rechts: Reifenstein/Eisack, gut erhalten, treffliches Beispiel ritterlichen Wohn- und Wehrbaus, um 1100 erbaut, Gründung der bayerischen Grafen von Lechsgmünd, von 1470–1813 gehörte sie dem Deutschen Ritterorden, seither den Grafen von Thurn und Taxis.*

schaftshof und dem inneren Burghof, auf dem im Kranz der Ringmauer die zu Wohn- und Wehrzwecken dienenden einzelnen Bauwerke stehen. Eine weitere Deutung dieser Typenbezeichnung ergibt sich als Ausdruck für eine zu größerer Hofhaltung eingerichtete Burg, also für eine Pfalz oder Residenz. Hier überschneiden sich, wie in manchen anderen Fällen, durch den Gleichlaut der Vokabel Sinngebungen aus dem technischen wie aus dem organisatorischen Bereich. Eindeutig dagegen ist die Bezeichnung Hausrandburg, wenn auf einer räumlich begrenzten Burgstelle die einzelnen Burggebäude den Bering bilden und somit die Ringmauer entbehrlich wird. Der Bergfried kann in diesem Fall inmitten des Häuserkranzes im engen Hof stehen oder selbst als Teil des Beringes an der Angriffsseite in Tornähe seinen Platz finden. Hausrandburgen waren zumeist das Produkt einer längeren Bauentwicklung; sie sind auch als Ganerbenburgen denkbar, wenn es galt, den Burgraum für mehrere Besitzer zu nutzen.

Durch einen besonderen Schutzbau ist die Schildmauerburg charakterisiert. Die zweckmäßige Anlage eines solchen Bauwerks setzt die Spornlage einer Burg voraus, eine Situation, bei der nur eine Seite feindlichen Angriffen ausgesetzt war.

Während der Kämpfe im Heiligen Land hatten die Kreuzritter die Vorteile einer stärkeren Gliederung der Burgen in mehrere Verteidigungsabschnitte kennen- und schätzengelernt. Eine Abschnittsburg konnte nun je nach Beschaffenheit des Geländes durch Staffelung der Verteidigungsabschnitte reihenweise hintereinander oder stufenweise übereinander angelegt werden. Jeder Abschnitt, erneut durch Graben, Zwinger und Ringmauer begrenzt, bot dem Angreifer ein erneutes Hindernis und verschaffte den Verteidigern Atempausen, ihren Widerstand neu vorzubereiten und zu organisieren. Brennpunkte der Verteidigung waren hier die besonders geschützten Torbauten.

Der Vollständigkeit halber ist noch ein Burgentyp in diesem Zusammenhang zu nennen, der allerdings kein Bauwerk von längerem Bestand war, sondern eine örtlich und zeitlich veränderliche Anlage im Zusammenhang mit akuten Kampfhandlungen. Es handelt sich um die Wagenburg, die, wie erwiesen, bereits zur Zeit der Völkerwanderung von den Germanen

benutzt wurde, im Mittelalter, vor allem wieder im 14. und 15. Jahrhundert, als befestigte Feldlager Bedeutung erhielt. Wie aus den reizvollen Darstellungen des mittelalterlichen Hausbuchs im Besitz der Grafen Waldburg-Wolfegg ersichtlich, wurden die Karren des Trosses zum Schutz eines Zeltlagers zu verschiedenen Ringen aufgefahren, und zwar zu einem inneren Ring aus hohen, mit Steinen gefüllten Kastenwagen, quasi beweglichen Ringmauerteilen, und zu einem äußeren Ring aus Spezialkarren mit kleinen Feuergeschützen. Ein rasch ausgehobener Graben und ein aufgeschütteter Wall vervollständigten die provisorische Schutzanlage. Des weiteren kann man Burgen nach der ihnen zugedachten besonderen Aufgabe zusammenfassen, je nachdem ob sie nicht nur dem unmittelbaren Schutz eines Herrschaftsbereiches dienten, sondern auch zur Aufsicht und Kontrolle im eroberten Gebiet oder an Verkehrswegen standen.

Der als Fronfeste oder volkstümlich als Zwingburg bezeichnete Wehrbau beherbergte eine Truppe, die eine Fremdherrschaft zu stützen und zu behaupten hatte. Mit Rücksicht auf die vorwiegend militärische Bestimmung kann man hier vom Kastelltyp sprechen, der allerdings im deutschen Reichsgebiet nicht anzutreffen war, hingegen trifft die Charakterisierung durchaus auf die Burgen Kaiser Friedrichs II. in seinem normannischen Königreich in Süditalien zu, die man als ein Zwischending zwischen reiner Festung und Landschloß deuten kann. Mit den Kastellen der Römer hat dieser Burgentyp allerdings nichts zu tun, eher dürften hier arabische Vorbilder Pate gestanden haben. In jedem Fall handelt es sich um Anlagen von möglichst großer Regelmäßigkeit und Symmetrie, vorwiegend als Vierflügelanlagen mit Innenhof und Ecktürmen angelegt.

Wege, die in friedlichen Zeiten für Handel und Verkehr zu Lande und zu Wasser dienten, konnten ebenso Straßen des Krieges sein, auf denen Heere zum Angriff auf fremdes Territorium geführt wurden. Im Interesse jeder Herrschaft lag es daher, diese Verkehrsadern in ihrem Gebiet unter Kontrolle zu haben. Das konnte am besten durch Burgen geschehen, von denen aus solche Straßen beobachtet oder gegebenenfalls gesperrt werden konnten. Führten die Straßen durchs Hochgebirge, so war eine Warte am Paß besonders geeignet, zumal hier auch häufig die Staatsgrenze lag. Ebenso geeignet waren Burgen an Talstrecken, in denen steile Felswände ein seitliches Ausweichen unmöglich machten. Solche Sperren und Grenzburgen heißen Klausen oder Schanzen. Ein be-

Oben: *Marienburg/Nogat, Sitz des Deutschen Ritterordens, 1272 unter Landmeister Konrad von Tierberg erbaut; nach schweren Beschädigungen im 2. Weltkrieg vom polnischen Staat vorbildlich restauriert; Ansicht von Südosten, von rechts nach links: Dormitorium, Pfaffenturm, Chor der Kirche* – Links: *Heilsberg/Ermland, Residenz des Fürstbischofs, 1241 gegründet; Gebäude und Mauern umschließen einen quadratischen Hof.*

sonderes Bauschema konnte es hier der sehr verschiedenen Voraussetzungen halber nicht geben.
Größere Gleichförmigkeit findet man bei den kleinen Turmburgen im Alpenvorland, die meist am Rande breiter Flußtäler als Warten und Vorposten größerer Burgen standen; sie bestanden praktisch nur aus einem quadratischen, von einer Mauer oder Palisade umschlossenen Turm auf einem Hügel oder einer Bergzunge, zu dem am Talboden ein Bauernhof zur Versorgung gehörte.

Diesen Landwarten entsprachen Burgen und Türme zur Kontrolle des Schiffsverkehrs auf Flüssen und Seen. Der Zoll war eine der wesentlichsten Einnahmen, der jeweils von der Herrschaft streng erhoben und unerbittlich eingetrieben wurde. Diesem Zwecke dienten Zollburgen an Flüssen und Seeufern oder auf kleinen Inseln. Es war im Mittelalter durchaus üblich, Flußläufe bei Bedarf durch Ketten zu sperren, sei es, um feindliche Bewegungen zu hemmen oder um zollpflichtige Schiffe anzuhalten.

Burgen an wichtigen Verkehrsknotenpunkten konnten die Gründung einer Bürgersiedlung in ihrem Schutz veranlassen oder begünstigen. Andererseits bedingten Spannungen zwischen Bürgern und Landesherrn auch den Bau einer Stadtburg oder Zitadelle vor den Mauern einer Stadt, die einerseits dem Fürsten größere Sicherheit bot und ihn andererseits in den Stand setzte, das Stadtwesen zu überwachen und zu beherrschen.

Rechts: Burscheid/Sauer, 12. Jh., an der Spitze der Zungenburg Rest eines Schalenturmes – Unten: Nassenfels bei Eichstätt, bischöfliche Wasserburg, im 10. Jh. gegründet, im 13. Jh. Ganerbenburg.

Höfisches Leben – Höfische Kultur

Der Burgenalltag

Bei aller Verschiedenheit der Typen hatten die Burgen miteinander gemein, daß sie einer Gruppe von Menschen zum Aufenthalt dienten, die einen Schutz- und Herrschaftsauftrag hatten, für die ein im wesentlichen gleichartiges Berufsbild bestand, das auch eine übereinstimmende Lebensführung bedingte. Natürlich war das Leben auf den Burgen im Zeitraum ihrer eigentlichen Bestimmung und Nutzung ebenso den Wandlungen unterworfen, wie sie die allgemeine Entwicklung der Lebensumstände, des Kriegswesens, der Gewohnheiten, der Rechtsanschauungen und der Schicksalslaunen für alle Menschen dieser Jahrhunderte in Deutschland mit sich brachte. Was von aller Ritterherrlichkeit am Ende des 15. Jahrhunderts übrig war, erhellt eine anschauliche Schilderung des Burgenalltags durch Ulrich von Hutten (1488 bis 1523), den Humanisten, der, in seiner Gelehrtentätigkeit beeinträchtigt, seinem Freund Willibald Pirkheimer in Nürnberg über die Verhältnisse in seiner väterlichen Burg Steckelberg in Hessen berichtete: »... von engen Mauern umschlossen, eingeengt durch Viehställe, Waffenschuppen, Pulverkammern und Geschützstände; alles voller Pech, Schwefel und Kriegsgerät. Überall im Hause riecht es nach Pulver, Vieh und Hunden und deren Exkrementen. Ein fortwährendes Kommen und Gehen von Bewaffneten, oft der zweifelhaftesten Sorte, von Bauern, die bei ihrem Herrn Hilfe suchen oder zur Arbeit auf den kümmerlichen Äckern am Burgberg bestellt sind, den ganzen Tag über Lärm und Geschrei. Schafe blöken, Rinder brüllen, Hunde bellen, und es ist nichts Seltenes, daß man des Nachts in den benachbarten Wäldern die Wölfe heulen hört.«

Zur Ritterschaft des hohen Mittelalters hingegen paßt dieses Bild nicht. War der Tageslauf nicht durch Krieg und Fehde oder Zurüstung zu solchen Unternehmen geprägt, so teilte der Ritter die Stunden zwischen Jagd in der Frühe, Sport, Reit- und Waffenübungen sowie Instandsetzungsarbeiten an Waffen und Rüstung am Tage und höfischer Kurzweil am Abend. Unterbrochen wurde die Eintönigkeit des Burgenlebens höchstens durch Händler, die Schmuck- und Lederwaren, Gürtel, Taschen usw., allerlei irdenes und metallenes Geschirr oder Hausrat anboten. Am Abend unterhielt man sich mit Brettspielen, auch Musik wurde gepflegt, Gesang und Instrumentalmusik, kombiniert oder solo, vorgetragen.

Gejagt wurde Nieder- und Hochwild, ersteres vor allem um der Pelze willen, die zu Kleidung und Bettstatt dienten, letzteres für die Tafel, insbesondere Rehe, Hirsche, Gemsen, aber auch der Bär. Als Jagdwaffen dienten Spieß, Speer, Pfeil und Bogen oder die Armbrust. Als besonders adliges Jagdvergnügen galt die Reiherbeize mit dem Jagdfalken, der auch anderes Wildgeflügel schlug. Die Jagdbeute brachte angenehme Abwechslung in die meist fleischlose Kost.

Buhurt – Tjost – Turnier

Die Waffenübung des Alltags galt der Vorbereitung für die Schlacht, daneben aber auch für das Kampfspiel, das Turnier, die glanzvolle Selbstdarstellung des Rittertums.

An Festtagen, oft im Anschluß an die Schwertleite, wurden Turniere veranstaltet, Reiterkampfspiele, zu denen nur die Ritterbürtigen Zutritt hatten. Bei den Franzosen galt Gaufridus de Pruliaco (Preuilly) um die Mitte des 11. Jahrhunderts als Vater und Erfinder des Turniers. Für Deutschland wurde Kaiser Heinrich I. benannt, so ist es in »Rüxners Turnierbuch« berichtet. Mit großer Wahrscheinlichkeit kann das von den staufischen Brüdern Konrad und Friedrich vor den Mauern von Würzburg am 12. August 1127 veranstaltete Reiterspiel, das zum Hohn auf den in der Stadt eingeschlossenen Feind, König Lothar, veranstaltet wurde, als erstes Turnier auf deutschem Boden gelten.

Formen dieser Spiele waren der Buhurt, die Tjost und das eigentliche Turnier. Kampfspiele waren beim Kriegerstande seit alters her beliebt, bereits aus karolingischer und ottonischer Zeit sind Darbietungen von Reiterspielen überliefert. Aus diesen vorritterlichen Spielen dürfte der Buhurt zunächst hervorgegangen sein. Hier konnten Roß und Reiter sich tummeln und ihre Geschicklichkeit beweisen. Waffen wurden dabei wohl getragen, aber nicht eingesetzt, auch gab es bei diesem Spiel keinen Gewinner oder Verlierer.

Bei der Tjost handelte es sich um den Zweikampf zu Pferd, ausgeführt in der vollen, schweren Rüstung. Die gegeneinander galoppierenden Reiter bemühten sich, mit den eingelegten Lanzen, deren Spitzen abgestumpft oder mit dem sogenannten Turnierkrönlein versehen waren, entweder den Schild des Gegners oder ihn selbst an der Helmschnur, am Hals, zu treffen, um ihn aus dem Sattel zu werfen.

Das Turnier, das meist auf einem weiten, flachen Feld vor einer Burg oder Stadt stattfand, war eine simulierte Reiterschlacht, ausgeführt mit stumpfen Waffen. Zwei Kampfeinheiten unter dem Kommando von Feldhauptleuten ritten in gesteigerter Gangart aufeinander los, wendeten (tournierten) in voller Karriere, um den Anritt zu wiederholen und in Einzelkämpfen Reiter gegen Reiter den Gegner aus dem Sattel zu stechen. Der Besiegte hatte Sicherheit zu geben; er galt als Gefangener des Siegers und hatte sich durch eine Buße, meist der Dreingabe seiner Rüstung oder des Rosses, aus dessen Gewalt zu lösen.

War dieser Brauch beim hohen Adel auch nicht geschätzt, so galt die Regel immerhin, und weniger begüterte Turnierteilnehmer nutzten ihr Recht. Der Verlierer in dieser Kategorie hatte allerdings zuweilen keine andere Wahl, als sich beim Juden zu verschulden.

Turniere, mit der Lanze, mit dem Schwert oder dem Kolben ausgetragen, fanden stets im Rahmen eines großen Festes statt, zu dem sich eine große Zahl von Streitern und Zuschauern versammelte. Stets war das Turnier, das wie die Minne seinen Ursprung in Frankreich hatte, ein großes Ereignis der adligen Gesellschaft, ein höfisches Fest, das Gelegenheit zur Bewährung bot. Die Teilnehmer konnten sich zeigen, konnten gesehen werden und selbst sehen. Dies betraf nicht nur die Streiter, sondern in besonderem Maße auch die Damen, um deren Dank und Anerkennung sich die Ritter bewarben, deren Farben sie im Kampf vertraten, die sie zu außerordentlichen Leistungen anspornten.

Heraldik

Für die adlige Welt besaß alles, was Turnier und ritterlicher Wettstreit hieß, eine Wichtigkeit, wie sie selbst dem modernen Sport nicht beigemessen wird. Zur Steigerung der Spannung setzte der mittelalterliche Kampfsport aristokratischen Stolz, aristokratische Ehre, den erotisch-romantischen Reiz und den Reiz des künstlerischen Prunkes ein.

So kam der Kleidung und Ausstattung der Streiter größte Bedeutung zu. Da der Ritter bei geschlossenem Visier nicht zu erkennen war, mußten äußere Kennzeichen ihn identifizieren. Dazu gehörte vor allem das dem Schild aufgemalte Wappen und das aus dem Wappenbild und den Wappenfarben gestaltete Kleinod, die Helmzier, Zimier genannt. Ganz allgemein hatten Schildbemalung und Helmschmuck eine lange Tradition, neu war die Verwendung des Wappens als persönliches Attribut und Kennzeichen eines Standes. Die Wurzel der seit der Mitte des 12. Jahrhunderts aufblühenden Heraldik lag beim wachsenden Selbstbewußtsein des Adels, in der Absicht der Ritter, durch ein Abzeichen, eine persönliche Marke sich selbst und die Familie sinnfällig zu repräsentieren.

Seit der Mitte des 13. Jahrhunderts wandelte sich die zunächst rein militärisch verwendete Kriegsheraldik zur Zierheraldik mit besonderer Verwendung bei Turnieren. Ein volles Wappen bestand aus Schild (Tartsche), Helm, Helmzier (Zimier) und der Helmdecke. Das Wappenbild auf dem Schilde konnte entweder eine gemeine Figur, etwa ein Tier, eine Pflanze, oder ein Turm oder ein Heroldsbild sein, das ist eine Musterung oder Felderteilung, deren Grundelemente der gespaltene, der geteilte, schräg oder mehrfach ge-

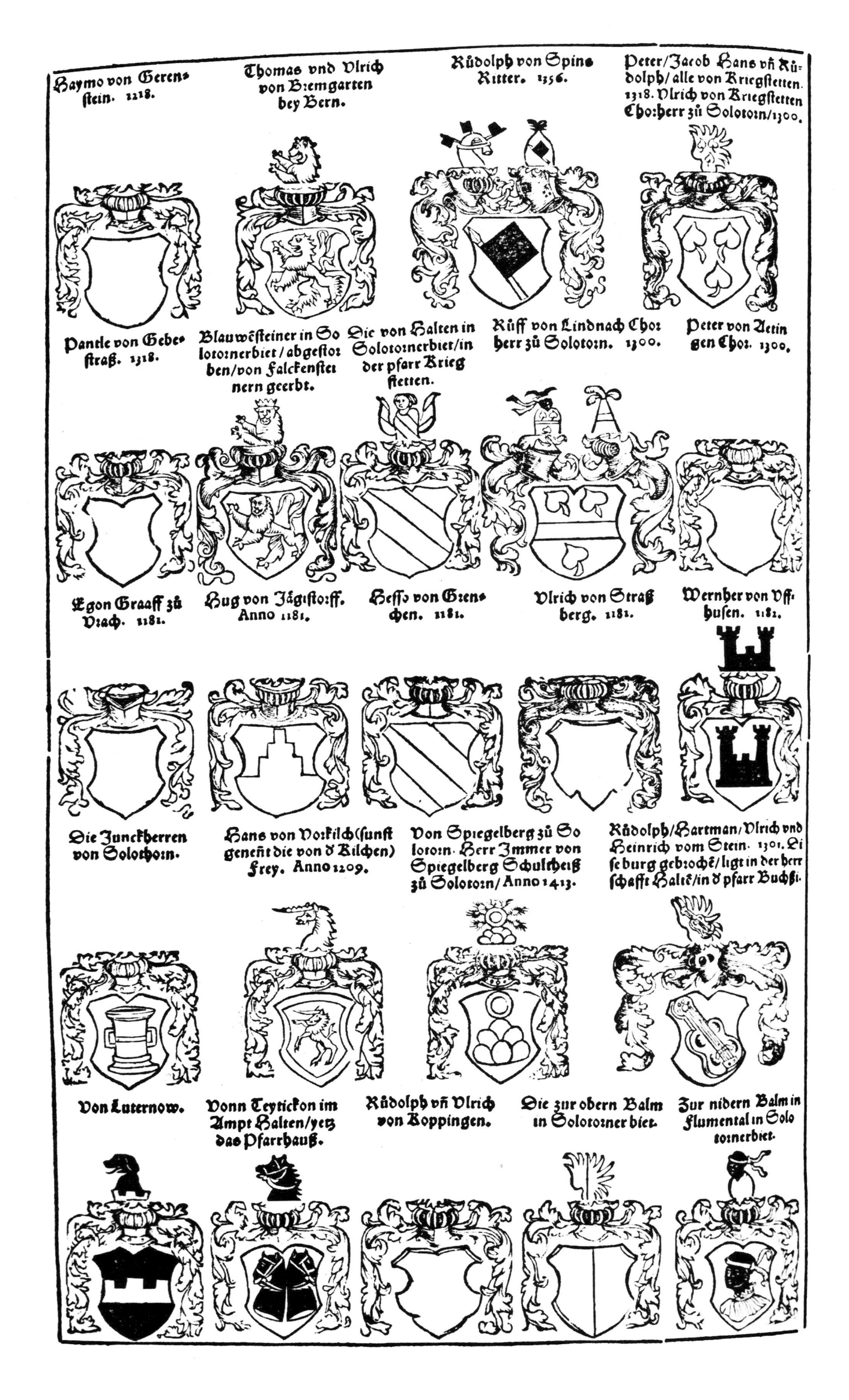

Baymo von Gerenstein. 1218.

Thomas vnd Vlrich von Bremgarten bey Bern.

Růdolph von Spins Ritter. 1356.

Peter/Jacob Hans vñ Růdolph/ alle von Kriegstetten. 1318. Vlrich von Kriegstetten Choꝛherr zů Solotoꝛn/1300.

Pantle von Geberstraß. 1318.

Blauwêsteiner in Solotoꝛnerbiet / abgestoꝛben/ von Falckensteinern geerbt.

Die von Halten in Solotoꝛnerbiet/in der pfarr Kriegstetten.

Rŭff von Lindnach Choꝛherr zů Solotoꝛn. 1300.

Peter von Aetingen Choꝛ. 1300.

Egon Graaff zů Vrach. 1181.

Hug von Jägistoꝛff. Anno 1181.

Hesso von Grenchen. 1181.

Vlrich von Straßberg. 1181.

Wernher von Vffhusen. 1181.

Die Junckherren von Solothoꝛn.

Hans von Voꝛkilch (sunst geneñt die von d' Kilchen) Frey. Anno 1209.

Von Spiegelberg zů Solotoꝛn. Herr Immer von Spiegelberg Schultheiß zů Solotoꝛn/ Anno 1413.

Rŭdolph/Hartman/Vlrich vnd Heinrich vom Stein. 1301. Liseburg gebꝛochē/ligt in der herrschafft Haltē/in d' pfarr Buchßi.

Von Luternow.

Vonn Teytickon im Ampt Halten/yetz das Pfarrhauß.

Rŭdolph vñ Vlrich von Koppingen.

Die zur obern Balm in Solotoꝛner biet.

Zur nidern Balm in flumental in Solotoꝛnerbiet.

An seinem Wappen war der geharnischte Ritter im Kampf und Turnier zu erkennen. Nach heraldischen Regeln gestaltet, sollte das Wappen von weitem gut lesbar sein – Linke Seite: *Wappen schwäbischer Adliger, aus Johannes Stumpf, Gemeiner loblicher Eydgnoschafft . . . Beschreybung, Zürich 1548, Bd. 1, S. 246* – Links oben: *Wappen des Mainzer Erzbischofs Dietrich von Erbach, 1434–59, an der Sperrmauer der Wildenburg/ Odenwald, 15. Jh.* – Oben: *Spangenberg bei Kassel, Wappenstein 16. Jh.* – Links: *Herzberg/Schwalm, Allianzwappen von 1516 und Sonnenuhr.*

143

Oben v. l. n. r.: *Albrechtsburg in Meißen, Konsolweibchen im Wappensaal, 15. Jh. – Schloß Tirol/Etsch, Wappen-Relief mit zwei gekreuzten Greifenklauen vom Grabstein des Diepold Hel aus der Pfarrkirche von Dorf Tirol, 1341 (?) – Lauf/Pegnitz, Kaiser Karl IV. ließ im großen Saal die Wappen seines Hofadels als kolorierte Flachreliefs anbringen, um 1360 – Unten v. l. n. r.: Karlsteijn/Böhmen, Wappensymbole in der Kapelle – Georgskirche in Nördlingen, Totenschilde mit den Wappen der Patrizier, 16./17. Jh.*

Die Identifizierung des Trägers mit seinem Wappen war die Voraussetzung für ihre Verwendung auf Siegeln, sie bestätigten die Unterschrift – Oben: Siegel Ludwigs von Ysenburg und seiner Frau Hedwig, 1274 – Links: Siegel Ulrichs zu Hanau, 1332 – Alle Siegel in Büdingen bei Hanau.

Folgende Doppelseite:
Rosenburg/Kamp, Turnierhof, 17. Jh., Schauplatz prächtiger Ritterspiele.

146

teilte Schild oder der Pfahl im Schild sein konnten. Die Blasonierung, die kunstgerechte Beschreibung des Wappens, wurde vervollständigt durch die Angabe der Farben, kräftig ungebrochene Töne unter Einschluß von Gold und Silber, sowie durch Kennzeichnung von Waffenrock und Roßdecke.

Mit der Heraldik nah verwandt und mit ihr in Wechselwirkung stehend war das Siegelwesen. Auch hier verwendete der Ritter seine Marke, sein Familienwappen als symbolisches Bild seiner Person, um im Zusammenwirken mit seiner Unterschrift auf einer Urkunde als Verfasser, Zeuge oder Partner seine Zustimmung zu dokumentieren und dem Schriftsatz Rechtsgültigkeit zu geben. Gebräuchliche Formen waren Rund-, Spitzoval- und Schildsiegel. Herrscher- und Adelssiegel zeigen vorwiegend als Motive das Porträt, den Thronenden, den Reiter oder das Wappen.

Sieg oder Tod, Bilanz der Turniere

Doch zurück zum Turnier, das nicht nur Glanz und Freude brachte. Die Art der Spiele bedingte immer wieder Unglücksfälle und Opfer, Grund für die Kirche, sie zu verurteilen und zu verbieten. Wenn auch der Krieg, zumal der Kampf gegen die Ungläubigen, geduldet, gerechtfertigt, ja eigentlich geheiligt war, so konnte diese Auffassung für das Kriegsspiel nicht gültig sein, zumal in diesem Treiben ein Stück überkommenen Heidentums, eine Fortsetzung jahreszeitlich bedingter Riten wie Austreibung des Winters, Empfang des Frühlings, Sonnenwende u. a. vermutet werden konnte.

Mehrere Konzilien, 1130 zu Clermont, 1139, 1179 und 1193 verurteilten darum die Abhaltung derartiger Spiele streng und bedrohten Teilnehmer und Veranstalter mit hohen Kirchenstrafen. 16 Ritter kamen 1175 in Sachsen bei Turnieren zu Tode, 1176 fiel Dietrich, der Sohn des Markgrafen von Meißen, 1186 König Heinrichs II. von England Sohn Geoffrey Plantagenet. Weitere Opfer des Hochadels beim Tjostieren waren 1290 der bayerische Herzogssohn Ludwig und 1295 Herzog Johann von Brabant.

So war es nicht verwunderlich, daß die Kirchenfürsten die Höfe immer wieder ermahnten, von diesem gefährlichen Treiben abzulassen; die großen Träger weltlicher Macht mußten es auf ihren Eid nehmen, den Forderungen der Kirche Geltung zu verschaffen.

Doch die Spielleidenschaft der Fürsten und Ritter, ihre Freude an festlichem Gepränge und der Ehrgeiz, sich im Kampfspiel hervorzutun, waren stärker als alle Verbote. So kam es zu Kompromissen; Papst Innocenz III. verbot die Turniere mehrmals, so auch 1215, auf drei Jahre. Wenn auch Papst Gregor X. 1275 König Rudolf abermals aufforderte, die Kampfspiele im Reich zu verbieten, so war dieser, der selbst zu etlichen Malen zum Stechen angetreten war, nicht ernstlich gesonnen, das Verbot konsequent durchzuführen. Die Päpste waren um so mehr zur Nachgiebigkeit geneigt, als sie zu befürchten hatten, daß die Dezimierung der Ritterschaft durch Exkommunikation die zu den Kreuzzügen aufgebotene Streitmacht sehr bedenklich schwächen könnte.

Die Hohe Minne

Nicht eigentlich in ursprünglichem Zusammenhang, jedoch in einer engen Verflechtung mit dem Turnier stand der Minnedienst. Sein Ursprungsland ist aller Wahrscheinlichkeit nach die Provence, wo zu Beginn des 12. Jahrhunderts als erste die Troubadours den Frauendienst aufnahmen. Erst gegen Ende des Jahrhunderts kam der Begriff der Minne über die Trouvères aus Frankreich auch nach Deutschland. Wohl zwei Jahrhunderte lang hat der »Rosenroman«, das Werk des Guillaume de Lorris und des Jean de Meung (Johan Clopinel de Meun), vor 1240 nicht allein die Formen der aristokratischen Liebe vollkommen beherrscht, sondern ist darüber hinaus durch einen enzyklopädischen Reichtum an Abschweifungen auf allen möglichen Gebieten die Schatzkammer geworden, aus der sich die gebildeten Laien lebendige Anregungen zu ihrer geistigen Entwicklung holten. In keiner anderen Zeit war das Ideal weltlicher Kultur derart innig mit der Frauenliebe verschmolzen als vom zwölften bis zum fünfzehnten Jahrhundert.

Die Minne, wie sie das Thema aller lyrischen und epischen ritterlichen Poesie bildete, ist nicht sinnliche Liebe, ist nicht das Werben um erreichbaren Liebeslohn, sondern vielmehr der Dienst selbst, den der Ritter der erwählten hohen Frau, einer meist verheirateten, adligen, gesellschaftlich über ihm stehenden Dame um gewährter Huld willen leistete. Eben die Aussichtslosigkeit, ein fernes hohes Ziel je erreichen zu können, war für den Ritter der erzieherische Ansporn, der ihn zu mutiger Tat aneiferte und befähigte,

ses Recht machte es andererseits jungen Rittern zur Aufgabe und zur Pflicht, einer Dame in Anstand zu dienen und ihr zu Ehren Abenteuer zu bestehen und Feinde zu überwinden. So entstand der uns heute schwer verständliche Minnedienst als Element der Erziehung, als ritterliche Übung, die allerdings nur im Rahmen höfischen Lebens als Form einer gesonderten Kaste denkbar war.

Wer der stoete folgte und unstoete mied, durfte bedenkenlos minnen. Gefährliche Laster waren üppic und irre, d. h. Sinneslust und wechselnde Begierde. Der lôn der Minne war von der Bereitschaft zu dienen abhängig, er gipfelte im höchsten Gut, der êre, die gebot, von der durch die Herrin gewährten brûtlouft nichts bekannt werden zu lassen. Êre und milte waren echte Herrentugenden. Fröude und hôher muot, Lebensfreude und Lebensbejahung, sollten die seelischen Kräfte in der erwiderten Liebe stärken.

Minne, erzieherisches Ideal und Praxis des Minnedienstes

Wenn auch die höfischen Dichter dem Geiste der hohen Minne huldigten, um unter diesem erzieherischen Ideal die Ritter zu makellosen Helden zu bilden, blieb auch die mehr auf Sinnesfreuden gerichtete niedere Minne selbst bei Dichtern vom Rang Walthers von der Vogelweide keineswegs unberührt. Im Gegensatz zum idealen Vorbild stand im praktischen Leben der Sinn der Ritter kaum nach platonischen Liebesverhältnissen, vom Lohn der Liebe hatten sie als vitale Männer durchaus realistische Vorstellungen, und Tendenzen zur Askese fanden sich vorwiegend nur in der Poesie. Wie auch immer sich die literarische Auslegung des Minnedienstes darstellte, der Praxis entsprach dieses Bild kaum. In letzter Konsequenz geschah hier, soziologisch gesehen, in Adelskreisen ein Angriff auf die Ehe, indem man Minnerecht vor Eherecht stellte, und zwar mit Gültigkeit für die Männer ebenso wie für die Frauen. Die Unlösbarkeit der Ehe war durch das Ritual des Minnedienstes, das die heimliche Verbindung der Liebenden legitimierte, überspielt. Zu einem offenen Angriff auf die bestehende Ordnung kam es jedoch nicht.

Das Ethos der Minne im reinen Dienst brachte auch Erscheinungen tragikomischen Charakters hervor, wie sie von dem an sich sehr verdienstvollen und in seinen dienstlichen Funktionen erfolgreichen Ritter

.der seine Kräfte zu erstaunlichen Leistungen wachsen ließ, ihn in allen Lagen an die Bewährung ritterlicher Tugenden band.

Nicht immer war dem jungen Ritter die verehrte Frau bekannt; eine ferne, fremde Schöne erschien gegebenenfalls noch verehrungswürdiger und entsprach vollkommen dem Inbegriff des Ideals. Andererseits bestand für eine so angeschwärmte Dame ein erhöhter Anreiz, im Wesen verfeinert, märchenhaft zu erscheinen. Die Beeinflussung im Streben nach höherer Vollkommenheit war insofern doppelseitig und trug zur Verfeinerung der Gesellschaft bei.

Die Frau als Partnerin in der Gesellschaft konnte nur aufgebaut werden, wenn die Grausamkeit eifersüchtiger Eheherren ersetzt oder gemildert wurde durch die Zubilligung des Rechtes, Verehrer zu haben. Die-

Oben: *Zurüstung eines Ritters zum Turnier, hier des Herrn Winli, aus* Große Heidelberger Liederhandschrift – *Georg Rüxners* Turnierbuch, *Ausgabe Frankfurt/M. 1578, veranschaulicht in zahlreichen Holzschnitten Turniere und Ritterspiele* – Links oben: *Stechen zu Pferd durch 2 Einzelkämpfer* – Links: *Gruppenkampf mit Schwertern zu Fuß.*

Folgende Doppelseite:
Runkelstein/Sarntal, Wandfries mit Reigen und Ballspiel an der Stirnseite des Rittersaales, Turnier im Bogenfeld, um 1400.

Die Sage berichtet vom Sängerkrieg auf der Wartburg, einem Wettstreit der Minnesänger. Auf der Darstellung des Meisters Heinrich Frauenlob ist dies Ereignis in der Großen Heidelberger Liederhandschrift wiedergegeben.

Folgende Doppelseite:
Runkelstein/Sarntal, ritterliche Lustbarkeiten wie Jagd, Musik und Tanz, um 1400.

Ulrich von Lichtenstein aus der Steiermark berichtet werden. Um die erkorene Minneherrin von seiner bedingungslosen Aufopferung zu überzeugen, ließ er sich in Graz die von ihr zum Kusse als ungeeignet, ja als abstoßend bezeichnete wulstige Lippe operativ kosmetisch verbessern. Auf zahllosen Turnieren bewährte er, um Erhörung zu finden, seine Treue, als Frau Venus und König Artus verkleidet. Ein gegnerischer Lanzenstich durch die Hand ließ einen Finger steif werden, er schnitt ihn ab und übersandte ihn der Dame seines Herzens durch seinen Knappen als Zeichen seiner Verehrung. Doch alle Opfer und Mühen waren umsonst, seine skurrilen Abenteuer lassen ihn als einen Vorläufer des Don Quijote erscheinen. Nicht immer standen die Forderungen der angebeteten Herrinnen mit dem Treuegelöbnis und der Dienstbereitschaft der begehrenden Ritter im Einklang. Mauricius von Craon, Held der epischen Dichtung eines unbekannten Autors zwischen 1210 und 1240,

diente z. B. der Gräfin von Beaumont um Minnelohn. Sie nahm ihn zu ihrem Ritter unter der Bedingung an, daß er ihr zu Ehren ein Turnier veranstalte. Der Ritter wartete mit einer Sensation auf, er erschien vor der Burg der Minneherrin in einem zu Lande fahrenden Schiff – es wurde von im Inneren versteckten Pferden bewegt – und zeichnete sich im Turnier durch besonderen Mut aus. Bereit, den Minnelohn zu gewähren, ließ die Gräfin ihren Ritter durch eine Zofe in ihr Gemach holen, wo der Unglückliche, von all den Anstrengungen ermattet, auf einem Ruhebett einschlief. »Nû liget er als ein tôtez schâf, im ist lieber danne mîn ein slâf«, rief die gekränkte Schöne bei seinem Anblick aus und versagte ihm ihre Gunst. Der Geprellte sann auf Rache, schlich nächtlicherweile in das Schlafgemach des gräflichen Paares, wo ihn der erschreckte, ältliche Gatte für den Geist eines von ihm selbst im Turnier unglücklicherweise getöteten Ritters hielt und das Bewußtsein verlor. Neben dem Ohnmächtigen nahm sich Ritter Craon bei der Gräfin, was ihm tags zuvor verweigert wurde, und verließ sie mit Hohn und Spott. Die Gräfin, die ihren Hochmut bitter bereute, litt in stiller Sehnsucht Kummer bis an ihr Ende. Solche und ähnliche erotischen komischen Versepen waren Vorläufer der späteren Schwankliteratur. Das urmenschliche Problem der Werbung des Mannes um Gewährung der Frau fand sublimiert in der hohen ebenso wie in der niederen Minne eine dem Ritterstand gemäße Ausprägung unter dem Mantel mythologischer, spiritueller Verbrämung, wie es dem herrschenden Zeitgeist entsprach.

Höfische Dichtkunst

Die Literatur der Ritterzeit im 12. Jahrhundert diente dazu, den Leser zur christlichen Religion und zur Führung eines Gott wohlgefälligen Lebens zu bewegen. In ihren Heldenliedern und Ritterepen wollten die Dichter die Möglichkeit der Verwirklichung ritterlicher Ideale im Leben erweisen, doch sind an realistischen Andeutungen bereits Zwiespältigkeiten zwischen erstrebtem Ideal und Wirklichkeit deutlich geworden; sie bestanden bereits im 12. Jahrhundert und nahmen in der Folge an Deutlichkeit zu.
Die höfische Kultur nahm ihren Ausgang von den kleinen südfranzösischen Höfen, sie kam in den Minnedichtungen der Troubadours zur Blüte. Vom hohen Adel Nordfrankreichs aufgenommen, entstand ein in

feste Regeln gefaßtes System des Minnewesens. Über die Grenzlande am Rhein, wo bereits die Spielmannsdichtung florierte, erreichte die Bewegung auch Deutschland. Die höfische Dichtung fand ihre Heimstätte an den großen Höfen, wo die Dichter eine gebildete Gesellschaft antrafen, die ihren Werken mit Urteil und Beifall begegnete. Während diese Anregungen in Norddeutschland aufgrund des spröden Temperaments nicht so nachhaltig wirkten, zeigten sich die süddeutschen Ritter anpassungsfähiger, zumal in Schwaben, dem Ursprungsland der Hohenstaufen und Welfen. Selbst die Kaiser aus staufischem Geschlecht, Friedrich I. und Heinrich VI., übten sich in der Dichtkunst in deutscher Sprache. Von Heinrich VI. stammen die Verse:

> Mir sint diu rich unt diu lant undertan;
> Swenne ich bei der mineclichen bin;
> Unde swenne ich gescheide von dan
> so ist mir al min gewalt und min richtoum dahin.
> Wan senden Kumber, den zelle ich mir danne ze habe;
> Sus kan ich an vröuden stigen uf unt ouch abe,
> unt bringe den wehsel, als waine, durch ir Liebe ze grabe.

Auch am Hofe Heinrichs des Löwen blühte geselliges Leben. Für seine englische Gemahlin, die Tochter Heinrichs II. von England, übersetzte der Pfaffe Konrad die »chancons de geste«. Schöngeistiges Streben wurde vor allem an den Höfen der Babenberger, der Markgrafen von Meißen und der Landgrafen von Thüringen gepflegt, wo Ritter und Sänger aus fast allen europäischen Ländern Gastfreundschaft genossen und sich gelegentlich auch in leidenschaftlichen Sängerkriegen befehdeten; hier konnten die zumeist armen, mit geringem oder gar keinem Gut begabten Ritter-Sänger ohne wirtschaftliche Sorgen ihrer Kunst leben, wie z.B. Wolfram von Eschenbach oder Walther von der Vogelweide.

Der neu erwachte Geist des Rittertums war durch eine Wendung zu Humanität und Menschlichkeit bestimmt und galt vor allem der Erziehung zur Hofsitte, zur hövescheit, dem Gegenteil der dörperie, der Grobheit und Tölpelhaftigkeit. Zuht und tugent im Sinne allgemeiner Tüchtigkeit und konventioneller Etikette waren die Ziele höfischer Verhaltensweise, die ihre innere Kraft aus der mâze, dem Maßhalten bezog.

In diesem Geist erhielt der Begriff der ritterlichen êre eine gegenüber der germanischen Reckenehre veränderte Bedeutung. Nicht Ruhm der Tapferkeit und kriegerisches Heldentum, sondern das sittliche Selbstbewußtsein, ausgeprägt in der sittlichen Persönlichkeit, dem sittlichen Charakter und der Ehrenhaftigkeit, waren die entscheidenden Forderungen. Als ausgesprochen höfisches Element vervollständigte die Minne das geänderte Kulturbild.

Die neue höfische Kultur fand ihren künstlerischen Ausdruck in der deutschsprachigen Laiendichtung, die die lateinische Klerikerdichtung ablöste. Die Zeit der höchsten Blüte kann in den Regierungszeiten der staufischen Herrscher von Barbarossa bis zu Friedrich II. eingegrenzt werden. Fast gleichzeitig und nebeneinander entfalteten sich im deutschen Sprachraum Kräfte zu einer eigenständigen, geistigen Leistung, die, obzwar von außen angeregt, doch die deutsche Kultur auf allen Gebieten der Dichtkunst, der bildenden Kunst und der Philosophie zu einmalig strahlender Geltung brachten. Das Heldenepos, die lyrische Dichtung und als Krönung das höfische Epos zeugen von den Bemühungen um die Gestaltung von Stoffen, die zum Teil seit Jahrhunderten als Volkssagen und Lieder von fahrenden Sängern und Spielleuten überliefert waren.

Das Heldenepos

Zwei hervorragende Heldenepen, denen weniger bedeutende vorangingen oder zur Seite standen, sollen hier genannt werden. Das »Nibelungenlied«, die maere von Taten und vom Schicksal der Burgunder, dargestellt in einem monumentalen Verswerk, das Ludwig Uhland in die beiden Teile: »Die Geschichte von Siegfrieds Tod« und den »Bericht von der Nibelungen Not«, von Kriemhilds Rache faßte. Das »Gudrunlied«, einige Jahrzehnte später als das »Nibelungenlied« wohl in Niederösterreich niedergeschrieben, berichtet vom harten Los der vielumworbenen Gudrun, von den Taten ihrer Voreltern, den Kämpfen ihrer Freier. Im Gegensatz zum »Nibelungenlied« ist hier der Ausgang glücklich, der Held Herwig führt Gudrun als sein Weib heim.

Höfische Lyrik, Minnesänger

Die Kenntnis der lyrischen Dichtung, der Lieder der Minnesänger, verdanken wir überwiegend dem Sammeleifer gebildeter, verständnisvoller Bürger, wie Rüedeger und Johannes Manesse, Vater und Sohn, die in ihrer Bibliothek Liederhefte sammelten. Vorbild für den Grundstock der »Manessischen Handschrift« oder besser der »Großen Heidelberger Liederhandschrift«, des zunächst in kurpfälzischem Privatarchiv, dann heute nach langen Irrfahrten in der Universitätsbibliothek Heidelberg verwahrten Sammelwerkes, dürfte eine um 1270 in Zürich entstandene, nur in Bruchstücken erhaltene Liederhandschrift gewesen sein. Um 1300 begonnen, wurde das Werk mit Ergänzungen bis 1340 vollendet. Ähnlich ist ferner die wahrscheinlich von Bischof Heinrich von Klingenberg (1293–1306) bestellte »Weingartner Liederhandschrift« aus dem gleichnamigen Kloster. Weitere Werke dieser Art sind die »Kleine Heidelberger Liederhandschrift«, die »Würzburger« und die »Jenaer Liederhandschriften«.

Lieder der französischen Trouvères als Vorbilder, Volkslieder und lateinische Vagantenpoesie waren der Nährboden, aus dem, sich langsam entfaltend, die schöne Blume der höfischen Lyrik, der deutschen Minnelieder, erwuchs. Am Anfang standen, um ihrer mit dichterischer Kraft gestalteten Verse willen neben anderen hervorragend, der von Kürenberg, Spervogel, Dietmar von Aist, Friedrich von Hausen und Kaiser Heinrich VI. Sie alle aber übertraf als Dichter ein stolzer, aufrechter Ritter, ein Mann von einfacher, klarer Denkungsart, doch auch von tiefem innerlichem Gemüt: »Herr Walther von der Vogelweide – swer dez vergäz, der taat mir leide.«

Walther – seine Herkunft aus Südtirol oder Oberösterreich ist umstritten – lebte vermutlich in der Gegend um Bozen, dann in Österreich und auf der Wartburg, wo er sich am Hofe des Landgrafen eine Zeitlang aufhielt, endlich in Franken – hier fand er im Alter sein ihm von Kaiser Friedrich II. verliehenes Lehen. Neben reiner Liebeslyrik waren ihm politische Tagesprobleme, das Verhältnis zu überpersönlichen staatlichen und kirchlichen Mächten, das Nationalgefühl ebenso wie Beziehungen zu Mitmenschen besondere Anliegen. Viele seiner Verse, Bruchstücke seiner Gedichte sind geistiges Allgemeingut in der Art von Sinnsprüchen oder Parolen geworden, wie zum Beispiel die folgenden Zeilen:

> Von der Elbe unz an den Rin
> und her wider unz in der Unger Lant
> mugen wol die besten sin,
> die ich in der werlte han erkannt.

Mehrfach schreibt er von der Sehnsucht nach dem Frühling:

> Uns hât der winter geschadet über al:
> heide unde walt die sint beide nû val,
> dâ manic stimme vil suoze inne hal.
> saehe ich die megde an der strâze den bal
> werfen, sô kaeme uns der vogele schal.

Neben der hohen Minne bricht die wirkliche Liebe wieder auf in den Versen:

> Under der linden
> an der heide,
> dâ unser zweier Bette was . . .

Im Alter klagt er: »Owê war sint verswunden alliu mîniu jâr!« Sein Abbild in der »Manessischen Liederhandschrift« ist die Illustration zu:

> Ich saz ûf eime steine
> und dahte bein mit beine . . .

Gegen die Simonie wandte er sich mit seinem Spruch:

> Ir bischofe und ir edlen pfaffen sît verleitet:
> seht wie iuch der bâbest mit des tievels
>   stricken seitet.

An den Grafen von Katzenelnbogen war der weitbekannte Spruch gerichtet:

> Wer sleht den lewen? wer sleht den risen?
> wer überwindet jenen unt disen! . . .

Walthers Werk fällt in die höchste Blütezeit ritterlicher Dichtung, in eine Zeit, in der auch politisch und geistig sein Land, das Heilige Römische Reich Deutscher Nation, glänzend dastand, in innerer Geschlossenheit und äußerer Machtfülle.

Das Höfische Epos

Unter diesen Voraussetzungen konnte sich auch neben dem Heldenepos und dem Minnesang das höfische Epos entwickeln, das seinen Stoff im wesentlichen aus dem Französischen bezog. Am Anfang standen Übersetzungen, freie Übertragungen französischer Texte ins Deutsche, wie die Geschichte von »Flore und Blancheflur«, von »Tristan und Isolde«, welch letztere Eilhart von Oberge verdeutschte. Seinem Beispiel folgte Heinrich von Veldeke mit der Übertragung von Vergils »Äneis«, der Geschichte von Äneas und Dido, nach einer französischen Bearbeitung. Gottfried von Straßburg sagte von ihm: »von Veldeken Heinrich, der sprach ûz vollen sinnen, wie wol sanc er von minnen! . . . er impfete das êrste rîs in tiuscher zungen.«

Die aus keltisch-britischen Mythen entstandene, in Nordfrankreich dichterisch weiterentwickelte Artussage, in der sich das Ideal des weltlichen Rittertums in vollkommener Form verkörperte, wurde im 12. Jahrhundert von Chrétien de Troyes in vollendeter Form dargeboten. Handlungsablauf und Sinngehalt dieser Legende ergaben auch den Vorwurf für die Epen von »Erek« und »Iwein« sowie für den »Parzival«, Meisterwerke der deutschen höfischen Epik von Hartmann von Aue und Wolfram von Eschenbach, denen als dritter Gottfried von Straßburg zur Seite steht.

Hartmann, ein schwäbischer Ritter im Dienste der Herren von Aue bei Freiburg i. Br., ist um 1160/70 geboren. Sein hinterlassenes Werk enthält zunächst zwei sogenannte Büchlein, poetische Betrachtungen über die Minne. Seine Hauptwerke sind zwei Artusromane »Erec und Enite« und »Iwein«, sodann die Legende vom hl. Gregorius und die Erzählung »Der arme Heinrich«. In diesem letzteren Werk gibt er selbst einen Hinweis auf seinen Bildungsstand; die Geschichte beginnt mit den Versen:

> Ein ritter sô gelêret was
> daz er an den buochen las
> swaz er dar an geschriben vant.
> der was Hartman genannt.

Überragende Figur im sagenhaften Sängerkrieg auf der Wartburg, wo er zusammen mit zwölf weiteren Meistern die erste Sängerschule gegründet haben soll, war Wolfram von Eschenbach, ein um 1170 geborener Franke adliger Abkunft aus dem gleichnamigen Landstädtchen. Sein Leben war eine Wanderschaft: »swer schildes ambet üeben wil, der mouz durchstrîchen lande vil«, sagt er im »Parzival«, seinem Hauptwerk, dessen Grundgedanke besagt, daß religiöser Zweifel der Seele eines Mannes verderblich ist, daß hingegen unverzagter Mut ihn den Weg zum Himmel finden läßt. Gegenstand des Epos ist die Sage vom Gral, zu dem der Weg des einfältigen jungen Burschen führt, der durch Schweigen schuldig wird und zuletzt Erlösung findet. Weitere Werke Wolframs sind zwei Bruchstücke eines Gedichtes »Titurel« und der »Willehalm«, das hohe Lied des höfisch-humanen Weltbildes der Stauferzeit, der Toleranz gegenüber dem als Ritter geachteten Heiden.

Gottfried von Straßburg, ein Meister wahrscheinlich bürgerlichen Standes, wohl ein Gelehrter, ist der Schöpfer der Erzählung von »Tristan und Isolde«, einer Liebessage wie die von »Flore und Blancheflur«; sein Epos blieb unvollendet.

Mit dem Ende der staufischen Kaiserherrlichkeit zerfiel auch die harmonisch klare Einheit im geistigen Bereich, die von der adligen Oberschicht getragen wurde. Mit der Auflösung der ritterlichen Höfe war der Dichtung der Boden entzogen, die Dichter ihres Publikums beraubt. So wurde Poesie wieder Sache der Geistlichen und ging letzten Endes im 14. Jahrhundert an das Bürgertum über.

Architekturplastik

Die Hochblüte ritterlicher Poesie fand im gleichen Zeitraum ihre Parallele im Bereich der bildenden Künste. Gegenüber den stets gepflegten und im Vollzug des Kultes jederzeit behüteten Sakralbauten erlitt der gleichzeitig hoch entwickelte Profanbau durch Vernachlässigung, Veränderung und Verfall außerordentliche Verluste, so daß der Eindruck entstehen konnte, daß es hier keine der Sakralkunst vergleichbaren Werke gegeben habe. Daß dem nicht so war und daß die weltlichen Machthaber im gleichen Maße wie die geistlichen bestrebt und fähig waren, die der Repräsentation dienenden Gebäude und Räume in Würde und Schönheit zur höheren Ehre ihres Amtes zu gestalten, läßt sich immerhin an den wenigen überkommenen Bruchstücken profaner Bauzier und an den Ruinen der Staatsbauten erweisen.

Nur erahnen läßt sich die Pracht und der Reichtum der staufischen Pfalzen, betrachtet man z. B. in Gelnhausen fein skulptierte Blattornamente an Kämpferplatten oder das Flechtwerk an Kaminrückwänden. In Hagenau blieb außer Kämpferstücken eine Sirene und ein bärtiger Kopf erhalten. Aus Kaiserslautern stammt eine köstlich gemeißelte Schmuckplatte, in Wimpfen stehen ein Säulengang und die Arkaden am Palas noch aufrecht. Mit reifster Steinmetzkunst wurden Säulenkapitelle in den Pfalzkapellen von Nürnberg und Eger geziert. Harmonische Arkaden beleben auch die Palaswand der Wartburg, den Schauplatz des Sängerkrieges.

Ebenso wie ihre Herren ließen auch die Ministerialen ihre Sitze künstlerisch gestalten, davon zeugen u. a. Fenstersäulen und ornamentierte Kämpfer in Münzenberg und Wildenburg, feine Säulenbasen in der

Kunstvolle Steinmetzarbeiten aus der Hochblüte des Rittertums – Linke
Seite: *Schloß Tirol/Etsch, mystische Gestalten umrahmen die Kapellenpforte,
Ornamente überspannen die Stufen des Portalgewändes* – Oben v. l. n. r.:
*Pfalz Gelnhausen/Kinzig, der Aar, das Wappentier der Staufer, an einem
Kapitell – Marksburg/Mittelrhein, Maske an einer Konsole der Kapelle –
Mitte v. l. n. r.: Gelnhausen, Kapitell mit Rechtssymbol – Daselbst, bärtige
Kopfkonsole – Unten: Wartburg bei Eisenach, Kapitell einer Doppelsäule
in den Fensterarkaden mit Menschen- und Tierfiguren.*

Folgende Doppelseite:
*Die plastische Darstellung des Ritters auf seinem Grabstein sollte sein Bild
der Nachwelt überliefern. Seit dem 14. Jh. wurde Porträtähnlichkeit angestrebt –
Von links nach rechts: Pfarrkirche zu Bächlingen–Langenburg/Jagst,
Grabstein des Burkhard Reze, †1324 – Kreuzenstein bei Wien, Grabstein
15. Jh., ein Herr von Schwarzenstein. – Marzoll, Grabmal eines Fröschl
von Marzoll um 1500 aus dem Reichenhaller Siedeherrngeschlecht, am
Chor der Pfarrkirche.*

Übernächste Doppelseite:
*Elisabethkirche, Marburg/Lahn, Grabkirche der Landgräfin Elisabeth von
Thüringen, †1231, 1235 heiliggesprochen. Kirche 1235 vom Deutschen
Ritterorden begonnen; Sarkophag mit Darstellung vom Tode der Heiligen,
umgeben von Ordensrittern und Heiligen, um 1350.*

Salzburg an der Fränkischen Saale, daselbst auch Gewände der Palasfenster, Torbögen und Säulenkapitelle. Mit Arkaden war die Burg Ulrichsberg im Elsaß geziert, in Vianden in Luxemburg entgingen Portale und Arkadensäulen mit zierlichen Kapitellen der Zerstörung. Hierher gehören auch die reich geschmückten Kapellenportale der Burg Tirol und der Zenoburg. Nur geringe Reste, z. B. in Castel del Monte, Bari, Syrakus und Palermo erinnern an den zauberhaften Raumschmuck der Burgen und Schlösser Friedrichs II., aber auch in den Burgen des Deutschen Ritterordens wurden Räume von einmaligem Reiz geschaffen.

Grabplastik

In einem anderen Sektor der Bildhauerkunst, in der Grabplastik, blieben im Schutze der Kirchen reichere Bestände erhalten. Seltener in Bronzeguß, häufiger in Steinmaterial sind uns in diesen Werken die Menschen selbst, die Ritter und ihre Frauen in Kostüm und Rüstung lebensecht überkommen. Anhand dieser Skulpturen, die zu Ehren der Verstorbenen ihre Gestalt als Lebende der Nachwelt erhalten sollten, kann über Jahrhunderte der Wandel im Erscheinungsbild ritterlicher Personen lückenlos abgelesen werden. Die Rittergrabsteine sind daher ebenso um ihrer verbindlichen Aussage als auch wegen der künstlerischen Leistung von höchstem Wert.

Der Typus des Grabbildes, des Grabsteins mit der Darstellung des Verstorbenen, wird im 11. und 12. Jahrhundert üblich. Zunächst war dabei Porträtähnlichkeit nicht beabsichtigt, und nur für hochgestellte Persönlichkeiten geistlichen Standes konnte ein derartiges Erinnerungsmal im Kirchenraum errichtet werden. Doch nach und nach folgte die weltliche Obrigkeit diesem Brauch. Beispiel dafür sind etwa das Bronzegrabmal des Gegenkönigs Rudolf von Schwaben im Merseburger Dom nach 1081 oder die Grabplatte für Herzog Widukind in Enger bei Bielefeld zu Ende des 11. Jahrhunderts. Noch im 12. Jahrhundert sind Grabmonumente adliger Personen selten, nur vornehmen Stiftern wird das Recht, in der Nähe der Altäre bestattet zu werden und das Grab durch eine Plastik zu signieren, von der Kirche gestattet; in Vorräumen wurden Begräbnisse und Grüfte eher geduldet. Seit dem 14. Jahrhundert wächst die Bereitwilligkeit, adlige Grablegen im Kirchenraum zu gestatten, und damit auch die Zahl der Monumente.

In der Frühzeit tritt in der ritterlichen Grabplastik die Rüstung gar nicht oder nur wenig in Erscheinung. Die zunächst angewandte Darstellung des Ritters im Waffenrock, der Teile der Panzerung nur spärlich erscheinen ließ, entsprach der Sitte, in der Kirche und als Gast im Saale einer Burg ungerüstet zu erscheinen. Die im Leben geübte Form übertrug sich auf das steinerne Bild des Verstorbenen. Später gewann die Darstellung der Rüstung und Bewaffnung immer mehr an Bedeutung, so daß sich daraus für die Waffenkunde ein lückenloser Katalog ergibt. Das Schema des Grabsteins war annähernd stets das gleiche.

Es zeigte plastisch den Verstorbenen in Lebensgröße mit Waffen und Rüstung, meist zu Füßen oder als Kopfunterlage den Turnierhelm mit dem Kleinod und zur Identifizierung das Wappen, oft auch die Wappen beider Eltern und später auch die Wappen der beiderseitigen Ahnen. Die Umschrift vermeldete Sterbedatum, Namen und Stand des Verstorbenen.

Wandmalerei

Dem Raumschmuck diente neben der Plastik vor allem auch die Malerei in Gestalt des Wandbildes, eine Kunstgattung, die in ihren frühen Werken infolge ihrer Anfälligkeit gegen Feuchtigkeit und Zerstörung am wenigsten erhalten blieb. Lediglich in Burgen der Alpenländer, weniger in Österreich und der Schweiz, am besten in Südtirol, finden sich noch Reste figürlicher und ornamentaler Wanddekoration, wie sie wohl in den meisten größeren Burgen vorhanden waren.

Gegenstand der Darstellung waren zunächst Szenen des höfischen Lebens, Turniere und Kämpfe und die höfischen Epen, z. B. die Iwein-Legende in einem Gemach der Burg Rodeneck, Anfang 13. Jahrhundert, vergleichbar dem Freskenzyklus im Schmalkalden um 1200, Motive aus der Tristan- und Gralsage nach 1400 in Burg Runkelstein, die außerdem den reichsten Bestand profaner Wandmalereien bewahrt. Dem gleichen Kreis gehören Darstellungen zu Tristan und Isolde, Ende 14. Jahrhundert, in Räzüns in der

---

Figürliche und ornamentale Malereien schmückten die Wände der Kammern und Säle auf den Burgen. Sagen und Szenen aus dem Ritterleben lieferten den Stoff. – Oben: Rapottenstein/Waldviertel, Fresko: derber Ringkampf, ranggeln genannt, der auf Ritterfesten stattfand – Mitte: Rodeneck/Eisack, Iweinsage aus dem Artussagenkreis, hier Zweikampf zwischen Iwein und dem Hüter des Zauberbrunnens Ascalon – Unten: Runkelstein/Sarntal, Bemalung der Außenwand mit Rittern in einer offenen Galerie des Sommerhauses, um 1400.

Schweiz an. Bilder von Turnieren und Tänzen vom Ende des 14. Jahrhunderts zierten die Säle der Burg Lichtenberg im Vintschgau (jetzt im Ferdinandeum zu Innsbruck). Im 3. Viertel des 15. Jahrhunderts entstanden die Wandgemälde der Burg Trautson (zerstört) mit Darstellungen des Neidhart-Schwankes (Neidhart von Reuenthal lebte als Minnesänger im 13. Jahrhundert am Babenberger Hof). Verhältnismäßig reich ist der Bestand an romanischer Wandmalerei in Burgkapellen wie z. B. in Burg Tirol, Reifenstein, Sprechenstein, Aufenstein, Hocheppan, Kyburg in der Schweiz. Beliebtes Dekorationselement waren auch Wappen und Stammbäume. Der Wappensaal Kaiser Karls IV. in der Burg zu Lauf an der Pegnitz um 1360 mit Wappen seines Hofadels in kolorierten Flachreliefs ist in seiner Art ein Unikum. Der Stammbaum der Habsburger, zu Anfang des 16. Jahrhunderts gemalt, ziert die Saalwand der Burg Tratzberg, der der Wolkensteiner ist in der Trostburg an den Hofarkaden zu sehen. Dekorative Malerei der Spätgotik belebt einen Raum im Nordtrakt der Churburg, aus der gleichen Kunstepoche stammen Raumdekorationen im Haus Rübenach auf der Burg Eltz an der Mosel.

Miniaturmalerei

Neben diesen leider nur in geringer Zahl erhaltenen Werken der Wandmalerei steht als Ergänzung die gleichzeitige Miniaturmalerei, die Illustration der Chroniken und Heldenepen, die ritterliches Leben und ritterliche Taten sicherlich lebensnah und, soweit es Rüstung und Bewaffnung betrifft, auch wahrheitsgetreu nach dem Brauch der Zeit wiedergibt. Bei der Deutung der Darstellung von Gebäuden und Einrichtungsgegenständen ist allerdings eine gewisse unrealistische Schematisierung zu berücksichtigen. Die bedeutendsten Werke, die erhalten blieben, waren, chronologisch aufgeführt: Petrus von Ebulo, »Liber ad honorem Augusti«, Anfang 13. Jahrhundert; Bericht vom Kreuzzug Friedrichs I. und von der Eroberung Siziliens durch Heinrich VI. – »Das Falkenbuch« Kaiser Friedrichs II., um 1245, von dem nur eine Abschrift (um 1258/66) aus dem Besitz des Kaisersohnes Manfred und eine altfranzösische Übersetzung des Jean Dampierre um 1308 erhalten blieben. Gegenstand der

Runkelstein/Sarntal, sogenannte Badestube, in Wirklichkeit vermutlich der Aufenthaltsraum der Burgbewohner, mit gemalten Lauben, in denen Badegäste und Zuschauer erscheinen.

Handschrift war die Abrichtung und Behandlung von Jagdfalken. – Stricker, »Vita Caroli Magni«, um 1250. Eine Nachdichtung des »Rolandsliedes« nach dem Werk des Pfaffen Konrad. – Rudolf von Ems, »Weltchronik«, die illuminierte Handschrift um 1300 enthält die biblische Geschichte und Sagen des klassischen Altertums, den Trojanischen Krieg usw. in Versen. – Der »Sachsenspiegel« Eike von Repkows, Bilderhandschrift um 1315. Die erste deutschsprachige Gesetzessammlung. – Die »Manessische Liederhandschrift«, Anfang 14. Jahrhunderts, mit Bildern und Liedern der Minnesänger. – »Codex Balduini Trevirensis«, um 1340. Im dritten von fünf Exemplaren il-lustrieren 73 kolorierte Federzeichnungen den Feldzug und die Romfahrt König Heinrichs VII., besonders originell sind die Darstellungen der Königswahl.

Großplastik

Endlich, um das Kapitel vom künstlerischen Wirken im Bereich des profanen, im Auftrage des Adels entstandenen Kunstschaffens abzuschließen, sei auch an Werke der Großplastik erinnert, wie beispielsweise an den Bamberger Reiter, um 1235, die Naumburger

Stifterfiguren, um 1250, und den Löwen zu Braunschweig, 1166 als Denkmal Herzog Heinrichs des Löwen geschaffen, oder an Werke der Erzgießer- und Goldschmiedekunst, für die hier die Bildnisbüste Friedrichs I. Barbarossa, um 1155/71, ein Geschenk an seinen Paten Otto von Kappenberg, als Beispiel stehen soll. Ebenso sind hier Werke der Weberei und Wirkkunst einzuordnen, deren Produkte als große Bildteppiche dem Raumschmuck dienten.

Links: Runkelstein/Sarntal, Tristansage, hier der Drachenkampf – Oben: Auch Tapisserien dienten als Wandschmuck; Karl der Kühne, Herzog von Burgund, als Lohengrin, in Anspielung auf seinen Vorgänger Gottfried von Bouillon, Herzog von Niederlothringen (das heutige Brabant), der bereits mit dem Schwanenritter identifiziert wurde; entstanden im Auftrag seines Vaters, Philipps III. des Gütigen um 1460, im Atelier Pasquier Grenier (?) in Tournai nach einem Karton von Giraff de Roussillon (?); heute in Wawel, Krakau.

Folgende Doppelseite:
Die Reichskleinodien waren Heiligtümer von mystischer Bedeutung, vom 10. Jh. bis 1806 galten sie als Hoheitsabzeichen der römisch-deutschen Könige; zu den wichtigsten Stücken des Schatzes gehören die Krone (links), 10./11. Jh., und der Reichsapfel (rechts), 12. Jh. Weltliche Schatzkammer, Hofburg, Wien.

Reichskleinodien

Als besondere Gruppe unter den Erzeugnissen des mittelalterlichen Kunsthandwerks müssen die Insignien des Reiches gelten, denen als Kunstwerken ebenso wie als Symbolen kaiserlicher Macht und Herrschergewalt besondere Bedeutung zukam. Der ihm eigene mystische Zauber sicherte diesem Kronschatz höchste Verehrung, sein Besitz war Voraussetzung für die Krönung und für die Anerkennung des Gekrönten. Die sichere Verwahrung war ein dringendes Anliegen aller Herrscher, und wo hätte man diesen Schatz besser hüten können als in festen Burgen. Unter den zahlreichen Verwahrsorten waren die wichtigsten die hl. Geistkirche zu Nürnberg, die Reichsfeste Trifels zur Zeit der Staufer, die Kyburg unter Rudolf von Habsburg, später München, Prag, der Karlstein in Böhmen, wieder Nürnberg und endgültig die Hofburg zu Wien.

Die wichtigsten Objekte waren: Die Krone, eine Arbeit des 10./11. Jahrhunderts, wohl im Kern aus der Reichenauer Werkstatt mit Ergänzungen anläßlich der Krönung König Konrads II.; der Reichsapfel, Sinnbild der Erdkugel, geziert mit einem Kreuz, 12. Jahrhundert; das Zepter, Symbol der Macht, ein silberner Stab, vergoldet, aus der 1. Hälfte des 14. Jahrhunderts; und das Krönungsornat, Fuß- und Beinbekleidung, Sandalen, die Albe, die beiden Gürtel, die Stola, eine purpurne Toga, eine purpurne Dalmatica mit Adlern, der Kaisermantel und die Handschuhe. Über das Reichsschwert und die heilige Lanze wird später zu berichten sein.

Aus alledem wird deutlich, daß der Adel als Auftraggeber für die Kunstschaffenden neben den Klerikern wesentlich zur Entwicklung von Kunst und Handwerk seiner Zeit beigetragen hat. Die Beschäftigung mit diesen Zeugnissen ritterlicher Kultur im Bereich von Architektur, Literatur und bildender Kunst geschieht jedoch hier nicht nur aus kunstgeschichtlichem Interesse, sondern ganz wesentlich auch um der Erkenntnis der Lebenseinstellung der Burgbewohner und um der Bestimmung ihres geistigen Standortes willen.

Auch die Krönungsgewänder gehörten zu den Reichskleinodien – Die Albe (links) aus Palermo für König Wilhelm II. von Sizilien, 1166–89, wahrscheinlich erst zur Krönung Kaiser Friedrichs II. verwendet, auch von Kaiser Karl V. zur Krönung getragen – Die Adlerdalmatica (Mitte) aus chinesischem Stoff; um 1300, mit süddeutschen Borten und Medaillons – Dekorationen der beiden Gewänder: Portraitmedaillon an der Dalmatica (rechts oben), Perlenstickerei der Albe (rechts unten). Weltliche Schatzkammer, Hofburg, Wien.

Der Besitz der Reichskleinodien bestätigte das Herrschaftsrecht des
gewählten Königs, der bestrebt war, den Schatz auf einer Reichsburg oder
Pfalz in Sicherheit zu bringen – Links: Kaiserburg in Nürnberg, obere Kapelle
im Heidenturm; von 1424–1796 lag der Schatz im Chor und der oberen
Sakristei der Heilig-Geist-Kirche. – Oben: Karlsteijn/Böhmen, Karl IV.,
1346–78, verwahrte ihn in einer speziellen Kapelle (s. S. 116); hier seine
Privatkapelle mit seinem Bildnis und dem einer seiner Gemahlinnen.

Schmale Ritterkost

Mit einem Zitat aus Wolframs »Parzival« soll der Bericht vom Ritterleben wieder in den Bereich des täglichen Geschehens auf den Burgen geführt werden, auf ein lebenswichtiges Problem, das der Ernährung. Wolfram bekennt:

wan dâ ich dicke bin erbeizet
denn wo ich oft bin eingekehrt
und dâ man mich hêrre heizet,
und wo man mich als Herren ehrt,
dâ heime in mîn selbes hûs,
daheim in meinem eignen Haus,
dâ wirt gefreut vil selten mûs.
erlabt sich selten eine Maus.
wan diu müese ir spîse steln:
Die müßte ihre Speise stehlen,
die dörfte niemen vor mir heln:
mir braucht niemand sie zu verhehlen.

So mag wohl auch die Tafel vieler Burgmannen mager bestellt gewesen sein. Ein ähnliches Bild geben Rechnungen aus dem 15. Jahrhundert für Eßwaren auf Burgen. Demnach wurden für die Burg Regensberg (Lkr. Forchheim) am 17. März 1487 folgende Produkte verbucht: 5 Maß Butter – Salz – Hafermehl – Lachs – 30 Heringe – Brot – 1/4 Essig – Karpfen – Bier – 2 Licht – Zwiebeln – Stockfisch – Erbsen – Semmeln – 8 Schock Eier. Im Rechnungsbuch für die Burg Giech steht 1475/76 verzeichnet: Lachs – Stockfisch – Heringe – Karpfen – Bier – Wein – Brot, und für die Veste Niesten in Weismain wurden 1493/94 Brot – Butter – Semmeln – Lachs – Stockfisch – Heringe – Karpfen – Fische aus dem Main – 3 Eimer Bier – Wein – Zwiebeln – Kraut – Hefe – Salz – Erbsen und Wurst verrechnet (H. Kunstmann).

Verderbliche Güter wurden mit Salz konserviert, groß war auch der Verbrauch an Butter, Öl, Eiern und Käse. Nicht aus den Rechnungen, dafür gelegentlich aus ausgegrabenen Abfallhaufen ist der Konsum an Wildbret zu erschließen. Das Jagdwild der niederen Jagd stand dem Amtmann zu, außerdem aß man allerlei Geflügel vom Bauernhof wie aus Wald und Flur.

Frische Fische wurden in Fischkästen gehalten, für die Milch gab es in Brunnen und Zisternen besondere irdene oder hölzerne Gefäße.

So bestand die Verpflegung der Burgbewohner im Mittelalter aus bäuerlichen Produkten, Getreide, Vieh, Geflügel. Der Imker erntete Honig, Jäger und Fischer brachten Wildbret und Fische auf den Tisch des Ritters, dazu kamen Kräuter aus dem Burggarten. Gemüse war selten. Wein war das Hauptgetränk, die Römer hatten ihn als erste nördlich der Alpen angebaut. Da er wohl meist sauer und von minderer Qualität war, wurde er durch Zusatz von Honig und Kräuteraufgüssen zu Würzwein verbessert. Bier wurde erst im 15. Jahrhundert zum beliebten, genießbaren Getränk.

Ritterliche Festtafel

Nobler und reichhaltiger ging es zu, wenn Gäste auf der Burg einkehrten oder ein Fest zu feiern war. In dem mit Wandteppichen geschmückten Saal wurden Tafeln gerichtet, indem man Planken auf Schragen legte und an einer Seite Bänke aufstellte; nur die Vornehmsten saßen auf Stühlen. Tischtücher waren zunächst ein rarer Artikel, der dem Hausherrn und dem edelsten Gast vorbehalten war; später befestigte man am Tisch ringsum ein Tuch, das allen als Serviette diente.

Recht rauh benahm man sich bei Tische vor der Jahrtausendwende, nur die Männerwelt war hier vertreten, und da auch wacker gezecht wurde, kam es häufig zu Streitereien. Für einen Totschlag bei Tisch, der offenbar häufiger vorkam, wurden alle Zechgenossen gemeinsam verantwortlich gemacht, da es aussichtslos erschien, den wirklichen Täter ausfindig zu machen. Bei mehr als sieben Tischgenossen wurde die Tat überhaupt nicht verfolgt. Doch allmählich wurde man gesitteter, zumal als man die Damen zur Tafel hinzuzog, zunächst getrennt sitzend, die Herren auf der einen, die Damen auf der anderen Seite des Saales, doch schließlich fand man seit dem 11. Jahrhundert die bunte Reihe doch angenehmer und ergötzlicher.

Unter Einhaltung eines besonderen Zeremoniells eröffneten auf Geheiß des Hausherrn Fanfaren das Mahl. Am Hofe saßen zunächst Könige und Fürsten mit ihren Gästen an der gleichen Tafel, später wurde es üblich, dem Herrscher einen besonders erhöhten Platz zuzuweisen, der oft auch unter einem Baldachin

---

Oben: *Kyburg bei Winterthur; dorthin kamen die Reichskleinodien nach der Wahl Rudolfs von Habsburg 1273* – Unten: *Trifels/Wasgau, Verwahrungsort der Staufer von 1195–1273; hier die Burgberge Trifels, Anebos und Scharfenberg.*

Folgende Doppelseite:
Ritterliches Festmahl, Von den großen Essern, *Holzschnitt des Petrarca-Meisters, aus Johannes Pauli,* Schimpf und Ernst, *Augsburg 1544.*

stand. Den König bedienten die Inhaber der Hofämter persönlich, der Truchseß, der die Aufsicht über die fürstliche Tafel führte, der Marschall, ursprünglich Aufseher über die Pferde, hernach Chef des Protokolls, der Kämmerer, Vorstand der Hofverwaltung, und der Schenk, der Hofbeamte, dem die Getränke anvertraut waren. Im 14. Jahrhundert wurde es üblich, die Speisen von berittenen Knappen auftragen zu lassen. Pagen brachten Schalen und Wasserkrüge herbei, damit die Gäste, die wohlverstanden nur auf einer Seite der Tafel saßen, die Hände waschen konnten; das Handtuch zum Abtrocknen trug der Page am Hals.

Als Eßwerkzeuge benutzte man Messer, meist Eigentum des Gastes, und Löffel; die Gabel ersetzten die Finger, in zierlicher Haltung mit abgespreiztem kleinen Finger. Gegessen wurde vom blanken Tisch, aus hölzernen oder irdenen Näpfen, später von Zinntellern oder gar von Silber. Die Damen, ihren Verehrern beigesellt, teilten mit diesen Schüssel und Becher. Auf der Tafel stand für alle zugleich ein großes Salzfaß, das besondere Vertrauenspersonen in Verwahrung hatten, um zu vermeiden, daß dem Salz Gift beigemengt werden konnte.

Man benahm sich nach Möglichkeit gesittet, man sollte es tun. Es war z.B. verpönt, mit beiden Händen zu essen, sich die besten Stücke zu nehmen, sich vor dem Trinken über den Mund zu fahren, zu rülpsen, den Nachbarn zu stoßen oder mit vollem Mund zu trinken. Den Damen wurde besondere Zurückhaltung beim Essen, Trinken, Reden und Lachen empfohlen.

So also sahen die strengen Forderungen aus, die jedoch wohl nicht immer beachtet wurden. Mit etwas Phantasie hört man wohl gegenwärtig beim Betreten eines stillen Saales in einer Burg oder Ruine noch den Widerhall dröhnender Fröhlichkeit, schallenden Gelächters untermischt mit dem Quieken und Brummen der Tafelmusik, denn nicht umsonst und ohne Ursache verboten die Tischregeln das, was wohl gang und gäbe war.

Speisefolgen, die in einigen Beispielen überliefert sind, waren zu besonderen Anlässen bei Adel und Bürgern ähnlich. Die Menükarte des aus Anlaß der Einweihung der Stadtpfarrkirche zu Weißenfels am 13. September 1303 gegebenen Festmahls lautete wie folgt: Eiersuppe mit Safran, Pfefferkörnern und Honig darin, Hirse, Gemüse, Schaffleisch mit Zwiebeln, gebratenes Huhn mit Zwetschgen. Stockfisch in Öl mit Rosinen, Bleie in Öl gebacken, gesottener Aal mit Pfeffer, geröstete Bücklinge mit Senf. Sauer ge-

sottener Speisefisch, ein gebackener Parmen, kleine Vögel in Schmalz gebacken mit Rettich, Schweinekeule mit Gurken. Gelbes Schweinefleisch (mit Safran), Eierkuchen mit Honig und Weinbeeren, gebratener Hering, kleine Fische mit Rosinen, kalte Bleie vom Tag zuvor, gebratene Gans mit roten Rüben, gesalzener Hecht mit Peterlin, Salat mit Eiern, Gallert mit Mandeln besetzt.

Das Pfauengelübde

Eine besondere Rolle bei Tafelfesten spielte das Auftragen eines gebratenen großen Vogels, Schwan, Pfau oder Fasan, der jeweils im Federkleid präsentiert wurde. Der Pfau galt nach der Auffassung des frühen Christentums als Paradiesvogel oder als Symbol der Unsterblichkeit. Sein zähes Fleisch wurde daher nur seiner magischen Bedeutung wegen verzehrt. Die Sage überliefert, daß König Artus den Pfau eigenhändig zerlegte, und zwar so geschickt, daß hundertfünfzig Gäste davon gespeist wurden.

Die symbolträchtige Figur des Pfauen führte auch zu skurrilen Bräuchen, wie z.B. dem Pfauengelübde, das Ritter ablegten, um sich selbst zu besonders lebenserschwerenden Verhaltensweisen zu bestimmen, beispielsweise zum Verzicht auf gewisse Speisen oder andere Einschränkungen, auf den Wuchs von Bart und Haar bis zur Erfüllung des Gelübdes. Man legte das Gelübde ab bei Gott und Unserer Lieben Frau, bei den Damen und beim Vogel.

Nach Beendigung des Mahles wurde die Tafel im wahrsten Sinn des Wortes aufgehoben, es wurden die Bretter von den Schragen genommen und beiseite gestellt. Während des Essens unterhielten Musikanten die Gesellschaft mit Fideln und Blasinstrumenten, Dudelsack, Pfeifen und Flöten aller Art, rhythmisch geführt von Pauken und Trommeln, erzeugten sie dröhnende, nicht immer harmonische Klänge; eine Verfeinerung der Hofmusik brachte erst die Renaissance. Doch nicht nur musikalisch, auch durch Rezitation und allerlei artistische Darbietungen bereicherte man das Fest, ganz nach der jeweiligen Kategorie des Hauses.

Oben: Der Koch in seinem Reich, Titelholzschnitt zu Bartolomeo Platina, Von allen Speysen und Gerichten . . ., Augsburg 1531 – Rechts: Rapottenstein, Waldviertel, Burgküche.

Kampf um Burgen

Burgendienst – Wachdienst

Doch zurück zum Burgenleben im Alltag. Es war fast immer ein Dasein in steter Unsicherheit, wie das einer anderen Stelle von Huttens Brief an Pirkheimer zu entnehmen ist. Demnach konnte ein Ritter keinen Schritt vor das Tor einer Burg tun, ohne dabei eines Überfalls gewärtig zu sein. Zwar genossen die Vasallen den Schutz des Landesherrn, doch waren dessen Feinde auch die ihrigen, die allenthalben im Hinterhalt liegen konnten. Infolgedessen bewegte sich der Edelmann nur in Waffen und Rüstung außerhalb seiner Burgmauern, sei es, um zu jagen oder um die unaufhörlichen Streitigkeiten seiner Bauern untereinander sowie mit denen anderer Herrschaften zu schlichten.

Es hieß also wachsam sein, und so war der Wachdienst die Haupttätigkeit des mit der Burghut durch das Vertrauen seines Lehensherrn beauftragten Ritters. Alle Verteidiger, auch die der niederen Dienste, gehörten in der Frühzeit ausnahmslos dem Ritterstand an; sie hatten im Bedarfsfall mit ihren Knechten in der Burg Dienst zu leisten, in erster Linie den Dienst des Türmers, des Wächters auf der Mauer und des Torwächters. Alle Posten mußten rund um die Uhr besetzt sein. Die Zahl der Verteidiger einer durchschnittlichen Burg schwankte in Friedenszeiten zwischen 3 und 20 Mann, in Kriegszeiten wurde die Besatzung um das Drei- bis Fünffache erhöht. Diese Zahlen ermittelte der bekannte Burgenforscher H.

Kunstmann für die bischöflich bambergischen Burgen im 15. Jahrhundert.

Wenn man am frühen Morgen das Burgtor öffnete, so geschah das nach in einer Hausordnung festgelegten Vorsichtsmaßnahmen. Bei Nebel mußte klare Sicht abgewartet werden; war das Tor offen, so hatte der Torwart mit einem Knecht das unmittelbare Vorgelände zu prüfen; drei weitere Knechte besetzten das Tor, man hieß sie bankriesen. Das Öffnen und Schließen des Tores kündete ein Hornruf vom Türmer an. Die Wacheinteilung regelte auch die Teilnahme der Wächter und bankriesen an Mahlzeiten und am Gottesdienst.

Betrachtet man die Verhältnisse auf landesherrlichen Burgen, so waren Aufgaben und Personenstand der Burgbesatzung in der Zeit vom 12. zum 15. Jahrhundert einem stetigen Wandel unterworfen. Die Entwicklung hat sich anscheinend nicht einheitlich vollzogen, es gab vielmehr je nach Objekt und Herrschaft Regelungen von verschiedener Dauer, die nicht klar abzugrenzen sind.

Im 12. Jahrhundert scheint der Dienst auf der Burg eines Landesherrn ein Vertrauensposten gewesen zu sein, der an Ritter, meist aus dem Ministerialenstand, vergeben wurde, als Entlohnung erhielten diese ein Grundstück, ein castellanum beneficium oder area. Dieses Stück Land konnte ein Bauplatz im Bereich der Burg oder ein Acker sein, der Erträge einbrachte.

Es war der Brauch, daß Adlige, denen eine landesherrliche Burg zur Betreuung übergeben war, sich nach der Burg benannten. In der Regel war Wohnpflicht auf der Burg eine Bedingung, gelegentlich hatte der Ritter die Möglichkeit, sich durch einen Kastellan vertreten zu lassen.

Bürresheim/Eifel, besteht aus 2 Teilen, dem Westteil, 12. Jh., mit Bergfried, heute Ruine, und dem zum Schloß ausgebauten 3flügeligen Ostteil, 15./16. Jh., heute Museum.

Im 13. Jahrhundert trat insofern eine Änderung ein, als neben der Entlohnung durch Grund und Boden auch eine solche durch Geld üblich wurde. In Urkunden sind die Ritter im Burgendienst als castellani, castrenses oder burgenses bezeichnet. Bis Ende des Jahrhunderts bzw. bis zum Beginn des 14. Jahrhunderts verschwinden allmählich die Familien, die Burgendienst auf landesherrlichen Burgen übernommen haben, an ihre Stelle tritt nun der Kastellan (castellanus), ein Adliger, als alleiniger militärischer Kommandant.

Man kann von dieser Zeit an castellani älterer und neuerer Ordnung unterscheiden. Die Burgbesatzung bestand nun aus dem Kastellan, den Burgmannen und der niederen Besatzung, wobei der Kastellan stets, die beiden anderen Gruppen entweder einzeln oder nebeneinander anwesend waren.

Burgmannen, in lateinischen Urkunden purchmanni bezeichnet, sind erst im 14. Jahrhundert festzustellen. Ihr Dienst war die Burghut (purchuta), der durch das Burghutrecht geregelt war. Es ersetzte den bislang nach altem Herkommen geschlossenen Kontrakt mit dem zum Burgendienst verpflichteten Ritter. Die Burghut wurde als ein Amt gegen Entlohnung durch Geld abgeleistet. Das Burghutrecht bestimmte u.a. die Wohnpflicht, die Heeresfolge für den Landesherrn, gelegentlich auch die Haltung eines Rosses, um damit der Herrschaft zu dienen.

Für die Gerichtsbarkeit und Verwaltung waren der advocatus (Vogt) und der officiatus (Amtmann) zuständig. Seit dem 15. Jahrhundert war der officiatus zugleich mit den Aufgaben des castellanus betraut. Mit der Einführung nichtadliger Burgbesatzungen kam das Burghutsystem zum Erliegen; zunächst wurden die niederen Dienste durch Söldner ersetzt; als castellanus fungierte weiterhin ein Adliger, der später auch von sich aus die Burgbesatzung anstellte und besoldete.

Waffen und Ausrüstung von Mann und Roß

War so in friedlichen Zeiten der Schutz durch Mauern und Wehranlagen genügend garantiert, so erforderten kriegerische Auseinandersetzungen den persönlichen Einsatz des Mannes zur Bekämpfung eines Gegners. Der Ritter als Berufskrieger bedurfte zur Ausübung seines blutigen Handwerks der Waffen, der Trutzwaffen zur Schädigung oder Vernichtung des Gegners und der Schutzwaffen zur Erhaltung seiner Kampfkraft und Kampffähigkeit. Das menschliche Maß seiner kämpferischen Möglichkeiten erhöhte der Ritter beträchtlich durch den Sitz zu Pferde, der ihm größere Geschwindigkeit, einen erhöhten Stand und damit bessere Übersicht im Kampfgeschehen sowie durch die größere Masse in der Einheit Mann und Roß vermehrte Wucht zu Schlag und Stoß verlieh.

Ziel seiner Erziehung und Ausbildung mußte daher die Beherrschung der Waffen zu Angriff und Abwehr und die sichere Führung des Pferdes auch in schwierigen Situationen sein. Voraussetzungen für den Erfolg waren Körperkraft und Gewandtheit, um auch unter der Belastung des schweren Panzers beweglich und rasch zu reagieren. Der Stoß mit der Lanze mußte sicher geführt, der Schwertstreich des Gegners mit dem Schild oder dem eigenen Schwert pariert und erwidert werden. Seine Trutzwaffen waren das Schwert und die Lanze, später auch Dolch und Kolben.

Das Schwert, Markenzeichen des Rittertums, mit dem umgürtet erst der Knappe zum Ritter wurde, war mit wenigen Veränderungen nach dem Vorbild des germanischen Langschwertes, der Spata, gebildet, seit dem 11. Jahrhundert mit breiter, zweischneidiger Klinge mit abgerundetem oder spitzem Ort, achtzig bis hundert Zentimeter lang mit halbkugeligem oder pilzförmigem Knauf und gerader Parierstange. Eine neue Knaufform, der Scheibenknauf, wird im 13. Jahrhundert üblich. Im 14. Jahrhundert kam dann neben dem Breitschwert eine ausgesprochene Stoßwaffe mit schmälerer, spitz zulaufender Klinge in Gebrauch.

Der Ruhm hervorragender Schwerter ist in Sagen und Epen oft besungen, gepriesen wird ihre Härte und Schärfe, die Stählung, die zuweilen durch Zauberkunst und Magie erreicht wurde. In der »Edda« spricht Schirner, der Schuhdiener des Freys, als ihm die Brautwerbung um Gerda in Jotenheim, der Heimat der Riesen, aufgetragen ist, zu diesem: »Leih mir dein Roß durch der rauchigen Lohe Zauber zu zieh'n – und wider die Sippschaft der Riesen das selber sich schwingende Schwert.« Das im »Rolandslied« gepriesene Schwert Ganelons namens Mulagir schmiedete der Schmied Madelger, zu dessen Ahnen der mythische Wieland zählte, der wiederum aus dem Geschlecht des Riesen Wate stammte. Wieland hatte seine Kunst bei Mime im Frankenland erlernt, er hatte sein Handwerk ferner bei Zwergen im Berge Glockensachsen vervollkommnet. In der Figur des lahmen Schmiedes Wieland wiederholen sich die klassischen Gestalten des hinkenden Hephästos und des Dädalos, der sich wie Wieland ein Paar Schwingen zur Flucht schmiedete.

Zu den berühmtesten Schwertern des Mittelalters zählte das zu den Reichsinsignien gehörige Zeremonienschwert, das Kaiser Friedrich II. anläßlich seiner Krönung 1220 trug. Sein Griff und die Scheide sind sizilianisch-sarazenische Arbeit. Kaiser Karl IV. ließ 1355 den Knauf mit dem Reichsadler und dem böhmischen Löwen hinzufügen.

Tiefe Symbolik ist bis zur Gegenwart mit dem Schwert verbunden, es gilt als Zeichen des Rechts, der Rechtsprechung und der Herrschaft. So war es nicht ein Gegenstand schlechthin, sondern ein solcher, der Würde verlieh und Ehrung genoß, eine Waffe, die als Erbschwert vom Vater auf den Sohn weitergegeben wurde, die dementsprechend auch mit Schmuck und Zier bereichert wurde.

Die zweite wichtige Waffe war die Lanze, eine geschmiedete Spitze am hölzernen Schaft, gelegentlich mit einem Fähnchen geziert, eine der ältesten Waffen in Menschenhand, die auch wohl als erste Symbolbedeutung gewann. Mit der Lanze in der Hand erscheinen die frühen deutschen Könige auf ihren Siegelbildern, mit der Lanze übertrugen sie Macht an ihre Vasallen. Wie das Schwert gehörte auch die heilige Lanze – sie wurde als Lanze des Longinus, mit der dieser Christus am Kreuz die Seite geöffnet hatte, ausgegeben – zu den Reichsinsignien. Sie war ein Produkt des 7. oder 8. Jahrhunderts und wurde im 10. Jahrhundert unter König Heinrich I. aus dem burgundischen Kronschatz übernommen.

Vom 11. bis 13. Jahrhundert verwendete man die mannshohe Lanze, den Spieß, als Waffe zu Wurf und Stoß, später mit verlängertem Schaft, zunächst auf 3, dann gar auf 5 Meter, nurmehr zum Stoß.

Seit etwa 1200 gehört auch der Dolch zur ständigen Bewaffnung des Ritters, zunächst in der Form des ein- oder zweischneidigen Dolchmessers, später als Waffe im Fußkampf in verschiedenen Formen.

Wie man auf dem Wandteppich von Bayeux sieht, war auch bereits im 11. Jahrhundert die Keule als Waffe gebräuchlich, allerdings wurde sie dazumal nur vom Herzog und vom Bischof geführt, denen es nicht gestattet war, mit dem Schwert Blut zu vergießen. Mit Pfeil und Bogen zu kämpfen, war zunächst eines Ritters unwürdig, diese Waffe blieb in den Händen des Fußvolkes. Als jedoch die Ritter im 15. Jahrhundert vom Pferd stiegen, um zu Fuß zu kämpfen, nahmen sie auch die Armbrust als mechanisierten Bogen in Gebrauch.

Die Schutzwaffen des Ritters waren der Panzer, der den Leib umschloß, der Helm zum Schutze des Kopfes und der Schild als Werkzeug der Abwehr. Stärker als die Trutzwaffen war diese Waffengattung Änderungen unterworfen, die in der Erfahrung, der fortschreitenden Technik und im Wechsel der Mode begründet waren.

Die Grundlage bildete das Kettenhemd mit Kapuze und Hose, das über einem leinenen oder wollenen Unterkleid getragen wurde, eine Schutzhaut aus Ringgeflecht, vermutlich bereits in der Antike bekannt. Darüber lag der lederne, mit Platten, Spangen oder Ringen besetzte Brustpanzer, der Harnisch. Das Obergewand, der Waffenrock, war oft in den Wappenfarben gehalten, mit Ornamenten und Wappenstickereien reich dekoriert. Nach 1200 verstärkte man den Kettenpanzer an Ellbogen und Knien sowie durch Arm- und Beinschienen aus Leder. Auch der Harnisch wurde durch auf die Lederunterlage aufgenietete Ringe zweckmäßiger und geschlossener gehalten. Von etwa 1350 an trug der Ritter ein Kettenhemd aus feinerem Geflecht. Statt mit Harnisch und Waffenrock bekleidete er den Oberkörper mit einem durch innen eingefügte Eisenplättchen versteiften Lederwams, dem Lentner, der auch den Unterleib bis zu den Oberschenkeln schützte. Zusätzliche Eisenteile wie Brust- und Rückenplatten aus gewölbtem Blech, mit Schnallen verbunden, ein Halsschutz (Halsberge) aus Kettengeflecht oder Leder, Schienen und Kacheln für die Glieder und Gelenke, auch lederne Handschuhe mit Eisenteilen und Stulpen vervollständigten in dieser Epoche den Körperschutz, bis dann am Ende des 14. Jahrhunderts im Plattenharnisch, der soliden Verbindung aller Einzelteile, die endgültige, der Bewaffnung und Kriegführung dieser Zeit am besten entsprechende Form entwickelt war.

Für die jeweilige Epoche charakteristisch und darum als Datierungskriterium einer Ritterdarstellung besonders geeignet ist der Helm, ein Stück der Schutzbekleidung, das seit grauer Vorzeit bis zur Gegenwart unentbehrliches Requisit des Kriegers war.

Im 11. Jahrhundert löste der spitze, konische Helm, wie wir ihn von den Darstellungen auf dem Wandteppich von Bayeux kennen, den Spangenhelm der Völkerwanderungszeit ab. Daneben gab es auch eine zylindrisch bekuppelte Form; beide waren mit einem verstellbaren Naseneisen zum Schutz des Gesichts ausgestattet. Seltener war in dieser Zeit der Eisenhut, eine runde Blechkappe mit schmaler Krempe. Seit 1200 kam der Topf- oder Kübelhelm in Gebrauch, eine

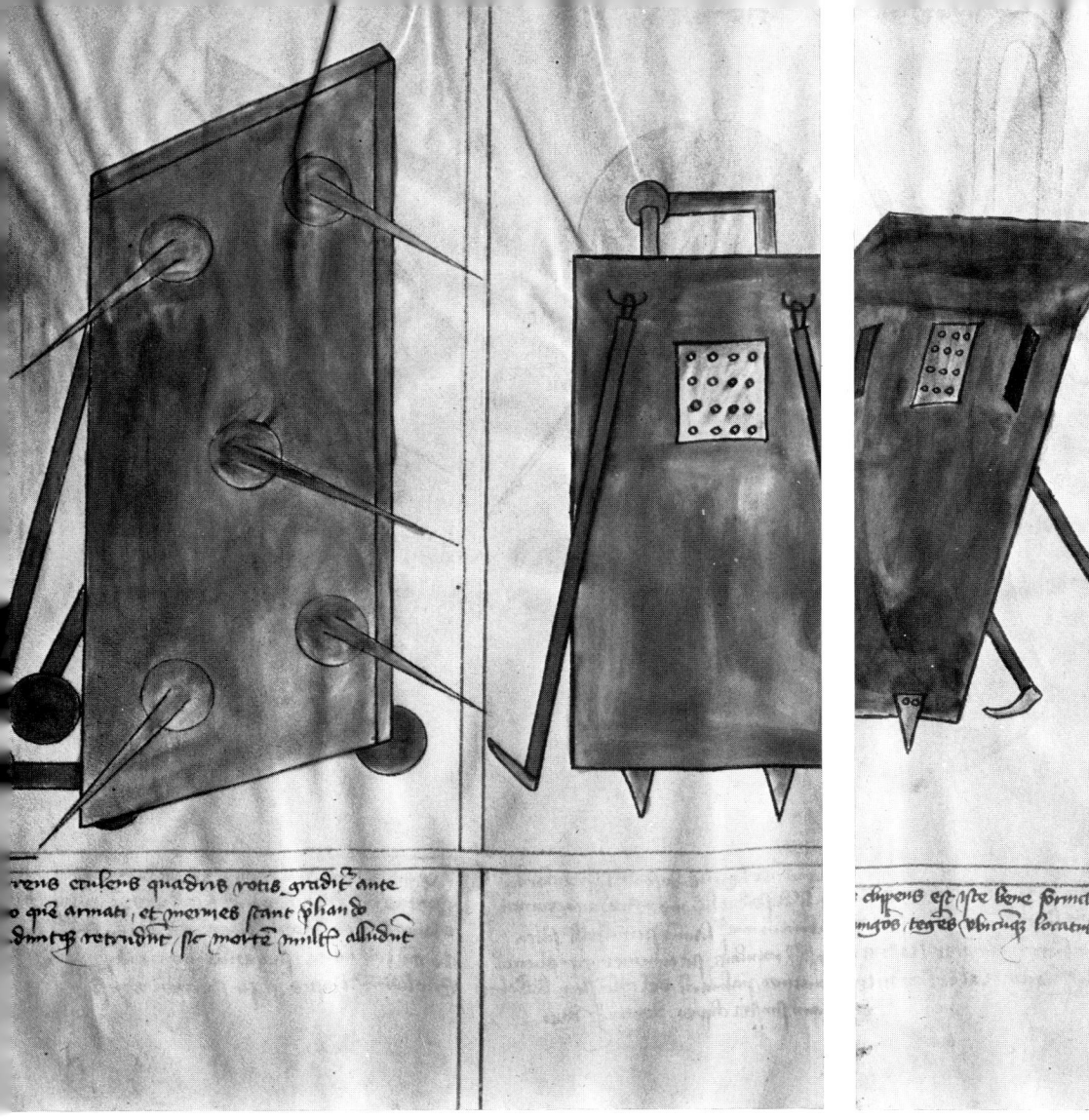

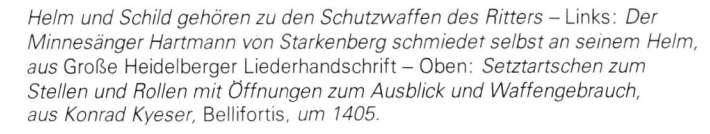

Helm und Schild gehören zu den Schutzwaffen des Ritters – Links: *Der Minnesänger Hartmann von Starkenberg schmiedet selbst an seinem Helm, aus* Große Heidelberger Liederhandschrift – Oben: *Setztartschen zum Stellen und Rollen mit Öffnungen zum Ausblick und Waffengebrauch, aus Konrad Kyeser, Bellifortis, um 1405.*

zylindrische oder leicht konische, oben platt oder gewölbt geschlossene Blechhülle mit einem Sehschlitz oder beweglichem Visier, die auf den Schultern aufsaß. Der Topfhelm war meistens aus mehreren Platten vernietet und mit einem Kreuzloch zur Befestigung am Panzer versehen. Als Turnierhelm getragen, wurde dieser noch durch das Zimier bereichert und verziert, dem aus Holz geschnitzten oder aus Leder geformten, bemalten Wappensymbol des Ritters. Unter dem Helm wurde als unmittelbarer Kopfschutz eine Haube aus Eisenblech oder Leder getragen, später auch die Beckenhaube, die das Gesicht auch seitlich schützte.

Zum Plattenharnisch zu Ende des 14. Jahrhunderts gehörte als Kopfschutz die Hundsgugel, ein Helm mit aufschlächtigem, in Form einer Hundeschnauze vorgetriebenem Visier zum Anhängen an die Helmglocke.

Zur Abwehr von Schlägen und Hieben diente der Schild, in der Frühzeit fast mannshoch, später meist in Dreiecksform, oben gerundet, unten spitz, aus mehreren Holzlagen mit Lederüberzug und Eisenbeschlag. Als die Panzerung verbessert wurde, erübrigte sich der Schild in der hergebrachten Form. Im 15. Jahrhundert kam die Pavese, der Setzschild, in Gebrauch, eine schwere, oben gerade geschlossene, unten korbbogige, mit einem eisernen Sporn zum Einstoßen in den Boden versehene, beschlagene, gewölbte Holzplatte, mit der, in der Mehrzahl verwendet, eine tragbare Schutzwand erstellt werden konnte.

Nicht gerade eben zu den Trutzwaffen, immerhin aber zur charakteristischen Ausrüstung des Ritters gehörten die Sporen, die ihm bei der Schwertleite angelegt wurden. Sie waren entweder als Radsporen oder Stachelsporen mit geradem Hals und abgewinkeltem Bügel ausgebildet.

Endlich sollte wie der Mann so auch das Roß geschützt, geschmückt und zum Einsatz im Kampf ausgerüstet sein. Der Ritter saß darauf zunächst im 12. Jahrhundert auf einem flachen Sattel. Um den Sitz zu verbessern und dem Reiter in den Hüften mehr Halt zu geben, fügte man hinten einen Sattelbogen und vorn einen Knauf hinzu. Zum Halt der bespornten Füße dienten die an Riemen hängenden Steigbügel. Zur Zierde und zum Schutze des Tierkörpers umhüllte diesen eine in den Wappenfarben gehaltene Decke, die auch zuweilen mit Ringen und Plättchen belegt war; den Kopf des Pferdes schützte im 15. Jahrhundert eine kunstvoll gearbeitete Roßstirne.

Verteidigung der Burg

Erforderte der Kampf den Schutz und Trutz für Mann und Roß, so war dessen in gleicher Weise das Haus, die Burg, bedürftig. Die wichtigste Vorbereitung für das erfolgreiche Überdauern einer Belagerung bestand in der Bevorratung mit Nahrungsmitteln und Wasser sowie in der Bereitstellung von Kampfmitteln wie Steine, Pfeile, Öl, Pech, Bauholz usw. Der passive Schutz durch Bauteile und technischen Einrichtungen wurde bereits beim Rundgang durch unsere Idealburg beschrieben, daneben gab es jedoch auch ortsfeste Waffen und Vorkehrungen, die der aktiven Verteidigung dienten.

Seit der Antike verwendeten Belagerer und Belagerte Kriegsmaschinen, im Mittelalter hieß man sie das Antwerk. Soweit einzelne Typen auf Burgen verwendet werden konnten, sollen sie hier kurz benannt werden; das ganze Arsenal dieser mechanischen Geschütze, ihre Funktion und Wirkungsweise, wird bei Schilderungen der Belagerung einer Burg im einzelnen vorgeführt werden. Auf der Wehrplatte des Bergfrieds oder des Torturms oder auf sonstigen Terrassen konnten nach dem Abwurf der Dächer entweder eine Pretaria, ein Hagelgeschütz, das mehrere Steine gleichzeitig im Bogenwurf schleuderte, oder ein Schußzeug wie die Balliste oder die Standarmbrust, die durch Bogen und Sehne Steinkugeln bzw. Pfeile und Speere abschießen konnten, aufgestellt werden. Die Verwendung von Wurfmaschinen in Burgen bezeugen Darstellungen in den »Annales Januenses« um 1227.

Zur Bekämpfung des bis an den Mauerfuß vorgedrungenen Feindes dienten zunächst Pfeil und Bogen, dann die Armbrust, die aus flankierenden Bauteilen oder aus Zinnenlücken im Schutze von Klappläden oder Holzschirmen abgeschossen wurden. Drei Arten von Armbrüsten sind zu unterscheiden: Die Wind- oder Turmarmbrust, auch Karrenarmbrust, Ribald oder Spingarde; die Ruck- oder zweifüßige, weil mit beiden Füßen zu spannende Armbrust und schließlich die Stegreif- oder einfüßige Armbrust. Zum Spannen bediente sich der Schütze des Hakens, der als Hebel wirkenden Wippe oder einer Winde nach Art unseres Wagenhebers.

Aus Gußerkern und Gußlochreihen (Maschikulis) konnte man Steine auf den Gegner werfen oder ihn mit kochendem Wasser, siedendem Öl oder Pech übergießen. Auf den Wehrgängen lagen Stangen und

Haken bereit, um die von den Angreifern herangeschobenen Schutzbauten und Türme zu fassen und nach Möglichkeit umzustürzen. Um das Ersteigen der Mauern zu erschweren, wurden gelegentlich Balken an Ketten oder Seilen vor die Mauer gehängt, die von Mannschaften auf der Mauer aufgezogen und niedergelassen werden konnten, um das Anlegen von Leitern zu verhindern.

Sobald das Schießpulver erfunden worden war und als Treibsatz in Geschützen verwendet wurde, machten sich seit dem frühen 15. Jahrhundert auch die Verteidiger diese Kampfesweise zunutze. Die älteste, zu diesem Zweck taugliche Feuerwaffe mit Zielgenauigkeit war die Hakenbüchse. Ihren Namen hatte sie von einem Haken an der Unterseite des Laufes, der zum Auflegen und zum Abfangen des Rückstoßes diente. Etwas größere Doppelhaken waren auf Böcken montiert; sie konnten bis zu fünfzehn Kilo schwere Stein-, Blei- oder Eisenkugeln verschießen. Außer diesen beiden Feuerrohren konnten auf Wehrgängen und Söllern, auf Plattformen, in besonderen Geschütztürmen Kartaunen, Steinbüchsen, Falkonette, Schlangen oder Schlänglein stehen und die Verteidigung nachhaltig unterstützen. Daß endlich die Burgen in diesem ungleichen Kampf unterlagen, war die Folge der ursprünglich auf andere Kampfmittel abgestellten Konzeption des Bauwerks und seiner Abmessungen.

Belagerung der Burg, das Antwerk

Wechseln wir nun zur Gegenseite, um zu erörtern, mit welchen Methoden und Mitteln es möglich war, einen festen Platz zu erobern. Ein solches Unterfangen mußte darauf gerichtet sein, die natürlichen Hindernisse zu überwinden und die künstlichen zu zerstören und unbrauchbar zu machen. Wie im einzelnen zu verfahren war, ergab sich aus der Lage der Burg, der Art des Untergrundes und der allgemeinen Kriegslage. Ohne diese Voraussetzungen zu berücksichtigen, sollen alle möglichen Maßnahmen besprochen werden, die Belagerer anwenden konnten, um den Innenraum der Burg in ihre Gewalt zu bekommen.

Kenntnis von solchen Vorgängen vermitteln Chroniken, Lehrschriften und zeitgenössische Darstellungen seit dem 12. Jahrhundert. Von früheren Belagerungen, die sicher stattgefunden haben, wird nur spärlich berichtet. Erst seit der Belebung der Belagerungskunst durch die in den Kreuzzügen gemachten Erfahrungen werden die Berichte häufiger und genauer. Die Kenntnisse vom Kriegswesen seiner Zeit vermittelte Kardinal Egidio de Colonna, Erzbischof von Bourges, ein Schüler des hl. Thomas von Aquin, in seinem um 1280 für Philipp den Schönen verfaßten Werk »De regimine principum libri tres« der Nachwelt. In den sieben, dem Belagerungskrieg gewidmeten Kapiteln gibt der Autor grundsätzliche Regeln zur Eroberung eines festen Platzes und Beschreibung der hierzu verwendeten Kriegsmaschinen.

Die Eroberung einer Burg konnte im Handstreich durch Überraschung gelingen, wenn ein Stoßtrupp sich des Tores bemächtigen konnte oder wenn es einigen geschickten Kriegern gelang, an einer unbewachten Stelle die Mauer zu erklimmen und nach der Überwältigung der Torwächter den ihren das Tor von innen zu öffnen. Schlug die Überrumpelung fehl, so wurde zunächst die Burg eingeschlossen und von allen Versorgungsmöglichkeiten abgeschnitten, um die Verteidiger durch Hunger und Entbehrung zur Übergabe zu zwingen. Dann galt es, das Vorgelände für die Erstürmung durch einen großen Heerhaufen geeignet zu machen. Hecken und Palisaden waren zu beseitigen, Fall- oder Wolfsgruben mit gespitzten Pfählen aufzuspüren und mit Erde zu füllen, Fußangeln und Lähmesien, gespitze Tetraeder, die die Burgmannen im Gelände verstreut hatten, einzusammeln, endlich mußte man versuchen, den oder die Gräben einzufüllen und die Wälle einzuebenen. Auf diesem vorbereiteten Terrain konnte das Antwerk aufgestellt bzw. aufgefahren werden.

Es galt, die Zwingermauer und die Ringmauer oder das Tor zu zerstören, eine Bresche zu legen. Das mechanische Gerät, dessen Bezeichnungen und Beschreibungen bei einzelnen Autoren verschieden lauten und unterschiedlich gedeutet sind, kann in drei Gruppen eingeteilt werden. 1. in das Stoßzeug zum Mauerbrechen (machinae oppugnatoriae), 2. in das Schuß- und Wurfzeug (machinae jaculatoriae) und 3. in Deckzeug und Türme (machinae tectoniae).

Zur ersten Gruppe gehört der Widder, ein Balkengerüst aus Spreizstützen, zwischen denen an Ketten horizontal hängend ein mit einem erzenen oder bronzenen Widderkopf versehener Rammbaum pendelte. Die Mannschaft, die den Baum im Takt zu bewegen hatte, stand unter dem Gerüst; mit Tierhäuten bedeckte Bretterlagen schützten sie gegen Wurf und Schuß. In erster Linie wurde der Sturmbock oder die

Ramme gegen die Torflügel eingesetzt; Voraussetzung war eine provisorische Wiederherstellung der aufgezogenen Brücke, wenn es nicht gelungen war, diese mit Haken wieder herunterzuziehen. Tarant und Krebs, Mauerbrecher und Bohrmaschinen dienten dazu, Quader aus der Ringmauer oder aus dem Turmmauerwerk zu brechen. Zu diesem Zwecke waren die Köpfe an Balken, die in Gestellen oder Seilzüge rotierten, als stählerne Gabeln oder in Form von Schraubenbohrern gebildet. Beide Werkzeuge konnten mit ihrem notwendigen Gestell nur im Schutze fahrbarer Holzhütten auf starken Bohlen angesetzt werden, sogenannten Schildkröten oder Katzen, die zum Deckzeug zu rechnen sind.

Die zweite Gruppe ist in zwei Abteilungen zu gliedern, in Maschinen, die mit Bogenspannung Projektile rasant verschossen, die Balliste, die Standarmbrust und die Rutte; gelegentlich wird auch die Mange dazugerechnet; zum anderen in solche, die durch Gegengewicht, Menschenkraft oder Torsion, im Bogenwurf Geschosse schleudern konnten, wie Tribok, Blide und, als einer Summierung der beiden, das Tripantium, und endlich die Pretaria, das hohe Gewerfe, und Mange und Matafunde, das niedere Gewerfe.

Balliste, auch Ballester oder Katapult genannt, ebenso die Standarmbrust waren überdimensionale Ausführungen der Armbrust auf festem oder fahrbarem Gestell. Während mit der Balliste Steinkugeln verschossen wurden, konnte man in der Standarmbrust Pfeile und kurze Speere abschießen. Die letzteren verwendete man häufig auch zum Transport von Brandsätzen, um die Dächer der Burggebäude in Brand zu setzen. Beliebt war die Verwendung des griechischen Feuers, das mit Wasser nicht zu löschen war.

Die Rutte hatte ein anderes Konstruktionsprinzip, hier diente die Spannkraft elastischer, in Form einer Wagenfeder fest verbundener Lamellen aus biegsamem Material, die mit Seilen über Rollen zurückgebogen, dann durch Lösung einer Kupplung vorgeschnellt wurden, als Antrieb für die in Halterungen locker liegenden Kurzspeere. Es konnten derer nur einer, aber auch mehrere zugleich sein, die dann verschiedene Wurfweiten hatten.

Die Wirkungsweise des Wurfzeugs beruhte auf der raschen Schwenkung eines langen, um eine Achse drehbaren Hebels, an dessen kurzem Ende ein Gegengewicht als Kraft wirkte, an dessen langem Arm als Abwurfvorrichtung eine Gabel, ein Löffel oder eine Schleuder angebracht war. Mit festem Gegengewicht, einem Stein, Sandkasten oder Bleiklotz wirkte

der Tribok, die Blide hingegen mit beweglichem Gegengewicht. Mit Menschenkraft – bis zu 100 Mann – arbeitete die Pretaria.

Die einzelnen Systeme unterschieden sich durch Zielgenauigkeit, leichtere oder umständlichere Handhabung und Häufigkeit der Schußfolge. Das feste, gleichmäßig wirkende Gegengewicht garantierte die beste Treffsicherheit; Fehler waren durch die Änderung des Abstandes oder die Verwendung schwererer oder leichterer Gewichte zu korrigieren. Das bewegliche Gegengewicht erlaubte größere Wurfweiten auf Kosten der Genauigkeit, die mit Menschenkraft betriebene Maschine erbrachte eine erhöhte Einsatzbereitschaft. Um die erwünschte Wirkung zu erzielen, mußte eine Beschießung pausenlos bei Tag und Nacht durchgeführt werden; zur besseren Beobachtung der Treffer wurden nachts brennende Gegenstände an den Geschossen befestigt.

Über die Zielgenauigkeit und Wurfweiten der mittelalterlichen Maschinen hat man in der Neuzeit Berechnungen und Versuche angestellt, durch die zeitgenössische Angaben vollauf bestätigt wurden. Um nur einige Beispiele zu nennen, sei vermerkt, daß bei der Belagerung von Zara 1346 Steine von 3000 Pfund geschleudert wurden, daß die Berner 1388 mit fünf Triböken Felsblöcke von zwölf Zentnern in die Stadt Niedau warfen. Insbesondere haben sich französische Militärs für die mittelalterliche Schießkunst interessiert; General Dufour stellte fest, daß mit einem Werfzeug mit acht Meter langem Hebel, durch die Achse in Arme von zwei und sechs Meter geteilt, bei einem Gegengewicht von 3000 Kilo eine 100 Kilo schwere Steinkugel 76 Meter weit geschleudert werden konnte. Mit einem Tribok mit 10,30 Meter langem Hebel experimentierte General Favè 1849; er erzielte bei einem Gegengewicht von 4500 Kilo mit einer 24pfündigen Kugel eine Weite von 175 Metern. Versuche, die Kaiser Napoleon III. anstellen ließ, ergaben für einen Tribok mit 16,5 Meter langem Hebel bei einem Gegengewicht von 16400 Kilo die Schußweite von 70 Metern für einen 1400 Kilo schweren Stein. Bedenkt man, daß Ringmauern meist nur eine Stärke von einem bis anderthalb Meter hatten, so ist ein-

Churburg/Vintschgau, Rüstkammer – Links: Reiterharnisch Jakobs VI. Trapp, von Jörg Seusenhofer, Innsbruck, um 1550 – Rechts: Harnische von Knechten des Trappischen Eigengerichts in Matsch, 2. H. 16. Jh.

Folgende Doppelseite:
Churburg/Vintschgau, Rüstkammer – Links: Landsknechtsharnisch, deutsch 1550–1560 – Rechts: Harnisch des Vogtes Ulrich IV. von Matsch, Hundsgugel, Bruststück, Armzeug und Handschuhe, ca. 1390.

leuchtend, daß der durch die Schwerkraft noch verstärkte Aufprall einer derartigen Steinmasse verheerend wirken konnte. Jedoch nicht nur mauerbrechende Felsklötze und Steinkugeln wurden gegen die Burg geschleudert, es gab bereits auch eine Art von Giftgas- und Bakterienkampfmittel in Gestalt von mit Kot gefüllten Fässern, Tierkadavern, Menschenleichen, lebenden Gefangenen oder Bienenkörben. Besonders gefährlich waren Brandsätze in eisernen Kugeln oder in glühend gemachten Ölfässern, insbesondere aber das vorerwähnte griechische Feuer, das bereits im 7. Jahrhundert von Callinicus, einem Ingenieur aus Heliopolis in Syrien, erfunden wurde. Erstmals kam es in der Seeschlacht Kaiser Konstantin Pogonatos' (668–685) gegen die Sarazenen zur Anwendung. Das griechische Feuer, das auch im Wasser brannte und sich rasch nach allen Seiten verbreitete, bestand aus einer Emulsion von Kohle, Schwefel, Petroleum, Pech, Harz und anderen Materialien, und es war nur durch eine Mischung von Weinessig, Urin und Sand zu löschen. Die Kreuzfahrer machten in Syrien und Palästina Bekanntschaft mit diesem furchtbaren Kampfmittel; sie verwendeten es später auch bei Belagerungen in der Heimat.

Wo nun der ungünstigen geographischen Lage halber, z. B. bei Gipfelburgen, das Wurf- und Schießzeug wirkungslos blieb oder gar nicht verwendet werden konnte, mußten andere Mittel erdacht und angewendet werden. Die Belagerer konnten Minen, unterirdische Stollen, bis unter die Fundamente der Ringmauer vortreiben, diese zu Höhlen erweitern, mit Zimmerwerk versteifen und mit Brandmaterial füllen. Bemerkten die Belagerten, etwa durch Beobachtung des Abtransports von Erdaushub, das Beginnen des Feindes, so konnten sie dem durch Anlage von Gegenminen begegnen, durch die entweder der Feind vertrieben wurde oder im gleichen Verfahren in entgegengesetzter Richtung Wurfgeschütze und Wandeltürme umgestürzt werden konnten. Gelang der Plan der Belagerer, so wurde das Brennmaterial unter der Mauer in eben dem Zeitpunkt entzündet, wenn der Sturm von außen begann. Durch das in den ausgebrannten Hohlraum stürzende Mauerstück entstand eine Bresche, durch die der Feind in die Burg eindringen konnte.

Um unmittelbar am Fuße der Mauer arbeiten zu können, nachdem diese durch andere Mittel nicht zerstört worden war, mußte zunächst der Graben gefüllt wer-

den. Die Männer, die sich danach mit allerlei Werkzeug an die Zerstörung machten, gebrauchten als Deckung fahrbare Schutzhäuser, Katzen, oder eine über den Graben gebaute Laufhalle. Von den Rammen, dem Widder, den Mauerbrechern und Bohrern war bereits die Rede; zum Angriff auf den Wehrgang auf der Mauerkrone diente der Wandelturm oder Ebenhoch, ein fahrbares Holzgerüst in mehreren Stockwerken, die durch Leitern verbunden waren und von dessen oberer Plattform eine Schlagbrücke auf den Wehrgang geworfen werden konnte. Bei der Eroberung von Jerusalem 1099 bedienten sich die Kreuzritter solcher Bauwerke mit Erfolg. Der Einsatz dieser Türme bedurfte umständlicher Vorarbeiten; vor allem mußte eine Fahrbahn aus Bohlen bis unmittelbar an die Mauer gelegt werden, die der wiederholten Zerstörung durch die Verteidiger unmittelbar ausgesetzt war. Den Turm selbst schützten die Angreifer durch Verkleidung mit nassen Tierhäuten gegen Brandgeschosse.

Die Fälle, in denen Burgen einer Belagerung unter Einsatz des Antwerks widerstanden, sind weit geringer als die, bei denen die Angreifer, wenn auch zuweilen erst nach langer Dauer, ihr Ziel erreichten. Was die Kampfmittel nicht vermochten, bewirkten öfter Nahrungsmangel und Verzagtheit. Völlig hoffnungslos wurde die Lage nach der Erfindung des Schießpulvers und seiner Verwendung in Feuergeschützen. Die ersten Metallgeschütze, die schmiedeeiserne Kugeln verschießen konnten, wurden 1326 in Florenz hergestellt, für Deutschland ist der erste Einsatz des Geschützes bei der Belagerung von Burg und Stadt Meersburg durch Kaiser Ludwig von Bayern 1334 urkundlich bezeugt. Letzten Endes wurde bei Artillerieeinsatz die Verteidigung einer Burg sinnlos; bis dahin jedoch waren Ausrüstung und Verpflegung, Zahl und Moral der Mannschaft sowie die Entschlossenheit des Kommandanten für die erfolgreiche Verteidigung einer Burg ausschlaggebend gewesen.

Von Feuergeschützen

Die Verwendung von Feuergeschützen bei Belagerungen löste die gewohnte Arbeit mit Wurfmaschinen keineswegs mit einem Schlage ab. Der Übergang vollzog sich vielmehr ganz allmählich, und gelegentlich wurden beide Waffengattungen noch bis zur Mitte des 15. Jahrhunderts nebeneinander verwendet. Die ersten Steinbüchsen, wie die neue Feuerwaffe genannt wurde, mögen flaschenförmige, wohl aus Metall gegossene Gefäße gewesen sein. Die früheste bekannte Darstellung in einem englischen Manuskript des Walter de Milimete, »De Nobilitatibus Sapientiis et Prudenciis Regum«, das 1326 König Eduard III. gewidmet wurde, zeigt einen Krieger, der eine brennende Lunte an das Zündloch einer solchen Feuerflasche hält, aus deren Hals als Geschoß ein großer Pfeil herausragt. Bald jedoch scheint man zur Verwendung von Rohren übergegangen zu sein. Anfangs waren diese aus geschmiedeten, im Kreis aneinandergefügten, konischen, von Ringen umklammerten Bandeisen gebildet. In Edinburgh und in Gent sind solche Kanonen erhalten. Jedoch schon bald verwendete man gegossene Rohre, in einer Technik hergestellt, die bereits vom Glockenguß her bekannt und geübt war. Als Material wurden Eisen und Bronze verwendet. Alle frühen Geschütze waren Vorderlader, doch bereits im 15. Jahrhundert benutzte man Konstruktionen, bei denen die Treibladung entweder am Ende des Rohres eingesetzt oder angefügt und verklammert wurde. Nachdem zunächst nur sehr große Geschütze verwendet worden waren, entwickelte man, den verschiedenen Anforderungen entsprechend, auch kleinere Geschütze, die leichter zu transportieren waren. Bereits im späten 15. Jahrhundert gab es ein reiches Artillerie-Arsenal von Scharfmetzen, Quarten oder Nachtigallen, von Notschlangen, Feldschlangen, Halbschlangen, Falkonetts, Falkonen, Haufnitzen, Wagenbüchsen, Bock-, Not-, Zentner- und Ringelbüchsen, Mörsern, Wurfkesseln, Böllern, Rollern und Orgelgeschützen. Neben der effektiven zerstörenden Wirkung der mauerbrechenden Flachschüsse war auch das psychologische Moment durch die Schreckwirkung von Donner, Blitz und Rauch auf die Beschossenen nicht zu unterschätzen. Es genügten zuweilen wenige Schüsse, um die Moral der Verteidiger oder des Gegners im Felde so zu erschüttern, daß Übergabe und Flucht unmittelbare Folgen waren. Im übrigen war zumindest in der Frühzeit der Artillerie das Abfeuern eines Geschützes auch für den Feuerwerker oder Büchsenmeister nicht ganz gefahrlos. Zuweilen überließ man daher dies riskante Geschäft auch Gefangenen als unfreiwilligen Kanonieren.

Landsknechte erstürmen eine Burg. Holzschnitt aus Johannes Stumpf, Gemeiner loblicher Eydgnoschafft . . . Beschreybung, Zürich 1548, Bd. 1, P. 114 recto.

Theoretiker der Kriegskunst

Je mehr die Kriegsführung zu einer Kriegskunst wurde, beschäftigte sie auch Theoretiker. Bereits im Altertum war das Kriegswesen Gegenstand literarischer Untersuchungen gewesen; auf solchen Werken fußend, kam es im späten Mittelalter zu einer erstaunlichen Blüte kriegstheoretischer Arbeiten. Bei der Anlage von Büchersammlungen legte man Wert auf Übersetzungen griechischer und lateinischer Autoren der Kriegswissenschaft. Das grundlegende lateinische Werk war das 10. Buch von M. Vitruvius Pollios »De architectura libri X ad Caesarem Augustum«. Vitruv, ein römischer Kriegsingenieur unter Cäsar, leitete die Werkstätten zur Herstellung von Kriegsmaschinen; dies Buch ist der Poliorketik, der Belagerungskunst, gewidmet und enthält Beschreibungen aller Kriegsmaschinen und -werkzeuge. Die Originalzeichnungen gingen verloren. Die deutsche Übersetzung von Rivius (Ryff) erschien 1548 in Würzburg. Als zweiter Autor des Altertums fand Flavius Vegetius Renatus mit seinem Werk »Epitoma rei militaris« große Beachtung. Vegetius (Vegez) lebte wohl zur Zeit Kaiser Theodosius d. Gr. (379–395), ihm widmete er seine Arbeit. Das Werk wurde vielfach abgeschrieben und im Jahre 450 von Flavius Eutropius zu Konstantinopel ergänzt.

Die in diesen Werken aufgezeichneten Anweisungen und Beschreibungen zur erfolgreichen Kriegsführung, in Sonderheit der Belagerung von Städten und Burgen, wurde für deutsche Interessenten zunächst in einer Reihe von kriegswissenschaftlichen Bilderhandschriften zugänglich. Max Jähns hat sie in seinem großen Werk »Geschichte der Kriegswissenschaft« vollständig aufgeführt. Zu den interessantesten unter diesen Handschriften gehören Konrad Kyesers »Bellifortis« und das »Mittelalterliche Hausbuch« der Grafen Waldburg-Wolfegg.

Kyeser, wohl ein studierter Mediziner, bewährte sich in Kriegs- und diplomatischen Diensten als Gefolgsmann Herzog Stephans III., des Kneissel, von Bayern-Ingolstadt in Italien. Die Teilnahme an der Schlacht von Nikopolis am 28. September 1396, in der das Christenheer von den Türken vernichtend geschlagen wurde, geriet ihm zum traurigen Schicksal. Unter dem Vorwurf feiger Flucht – die er stets bestritt – wurde er nach Böhmen verbannt. Diesen Zwangsaufenthalt benutzte er, um von 1402 bis 1405 sein Werk »Bellifortis« abzufassen und mit Illustrationen versehen zu lassen. Diese Handschrift ist nicht nur der mitgeteilten kriegstechnischen Anweisungen und Mittel wegen von Bedeutung, sondern vor allem deshalb, weil der Text in einer Mischung von Wissenschaft, technischer Präzision, von Aberglauben, Zauberei und Mystizismus als Spiegel des Geistes und Ungeistes jener Zeit gelten kann. Das Inhaltsverzeichnis erfaßt u. a. folgende Kapitel: Planetenbilder, Angriffswaffen für den Festungskrieg, Wassertechnik, Steiggeräte, Werfkunst – Armbrüste – Wurfmaschinen, friedliche Verwendung des Feuers – Zauberrezepte, kriegerische Verwendung des Feuers – Raketen – fliegende Drachen – Pulvergeschütze – chemische Rezepte, Bäder, Hausmittel usw.

Das »Mittelalterliche Hausbuch«, ein im 19. Jahrhundert eingeführter Name für ein erweitertes Büchsenmeisterbuch, ist nur bedingt mittelalterlich und kann kaum als Hausbuch gelten. Zunächst wohl als Sammlung von zwischen 1460 und 1480 entstandenen Einzelblättern im Besitz des Meisters, kam das Buch im 16. Jahrhundert an die Familie Hof; im 17. Jahrhundert erwarb es der Reichserztruchseß Maximilian von Waldburg für seine Bibliothek. Inhaltlich hat das Buch mit »Bellifortis« viel gemein, so die Planetenbilder, die medizinischen und alchimistischen Rezepte, Badesitten und vor allem auch die Darstellung der Kriegsmaschinen und Geschütze. Das Bild des höfischen Lebens im 15. Jahrhundert, das hier vor dem Leser entrollt wird, ist nicht bestimmt vom heldischen Geist, vom Wesen der hohen Minne oder asketischem Ritterdienst. Es stellt vielmehr das schillernde, erotische, auch unbekümmert grausame Treiben der sich vom finsteren Mittelalter befreienden Renaissance dar.

Die Erfindung der Buchdruckerkunst machte es möglich, Handschriften des Altertums in Übersetzungen zu drucken und in größeren Auflagen zu vertreiben. Die erste deutsche Übersetzung des Vegez durch Ludwig Hohenwang von Thal Elchingen, dem Grafen von Laufen gewidmet, erschien 1475 unter dem Titel »Des durchleichtigen, wolgebornen Grauen Flavii Vegecii Renati kurcze red von der Ritterschafft zu dem großmechtigsten Kaiser Theodosio, seiner biecher vierer« in Ulm im Druck. 36 Jahre später erfolgte eine Neubearbeitung durch Hans Knappen, Kaiser Maximilian gewidmet. Ein Nachdruck 1529 von Stainer, Augsburg, erhielt einen Zusatz »von Büchsen geschoß, Pulver, Fewrwerk. Wie man sich darmit aus einer Stadt, Feste oder Schloß so von Feynden belägert wär, erretten, auch sich der Feind damit erwören möchte«.

Mit Hilfe von Leitern überwinden Angreifer Wassergraben, Zwinger- und Ringmauer. Holzschnitt aus Johannes Stumpf, Gemeiner loblicher Eydgnoschafft . . . Beschreybung, *Zürich 1548, Bd. 1, P. 111 verso.*

Antike Lehrbücher der Kriegskunst wurden im 15. und 16. Jh. übersetzt und vermittelten die Kenntnisse alter Belagerungsmaschinen, Wurf- und Feuergeschütze – Flavius Vegetius Renatus, 4 Bücher der Ritterschaft, *Augsburg 1529;* von links nach rechts: *Widder, Scherenleiter und Hebebühne.*

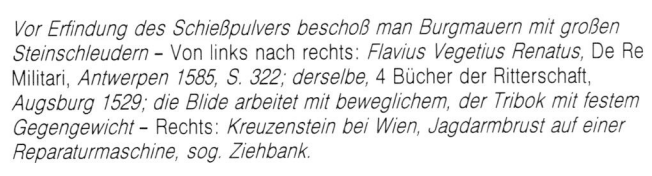

Vor Erfindung des Schießpulvers beschoß man Burgmauern mit großen Steinschleudern – Von links nach rechts: *Flavius Vegetius Renatus,* De Re Militari, *Antwerpen 1585, S. 322; derselbe,* 4 Bücher der Ritterschaft, *Augsburg 1529; die Blide arbeitet mit beweglichem, der Tribok mit festem Gegengewicht* – Rechts: *Kreuzenstein bei Wien, Jagdarmbrust auf einer Reparaturmaschine, sog. Ziehbank.*

*Den Feuerwaffen konnten die Burgmauern nicht widerstehen – Links:
Doppelgeschütz, aus Flavius Vegetius Renatus, 4 Bücher der Ritterschaft,
Augsburg 1529 – Oben: Büchsenmeister mit Handrohr, einer der
frühesten Feuerwaffen, aus Konrad Kyeser, Bellifortis, um 1405.*

Folgende Doppelseite:
*Rheinfels/Mittelrhein wird auf der Angriffsseite durch eine hohe
Mantelmauer geschützt; Zungenburg, 1245 gegründet, nach mehrfachen
Beschädigungen laufend verstärkt.*

Rittertum im Spätmittelalter

Das Reich nach den Staufern

Vor dem Hintergrund einer wechselvollen politischen Entwicklung des Reiches nach dem Ende der staufischen Kaiserherrlichkeit vollzog sich für das Rittertum ein Wandel zu neuen Lebensformen unter wesentlich erschwerten Bedingungen. Wie bereits geschildert, sahen die Ritter in Zusammenschlüssen zu Ritterbünden eine letzte Möglichkeit, ihre Interessen gegenüber der wachsenden Macht der Fürsten und Bürger zu behaupten. Die Fürsten ihrerseits begegneten dieser Initiative, indem sie den Bünden beitraten oder eigene Gegenbünde gründeten. So schuf u. a. Otto der Fröhliche 1355 den Orden vom Fürspann in Wien; Friedrich II., Markgraf von Brandenburg, rief 1440 den Schwanenorden ins Leben. Äußeres Kennzeichen der Bündler waren Abzeichen, die zu festlichen Anlässen getragen wurden, wodurch neue höfische Bräuche entstanden und das gesellschaftliche Leben an den Höfen eine Belebung erfuhr.

Als dritte Gruppe bildeten sich neben den Ritter- und Fürstenbünden Turniergesellschaften, die sich Namen wie vom Fisch, vom Falken, von der Krone, des Kreuzes, des Wolfes, des Esels oder des Bären gaben. Dies neue Ordenswesen bildete letzten Endes die Grundlage für das Hofleben der absolutistischen Fürstenhöfe, in dessen Mittelpunkt die Turniere als große Volksfeste mit Gepränge, Geschrei und Getümmel standen.

Könige und Kaiser

Wie war es zu solcher Machtkonzentration an Fürstenhöfen gekommen? Bereits die Salier und Staufer hatten gegen die fortschreitende Territorialisierung schwer zu kämpfen. Der Kompromiß zwischen den divergierenden Zielen des Königs und der Reichsfürsten, den Friedrich I. noch erreichen konnte, hatte vollends seine Gültigkeit verloren, als nach dem Tode Konrads IV., des letzten Staufenkönigs, erstmals ein Kollegium von Fürsten – aus dem später die Institution der Kurfürsten entstehen sollte – zur Wahl eines deutschen Königs schritt. Da sich die zwei großen Parteien, die eine Anhänger der Staufer, die andere unter Führung der Welfen, nicht einig wurden, kam es zu einer Doppelwahl. Beide, sowohl Alfons von Kastilien wie Richard von Cornwall, blieben machtlos. Während der Spanier niemals deutschen Boden betrat, wurde der Engländer, der immerhin ein Viertel seiner Regierungszeit in Deutschland verbrachte, für seine Anhänger uninteressant, nachdem seine Substanz, seine finanziellen Mittel, erschöpft waren.

In dieser Zeit des Interregnums (1256–1273) ereignete sich der verzweifelte Versuch des letzten Hohenstaufen, des noch im Knabenalter stehenden Konradin, der Ansprüche auf das Erbe seiner Väter in Süditalien und Sizilien geltend machte. Sein Gegner, der vom Papst mit Neapel und Sizilien belehnte Karl von Anjou, besiegte ihn bei Tagliacozzo und ließ ihn 1268 in Neapel hinrichten. Indem er beim Besteigen des Blutgerüstes seine Handschuhe zu Boden warf, trat er seine Rechte an Peter von Aragonien ab. Die Sizilianische Vesper beendete nur vierzehn Jahre später zumindest in Sizilien die verhaßte Franzosenherrschaft.

Immerhin war die kaiserlose, die schreckliche Zeit – eine Kaiserkrönung fand in der Tat nicht statt – für das Land und seine Bewohner so furchtbar nicht, wie es nach dem geflügelten Wort den Anschein haben könnte. Im Bemühen, seine Hausmacht zu steigern, gelang es dem Böhmenkönig Ottokar II., Böhmen, Steiermark, Kärnten und Krain unter einer Krone zu vereinigen. Durch die Entfaltung der deutschen Siedlungsbewegung konnten die Askanier die Neumark und das Land an der Ucker erwerben und die Pommernherzöge zur Huldigung zwingen. Die Gründung des Deutschordensstaates führte zu einer starken Militärmacht, unter deren Obhut Städte und Dörfer gegründet werden konnten und aufblühten.

Nach Richard von Cornwalls Tod fiel die gut vorbereitete Wahl der Kurfürsten in Aachen 1273 auf Rudolf von Habsburg. Neben seinem potentiellen Gegenkandidaten Ottokar von Böhmen erschien er den Wahlfürsten aufgrund seines Besitzes und seines Einflusses als mächtigster Fürst in Schwaben und Hochburgund, der jedoch über kein bedeutendes geschlossenes Herrschaftsgebiet verfügte, als der Geeignetere. Er besiegte Ottokar 1278 auf dem Marchfeld, Österreich und Steiermark fielen an das Haus Habsburg. In weiser Beschränkung verzichtete Rudolf auf das Reichsland Italien und beendete damit zunächst die glücklose Politik der Vergangenheit. Sein Verdienst war es, dem Verfall des Reiches Einhalt geboten zu haben. Nicht verhindern konnte er die Loslösung der Schweiz; die den Ritterheeren überlegenen Eidgenossen erkämpften sich den Sieg und die Unabhängigkeit für alle Zeiten.

Unter den folgenden Herrscherpersönlichkeiten ragen zwei zu Gegenkönigen gewählte Fürsten hervor, Ludwig der Bayer, der Wittelsbacher, und Friedrich der Schöne, der Habsburger. Bei Mühldorf am Inn auf der Ampfinger Heide wurde der Machtkampf entschieden; Friedrich mußte in die Gefangenschaft seines Jugendfreundes, wurde nach seiner Befreiung als Mitregent anerkannt, starb jedoch bereits 1330 ohne königliche Rechte. Ludwig, dem es gelang, seine Hausmacht zu erweitern, erlangte zu Rom die Kaiserkrone. Der Zugriff auf das Land Tirol, den er auf der Höhe seiner Macht glaubte wagen zu können, besiegelte jedoch sein Schicksal als Kaiser. Die Fürsten des Reiches, über den Machtzuwachs beunruhigt, mißbilligten seine Tat und wählten einen Gegenkönig, Karl IV. aus dem Hause Luxemburg.

Karl, ein weiser und praktisch denkender, tätiger Herrscher, sah den Vorteil des Reiches im Friedensschluß mit der Kirche, als dessen Voraussetzung ihm der endgültige Verzicht auf Italien notwendig erschien. Zur Mehrung des Wohlstandes förderte er den Handel und unterstützte die Bestrebungen der Hanse. Als Residenz wählte er die Hauptstadt seines Königreiches, Prag, das er durch den Bau des Hradschin und des Veitsdomes zu einer der bedeutendsten Städte Europas entwickelte und durch die Gründung der ersten deutschen Universität auch zum geistigen Mittelpunkt machte. 1355 wurde Karl IV. in Rom zum Kaiser gekrönt. Seine politisch für die Zukunft bedeutendste Leistung war der Erlaß der Goldenen Bulle, eines Grundgesetzes, durch das an sieben Fürsten, drei geistliche, die Erzbischöfe von Mainz, Trier und Köln, und vier weltliche, den König von Böhmen, den Pfalzgrafen bei Rhein, den Herzog von Sachsen-Wittenberg und den Markgrafen von Brandenburg das Recht der Königswahl übertragen wurde. Folgenschwer für die Ritterschaft war die durch Karl eingeführte Nobilitierung durch ein Adelspatent, einen kaiserlichen Gnadenbrief, der die Voraussetzung der Ritterbürtigkeit für die Zugehörigkeit zum Adelsstand überflüssig machte. Der Geburtsadel sah darin eine schwere Bedrohung der Geschlossenheit und eine Abwertung seines Standes.

Sigmund, Karls IV. zweiter Sohn, seit 1382 König von Ungarn, trat sein Amt als deutscher Kaiser unter besten Voraussetzungen an. Ein gewaltiger Besitz, Reichtum und Macht sowie eine ausgezeichnete Bildung berechtigten zu der Hoffnung auf eine für des Reiches Fortbestand glückliche Regierung. Während des von ihm nach Konstanz berufenen Konzils, auf dem er die Einheit des Reiches festigen, die Einheit der Kirche wiederherstellen und die Glaubenskonflikte beseitigen wollte, beging er durch die Verurteilung und Verbrennung des Johan Hus einen folgenschweren Fehler, der alle Hoffnungen zunichte machte. Am Wortbruch an Hus, dem freies Geleit durch den Kaiser zugesichert war und dem trotzdem ein schimpflicher Tod bereitet wurde, entzündete sich der Volkszorn in Böhmen in einem Aufstand, dessen Sigmund nicht mehr Herr werden konnte. Oswald von Wolkenstein, einer seiner Getreuen, schrieb die Verse: »Got muss für uns fechten / sulln dy hussen (Hussiten) vergan / von herren, rittern und knechten / ist ez ungetan.« Nach 1419 zogen die militärisch gut geführten Hussitenhaufen durch Österreich, Bayern, Schlesien, Sachsen, Thüringen und Brandenburg; verwüstete Dörfer,

Städte und Burgruinen bezeichneten ihren schrecklichen Weg.

Folgenschwer für die Geschichte des Reiches war auch die in Konstanz erfolgte Belehnung Friedrichs von Hohenzollern, des Burggrafen von Nürnberg, mit der Mark Brandenburg. Die Polarisierung (Preußen-Hohenzollern – Österreich-Habsburg) war damit vorprogrammiert. In die Regierungszeit Sigmunds fällt auch der beginnende Untergang des Deutschordensritterstaates in Preußen. 1410 siegten die Polen bei Tannenberg; Hochmeister Heinrich Reuß von Plauen konnte noch die Marienburg verteidigen. Im zweiten Thorner Frieden 1466 kam der erschöpfte Orden vollends unter polnische Herrschaft.

Wackere Rittersleut'

Wie es um das Schicksal des Landadels in dieser letzten Phase des Mittelalters bestellt war, zeigen vor dieser Kulisse der Reichsgeschichte einleuchtend Schicksale wie die des Konrad Kyeser, von dem die Rede war, des Hans Schiltberger, des letzten Minnesängers, Oswald von Wolkenstein, und mancher anderer, die hier kurz vorgestellt werden sollen.

Südtirol war Oswald von Wolkensteins Heimat, um 1377 ist er wahrscheinlich auf der Burg Schöneck im Pustertal zur Welt gekommen. Nach seinen Angaben verließ er das Vaterhaus bereits als Zehnjähriger, um sich vierzehn Jahre herumzutreiben. Sehr früh bewies er seine Kämpfernatur, die erst recht in den Auseinandersetzungen mit dem Landesherrn zur Geltung kam. Oswald und seine Standesgenossen, die sich gegen die Willkür Herzog Friedrichs von Tirol zusammengeschlossen hatten, konnten ihre Ziele nicht durchsetzen und mußten letzten Endes vor der größeren Macht des Fürsten kapitulieren. 1409 war in Tirol als ritterlicher Verein der Elefantenbund gegründet worden und 1423 vereinigten sich Herren, Ritter, Knechte, Städte, Märkte, Gerichte und Täler der Grafschaft Tirol, der Landschaft an der Etsch und die drei Bistümer Trient, Brixen und Chur gegen den Landesfürsten Friedrich wie zu Zeiten des Falkenbundes.

Oswald, der in mehrfacher Gefangenschaft seelisch und körperlich schwer zu leiden hatte, war der Prototyp des Landedelmanns seiner Zeit, dessen Schicksal nicht mehr Glanz und Freude war wie zu Zeiten der Hochblüte des Rittertums, sondern dem ein härteres Leben, eine angespannte Auseinandersetzung mit der Wirklichkeit beschieden war, in einem Kampf ums Dasein, der Dynamik und Einsatzfreude voraussetzte. Diese Eigenschaften bewies Oswald allerdings auch wie kaum ein anderer, in treuer Sorge für sein Gut, aber auch in einer unbändigen Reise- und Abenteuerlust. An fast allen europäischen Höfen war er als Sänger, Diplomat und Mann von guter deutscher Art ein stets gern gesehener Gast. König Sigmund, der ihm zeitweilig seine Gnade entzogen hatte, zeichnete ihn mit dem von ihm 1416 gestifteten Drachenorden aus, der seine Mitglieder verpflichtete, die katholische Religion wider den Erbfeind und wider die verborgenerweise wütenden, falschen Christen (sprich Hussiten) zu schützen und Witwen und Waisen und den Armen hilfreich beizustehen.

Oswalds hinterlassene Verse und Lieder, die zu wenig bekannt sind, zeichnen das Bild eines Menschen voll von Lebenslust und Tatendrang, aber auch bestimmt durch Frömmigkeit, politisches Denken und feiner Selbstironie. Wenn auch seine Gedichte kein lückenloses Bild seines unruhigen Lebens übermitteln, so sind doch viele der Spiegel seiner jeweiligen Lage, seiner Freuden und Drangsale und der daraus resultierenden Stimmungen. –

Jörg von Ehingen (1428–1508), am Fürstenhof zu Innsbruck erzogen, wo er der Erzherzogin Leonore als Knappe diente und zu ihrem Fürschneider und Tischdiener aufrückte, quittierte den Dienst des sich in Geselligkeit erschöpfenden Hoflebens, um sich, erfüllt von jugendlichem Tatendrang, ausgestattet mit drei Rössern, Herzog Albrecht von Österreich anzuschließen. Er begleitete seinen neuen Herrn als Kämmerer zur Königskrönung nach Prag. Dort empfing er vom jungen König Ladislaus den Ritterschlag. Sein Sinn stand jedoch nach Abenteuern und Erlebnissen; zunächst ging es nach Rhodos, dann nach Palästina, nach Damaskus, wo ihn die Türken gefangennahmen und gegen Lösegeld freiließen; Alexandria, Zypern, abermals Rhodos waren die Stationen dieser ersten Reise. Doch weiterhin auf Ritterschaft bedacht, brach er nach einjährigem Aufenthalt als oberster Kämmerer bei Herzog Albrecht erneut auf, um diesmal, in anderer Richtung von Hof zu Hof reisend, jeweils kurz Frankreich, Portugal, Spanien, England und Schottland aufzusuchen, gelegentlich Ruhm durch Teilnahme an Feldzügen zu ernten und sich allerorten als hilfreicher, tapferer, ehrenfester Ritter zu erweisen. Im Dienste der Grafen und Herzöge von Württemberg beschloß er sein abenteuerreiches Leben als umsichtiger und getreuer Verwalter ihrer Güter. –

Als zweiter Sohn des Herrn von Schaumberg 1468 auf der Burg seiner Väter geboren, fühlte sich Wilwolt zum heldischen Ritterleben berufen. Den Ritterschlag erhielt er auf der Tiberbrücke in Rom bei der Teilnahme am zweiten Romzug Kaiser Friedrichs III. 1468. Ehre und Geltung erwarb er in Diensten und in Schlachten Karls des Kühnen von Burgund, beim Markgrafen Albrecht Achilles von Brandenburg und als oberster Feldhauptmann Herzog Albrechts des Beherzten von Sachsen in den Niederlanden. Großes Aufsehen erregte er als Teilnehmer an zahlreichen Turnieren, die er einer Geliebten, einer verheirateten Dame, zu Ehren in aufwendiger Ausrüstung unternahm. Die im 15. Jahrhundert wieder sehr in Mode gekommenen Turniere waren jedoch nur eine rohe und schlechte Karikatur des glänzenden Rittersports unter den Hohenstaufen. Huizinga urteilt in seinem grundlegenden Werk »Herbst des Mittelalters«: »Das mittelalterliche, wenigstens das spätmittelalterliche Turnier ist ein mit Schmuck überladener, schwer drapierter Sport, in dem das dramatische und romantische Element mit Absicht so ausgearbeitet ist, daß es die Funktion des Dramas selbst regelrecht erfüllt.« Der große Turnierheld Wilwolt von Schaumberg endete sein tatenreiches Leben als braver Hausvater auf Schloß Schney. –

Eine markante, das Rittertum seiner Zeit repräsentierende Persönlichkeit war auch der fränkische Ritter Ludwig von Eyb, Ratgeber des Markgrafen Albrecht Achilles von Brandenburg und seiner Söhne. Die Liebe des Ritters vom Heiligen Grab – er hatte die Würde bei einer Wallfahrt ins Heilige Land 1476 erworben – galt der Geschichtsschreibung und den Ritterbüchern, einer Literaturkategorie, die sich im 15. Jahrhundert wachsender Beliebtheit erfreute. Als erfahrener Streiter verfaßte er auch ein Kriegsbuch; zu seinem Turnierbuch hatte er als Mitglied der Turniergesellschaft vom Einhorn Kenntnisse gesammelt. –

Ein rechter Fehderitter, eine schillernde Figur, ob seiner Grobheit und Ungeschlachtheit berühmt, geliebt, gefürchtet, verurteilt und gelobt, ein typischer Vertreter des Ritteradels vom Ende des 15. Jahrhunderts war Götz von Berlichingen mit der eisernen Faust. Seit ihm im Baierischen Krieg eine Kanonenkugel die Hand abgerissen hatte, behalf er sich mit der eisernen Prothese, die ein Attribut seines Namens wurde. 1480 wurde er in Jagsthausen geboren, in seinem wild bewegten Leben führte er zahlreiche Fehden trotz Landfriedensgesetz, derwegen er zweimal geächtet wurde, erlitt Gefangenschaft in Heilbronn, später in Augsburg, kämpfte für Herzog Ulrich gegen den Schwäbischen Bund, versuchte – zur Führung genötigt – ohne Erfolg als Hauptmann der aufrührerischen Bauern, Sinn und Ordnung in ihr wüstes Treiben zu bringen. Er diente Karl V. gegen Türken und Franzosen und endete seine Erdenlaufbahn guten Gewissens im Jahre 1562 auf dem Schloß Hornberg. Seinen bereits unsterblichen Ruhm vermehrte Goethe durch das Drama, in dessen Urfassung er Götz dem kaiserlichen Trompeter die klassische Antwort geben läßt: »Sag deinem Hauptmann, vor ihre kayserliche Majestät hab ich, wie immer, schuldigen Respekt. Er aber, sags ihm, er kann mich am Arsch lecken«, und noch heute versteht jedermann die Aufforderung »Götz von Berlichingen« sehr gut. –

Galt schon Gesetz und Ordnung der um ihr Dasein kämpfenden, aber auch wegen ihres übertriebenen Adelsstolzes aufbegehrenden Ritterschaft in der Endzeit des Fehdewesens wenig, so fühlte sich ein Ritter vom Schlage Franz von Sickingens völlig frei und ungebunden. Zunächst schien der Erfolg ihm Recht zu geben, denn die Hüter der Ordnung waren schwach und uneinig. Zuletzt aber kamen sie mit Übermacht über ihn, auch die gegen Artilleriebeschuß verstärkten Mauern seiner Burgen hielten nicht, was er sich versprochen hatte. Manche Chronisten möchten ihn zum Helden seiner Zeit machen, zum Organisator der Ritterschaft als Retter von Kaiser und Reich, zum Beschützer aller Armen und Schwachen und zum Helfer und Förderer der Reformation. Mag auch edles Wollen Maxime seines Handelns gewesen sein, wesentliche Beweggründe waren ohne Zweifel auch Machtstreben, Ehrgeiz, Haß, Rache und Verachtung.

Zahlreich waren die Gegner, denen er Fehde schwor, die Reichsstadt Worms, der Herzog von Lothringen, die Reichsstadt Metz, Landgraf Philipp von Hessen, die Kleinen nicht gerechnet. Als ihm sein Dienst notwendig war, löste ihn Kaiser Maximilian von der Acht, auch Karl V. nahm seine Dienste in Anspruch. Als er jedoch den Kurfürsten von Trier mit Fehde überzog, zeigte sich dieser als sein Meister. Der Erzbischof Richard von Greiffenklau hatte seine Stadt wohl mit Wehr und Waffen versehen; Sickingen mußte abziehen, Städtebund und Ritterschaft ließen ihn im Stich. Auf sich gestellt, bot er den vereinten Gegnern, den Fürsten von Hessen, Kurpfalz und Trier, in seiner Burg Nannstein über Landstuhl die Stirn. Die Belagerung mit schwerem Geschütz dauerte nur kurze Zeit, ein stürzender Balken schlug dem Burgherrn die tödliche Wunde, die Sieger fanden einen Sterbenden.

Ritteradel auf dem Lande und in der Stadt

Besonders schwer hatte es in dieser Zeit der kleine landsässige Adlige im Kampf um das tägliche Brot, seine Lage verdeutlichen einige Verse aus einem Reiterlied des 15. Jahrhunderts:

> . . . Sanct Jörg, du edler Ritter
> Rottmeister sollst du sein,
> bescher uns schönes Wetter
> bewähr die Hilfe dein,
> daß wir nicht ganz verzagen
> wenn wir im Wald umjagen;
> Erret' uns arme Knecht
> vor allem strengen Recht.

Landfriedensgesetze, das strenge Recht, engten seine Bewegungsfreiheit ein, die Fürsten, vor allem aber Handel treibende Bürger untergruben die Fundamente seiner Existenz. Schuld daran war der grundlegende Strukturwandel der Wirtschaft im 13. und 14. Jahrhundert, mit anderen Worten die Geldwirtschaft der Kaufleute, die in Handel und Gewerbe einen abstrakten, der hergebrachten Naturalwirtschaft fremden Wertausgleich eingeführt hatten, der der Ritteradel aufgrund seiner Lebensform nicht folgen konnte. Da seine Ware, sein Dienst in Krieg und Frieden und in der Fehde nicht ohne weiteres in Münze umzusetzen war, geriet er, wenn er am Genuß der Güter teilhaben wollte, zwangsläufig in Schulden, von denen er sich wieder nur durch Preisgabe von Besitz, der Grundlage seines gesellschaftlichen Status, lösen konnte. Die Folge war Verarmung oder Abstieg zu niederen Dienstleistungen, die als neue Existenzgrundlage dienen konnten. Dies letztere aber widersprach in so hohem Maße der Standesehre, daß die Betroffenen lieber den Weg der Ungesetzlichkeit wählten.

Aus der Ministerialität der Stadtherrschaften hatte sich ein Stadtadel, das Patriziat, gebildet, das zunächst in Städten das Regiment führte und sich standesgemäße, feste Wohnsitze im Stadtbereich schuf. Im Zuge der wachsenden Demokratisierung ging jedoch allmählich die Stadtherrschaft in die Hände der Zünfte über; es blieb danach der Stadtaristokratie, wenn sie nicht den Platz räumen und das harte Leben des landsässigen Adels auf sich nehmen wollte, keine andere Wahl, als sich anzupassen und es den Händlern gleichzutun. Daß diese Entwicklung nicht geeignet war, zwischen Ritteradel und Bürgertum ein erträgliches oder gar freundliches Klima zu schaffen, lag auf

der Hand. Das Ergebnis war vielmehr Verbitterung und Haß und die Folge Streit um jeden Preis, was zu jener Zeit, im Spätmittelalter, nur Fehde in verschärfter, grimmiger Form bedeuten konnte.

Die »kleine Reiterei«/ Fehdewesen »Raubritter«

Die Fehde, die kleine Reiterei, zum Unterschied von der Feldschlacht, der großen Reiterei, war trotz aller Landfriedensgesetze und Bemühungen von Kaiser, Landesherren und Kirche nicht auszurotten. Sie entfaltete sich im Gegenteil im 14. und 15. Jahrhundert erst recht und beschränkte sich nicht auf den Ritteradel, sondern tobte sich in der Gegnerschaft des Adels gegen Städte, der Städte und Städtebünde gegeneinander aus, woran Adlige als Heerführer maßgeblich teilnahmen, auch in Streitereien der Fürsten gegen unbotmäßige Vasallen, kurzum jedes gegen jeden. Noch immer herrschte Rechtsunsicherheit, Urteil über Recht und Unrecht, Ehre oder Schande waren trotz Kodifizierung (»Sachsen«- und »Schwabenspiegel«) der absoluten Willkür überlassen. Fehde war demzufolge jedermanns gutes Recht, der willens und imstande war, ein ihm vermeintlich zustehendes Recht wahrzunehmen und notfalls zu ertrotzen.

Es fällt dem Menschen der Gegenwart, dem eine Notrufnummer zur Verfügung steht, die in kurzer Frist Ordnungshüter des Staates auf den Plan ruft, zweifellos schwer, sich die Rechtslage des späten Mittelalters vorzustellen, die dazu führen mußte, daß die Schwachen Schutz in Gemeinschaften suchten.

Die Fehde unterlag bestimmten Regeln. Wer einem anderen den Unfrieden antrug, mußte zunächst ein mit diesem bestehendes Abhängigkeitsverhältnis lösen. Eine Absage sollte drei Tage zuvor dem Betroffenen durch einen Fehdebrief angekündigt werden, eine Bedingung, die nur zu oft lässig und mit vermeidbarer Verspätung geschah. Aus dem Fehdebrief mußte ersichtlich sein, wem im einzelnen die Absage gelten sollte, also etwa bei Sühne für einen Totschlag stets dem Mörder und seiner ganzen Sippe, darüber hinaus aber konnten alle weiteren an ihn gebundenen Personen inbegriffen sein. Es konnten jedoch auch weit geringfügigere Tatbestände, etwa Beleidigung eines Untergebenen, Ursache einer Absage sein. Galt die Fehde einer Stadt, so traf die Absage alle die, die ihre Mauer umschloß, die Bürger, die Bauern und auch die

Ritter, die in der Stadt lebten oder in ihrem Dienst standen. Galt die Absage einem Ritter, so betraf sie auch die Hausgenossen, alle von ihm abhängigen Hörigen und Dienstverpflichteten, sowie seine Verbündeten. Weitere Regeln betrafen Freiheit und Unfreiheit, Leben oder Tod der Gefangenen, den Besitzstand des Befehdeten, Zerstörung oder Schonung seiner Einkünfte aus Ernte, Forst oder Viehbestand.

Dem Austrag der Fehde ging die Sammlung der Streitkräfte voran, deren zornigen Mut die Anführer durch Schmähreden auf den Gegner entfachten. Eine Gliederung der Streithaufen nach Waffengattungen folgte, dann zog man nach der Beichte frohgemut unter Vorantritt fahrender Leute als Musikanten mit Trommeln und Pfeifen in ein Lager bei der gewählten Walstatt oder vor die feindliche Burg. Früh riefen Hörner zum Streit, in Haufen gegliedert, unter Anführung der Hauptleute, wurde die Kampfordnung gebildet, voran die Armbrustschützen, dann die Reiter mit Lanzen und Schwertern, umgeben von ihren Knechten, die sie nach möglichem Sturz aufheben, gegnerische Pferde stechen, gefallene Feinde erschlagen und nach vollbrachtem Sieg Gefangene einbringen sollten.

*Gelegentlich empörte sich das unterdrückte Landvolk gegen die Herrschaft –
Dem Mahl des Ritterpaares, im Bad von der nackten Zofe serviert,
bereitet der Bauer ein grausames Ende; Holzschnitt aus Johannes Stumpf,
Gemeiner loblicher Eydgnoschafft . . . Beschreybung, Zürich 1548,
Bd. 2, S. 194.*

Fehden konnten größeren Umfang annehmen, wenn Städte- oder Ritterbünde, ganze Landschaften hineingezogen wurden, die Aufgebote konnten dann mehrere tausend Kämpfer umfassen. Meist blieb es jedoch bei kleineren Unternehmungen, die darauf ausgingen, zu verwüsten und dem Gegner auf allerlei Art Schaden zuzufügen. Gelang der Sturm auf einen Ort oder eine Burg, so gab es keine Gnade. Es wurde gemordet, geschunden, geraubt und verbrannt; als unschicklich galt es allerdings, Frauen ihre Kleider zu nehmen. Mit mehr oder weniger reicher Beute zog man sich vom verwüsteten Ort zurück, der Leidtragende war dabei meist der Hörige, der arme Bauer, dem ohnehin das schwerste Los beschieden war.

Die Beute wurde heimgebracht und redlich im Waldversteck oder auf der Burg verteilt. Die Gefangenen brachte man ins Verlies, legte sie in Ketten oder in den Stock. Die Behandlung war unmenschlich, hart und grausam, um ein möglichst hohes Lösegeld zu erpressen. Wer aus der Gefangenschaft entkam, oft erst nach Jahren, war meist ein gebrochener Mann. Die Grausamkeit der Menschen jener Zeiten war unvorstellbar, Folter und Verstümmelungen, Hunger und Schändungen ließen den Opfern oft den Tod wünschenswert erscheinen.

Für den auf sich gestellten Ritteradel wurden Fehde, Überfall und Mordbrennerei das Werk seiner Tage. Wenn den Junker die Langeweile oder der Übermut plagte und er im Tatendrang, den er glaubte seinem Stande schuldig zu sein, aus nichtigem Grunde eine Fehde vom Zaune brach, so erwählte er wohl gern den einfacheren Teil der Tapferkeit und verwüstete Haus, Hof und Feld der seinem Feind gehörigen Bauern. Andererseits war wohl auch oft bittere Not und Hunger, die Sorge um Familie und Gesinde Veranlassung für den Ritter, dem reichen Handelsherrn aufzulauern und zu plündern; daß dabei nicht zimperlich verfahren wurde, ist verständlich.

Diesem noch mit vermeintlicher Legalität verbrämten Treiben, an dem auch Männer wie Götz von Berlichingen und Franz von Sickingen teilnahmen, dem sie ihren Segen gaben, stand die völlige Verwilderung adliger Raubgesellen gegenüber, denn letztlich gab es, wenn auch wohl nur in geringer Zahl, wie in jedem Stand so auch hier kriminelle Subjekte, denen ihre verbrecherische Roheit und sadistische Grausamkeit den Namen Raubritter eintrug. Das Wort mögen vor allem die überfallenen Kaufleute und die armen betroffenen Bauern im Munde geführt haben. Fürsten und Städte bekämpften diese Landplage mit allen Mitteln, so manches Raubnest wurde gebrochen und sank in Schutt und Asche. Diese Abwehr kam vor allem zur Geltung, als der Schwäbische Bund auf seinem Nördlinger Tag den Feldzug zur Vernichtung der Burgen des fränkischen Adels beschloß. Unter Führung des Jörg Truchseß von Waldburg, des Bauernjörg, brachte ein Aufgebot von 10000 Mann zu Fuß und 1000 Reitern Verwüstung über zahlreiche Raubburgen in Franken.

Daneben gehörten die Ritter auch zu den Hauptleidtragenden der letztlich gescheiterten Bauernaufstände. Mit der Ermordung des bei Weinsberg in die Hände aufständischer Bauern gefallenen Grafen von Helfenstein begann der Kampf gegen die Unterdrücker. Der erschreckte Adel, soweit er in seinen Burgen dem Wüten der Empörer widerstand, bequemte sich mehrfach zur Annahme der von den Bauern gestellten Bedingungen, ja ließ sich gar, wie z. B. Götz von Berlichingen, zum Anführer werben. Ergebnis der Revolution war jedoch nur eine endgültige Konsolidierung der Fürstenmacht, nachdem die Bauern im Norden unter Führung Thomas Münzers bei Frankenhausen und im Süden bei Würzburg vernichtend geschlagen waren. Doch soll bei aller Not der Zustände nicht übersehen werden, daß große Teile der Ritterschaft sich eines nach ihrer Vorstellung durchaus rechtschaffenen Lebens befleißigten. Ritter und Adel hatten auch in diesen späten Jahrhunderten des Mittelalters Ansehen und Geltung. Der Adlige, der vorwiegend seinen Unterhalt aus Fehde und Plünderung bestritt, war sich des Verstoßes gegen das Reichsgesetz durchaus bewußt, ebenso gewiß war ihm die Anerkennung oder gar Bewunderung seiner Standesgenossen, die sich als privilegierter Stand über Bürger und Bauern erhaben dünkten und sich durch Sitten, Gewohnheiten und eine individuelle Rechtsauslegung gegen andere abschlossen. Galt auch gegebenes Wort, Treue und Glauben zwischen Adligen, so gab es weniger moralische Bedenken im Streit mit den Städtern.

Diese Wertschätzung beruhte durchaus auf Gegenseitigkeit, und war es dem Ritter recht, den in der Fehde gefangenen Handelsherrn einzukerkern, zu foltern und zu töten, so war es den Bürgern billig, den Ritter, der in ihre Gewalt geriet, nach geltendem Recht abzuurteilen. So wurden Brandstifter verbrannt, Mörder gerädert, ein zum Tode verurteilter Edelmann hatte noch das Vorrecht enthauptet zu werden, seine Knechte henkte man.

Die Feldschlacht
Niederlagen der Ritterheere

Kam es bei der Austragung von Fehden seit jeher wohl zu zahlreichen Gefechten, an denen zuweilen auch stärkere Verbände teilnahmen, so gab es doch auf die Dauer keine stabilen Machtkonzentrationen, weil die Heere sich meist wieder verliefen, zumal nach verlorenen Treffen. Anders war es bei Auseinandersetzungen im internationalen Bereich oder bei Entscheidungen über Herrschaft, Unterwerfung oder Freiheit. Hier standen Heere gegeneinander, die in Schlachten Geschicke entschieden, deren glücklicher oder unglücklicher Ausgang Ergebnis des jeweiligen taktischen Geschicks in der Truppenführung war.

Büdingen/Vogelsberg, Wandmalereien, Volksfest (oben) 1546, Jagd (unten) 1553.

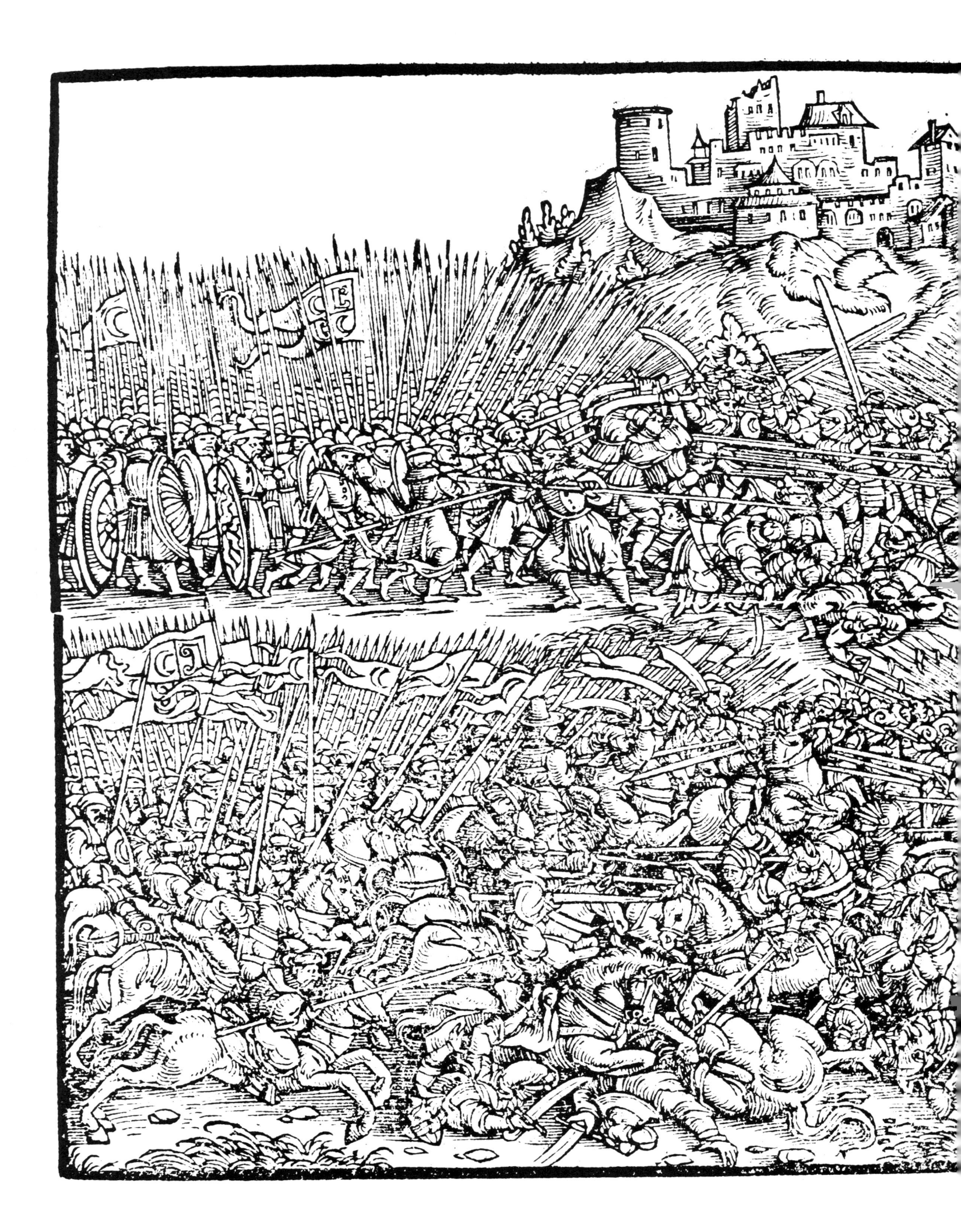

Bis zur zweiten Hälfte des 13. Jahrhunderts galt als sichere Regel, daß schwere Reiterei jeden Widerstand zu brechen und damit den Erfolg einer Schlacht sicherzustellen hatte. In den Kreuzzügen waren in dieser Weise große Siege errungen worden. Ein vorteilhaftes Zusammenwirken mit den Fußsoldaten war damals noch nicht erkannt, geschweige denn billigte man der Infanterie schlachtentscheidende Möglichkeiten zu. Hier gab es im 14. Jahrhundert einen entscheidenden Wandel, zu dem neue taktische Ideen beitrugen.

Die erste vollständige Niederlage erlitt die schwere Kavallerie in Europa in der Schlacht bei Courtrai 1302, wo angreifende französische Reiterei in einen Sumpf geriet und hier bewegungsunfähig von den mit Piken bewaffneten Flamen vernichtet wurde.

Konnte in diesem Fall die Ungunst des Geländes, das allerdings die Flamen in der Verteidigung geschickt gewählt und die Franzosen durch mangelnde Aufklärung nicht rechtzeitig erkannt hatten, als Ursache der Katastrophe angesehen werden, so erwiesen die Siege der Schweizer 1315 bei Morgarten, 1339 bei Laupen, 1386 bei Sempach und endlich 1388 bei Näfels, daß die Entscheidung in einer Schlacht nicht mehr durch schwere Reiterei herbeigeführt werden konnte, sondern daß diese vielmehr dem Fußvolk gegenüber hoffnungslos im Nachteil war. Es zeigte sich immer von neuem, daß die Taktik der Schweizer, in der Schlacht eine Hecke mit Stahlspitzen zu bilden, indem sie sich der Hellebarde (Helmbarte) als Kombination von Beil und Spieß am langen Schaft bedienten, besonders vorteilhaft war. Der leichte Körperschutz der Fußsoldaten machte sie beweglich und angriffsfreudig. Sie waren schnell im Marsch, wobei die Pikenträger mit Musik im Gleichschritt marschierten, und konnten sich leicht zum Gefecht entwickeln. Ihre nach rückwärts breit gestaffelte Aufstellung begünstigte den Flankenschutz und garantierte Reserven.

1315 gerieten die Österreicher bei Morgarten auf einer steilen Bergstraße in einen Hinterhalt, konnten sich, als sie angegriffen wurden, nicht entfalten und wurden von den Schweizern, die die Straße gesperrt hatten, zusammengeschlagen.

Bei Laupen hatten die Eidgenossen zunächst unter Rudolf von Erlach 1339 am oberen Rand eines Steilhangs eine Defensivstellung bezogen. Die Masse der Truppe bildete Infanterie mit Hellebarden, dazu we-

Seit dem 14. Jh. bildeten die Türken eine ständige Gefahr für die Christenheit – Schlacht zwischen Türken und Christen, aus Johannes Stumpf, Gemeiner loblicher Eydgnoschafft . . . Beschreybung, Zürich 1548, Bd. 2, S. 45

nige Reiter. Die Berner am Flügel rückten vor, Verbände aus den Waldkantonen wurden von den österreichischen Rittern umzingelt und bildeten einen Igel, der sich halten konnte, bis die Berner und die Reiter die Feinde ihrerseits vom Rücken angriffen und endlich besiegten.

Die Niederlage der Österreicher bei Sempach 1386 hatten ihre Ursache in zwei Fakten, nämlich in der Bindung des Ritters als Kämpfer an das Roß und in der schweren Rüstung, die als Körperschutz nicht ausreichte, unnötig Kräfte verbrauchte und den Kämpfer erheblich in der Bewegung behinderte. Alles was dereinst den Vorteil des Reiterkriegers in der Schlacht ausgemacht hatte, erwies sich nun als großes Handikap. Dagegen hatten die schweizerischen Fußtruppen den Vorteil, massiert und doch beweglich kämpfen zu können. Hinzu kam eine planmäßige Ausbildung und eine exerziermäßige Angriffstaktik mit der Hellebarde, die den kürzeren Reiterspießen überlegen war.

Bereits 1385 begannen die Eidgenossen, sich der

österreichischen Umklammerung zu erwehren; es gelang ihnen, mehrere Burgen zu zerstören. Herzog Leopold III. von Österreich bot Adel und Stadtmannschaften des Aargaus und Breisgaus auf und nahm Söldner aus Burgund, Tirol und Mailand in seine Dienste. Mit einem Heer von 4000 Mann Fußvolk und Berittenen brach er Ende Juni auf, um zunächst Luzern einzunehmen. Bei Sempach sperrten etwa 2000 Eidgenossen unter ihrem Anführer, dem habsburgischen Ministerialen und ehemaligen Stadtschultheißen von Luzern, Peter von Gundolfingen, die Gotthardstraße. Es kam zur Schlacht, die Österreicher, in drei Reihen aufgestellt, ließen abgesessene Reiter das erste Glied bilden, die Schweizer formierten einen

Keil, konnten jedoch zunächst die österreichische Front nicht durchbrechen. Als sie darauf die seitlichen Glieder vorschwenken ließen und im Mittelfeld der Schmied Winkelried durch seine heldenhafte Tat, indem er ein Bündel gegnerischer Spieße mit den Armen umgreifend auf sich zog, eine Lücke in der Front schuf, gelang der Einbruch hier und an anderen Stellen, so daß die bereits in der Sonnenhitze in ihren Panzern leidenden und erschöpften Ritter sich mit Schwert und Dolch erwehren mußten.

Der darauf entstehende Tumult im Nahkampf entschied das Schicksal der Ritter, denn die im zweiten Glied stehenden Berittenen hatten keine Chance einzugreifen, ohne ihre eigenen Leute bei einer Attacke zu gefährden. Mit Hilfe ihrer Knechte stiegen sie daher von den Pferden, verloren dabei wertvolle Zeit, konnten aber den Ansturm der Eidgenossen nicht mehr aufhalten, obwohl Herzog Leopold selbst eingriff, um die wankende Ordnung aufzufangen und zu festigen. Doch umsonst, er fiel auf dem Schlachtfeld, 600 Ritter und einige hundert Männer seines Aufgebots teilten das Schicksal ihres Anführers.

Als sich der totale Sieg der Eidgenossen erkennen ließ, floh die dritte Schlachtreihe der Österreicher und besiegelte damit die Niederlage. Für das umkämpfte Gebiet bedeutete der Sieg der Eidgenossen das Ende der habsburgischen Vormachtstellung in den vorderen Landen, gleichzeitig auch das Ende des Rittertums im Aargau. Die aus dem überbetonten Standesbewußtsein der Ritter angewandte Strategie, den Berittenen die Entscheidung im Kampf zu überlassen, war der verhängnisvolle Fehlschluß, der bei Sempach endgültig die Unterlegenheit der ritterlichen Kampfweise gegenüber der neuen Taktik des Fußvolks erwies. Nur die Schwerfälligkeit des aus mehreren Mitgliedern bestehenden Kriegsrats hinderte die Schweizer daran, unter Ausnutzung ihrer Siege eine Großmacht zu werden. Ihr Kriegsruhm aber war begründet, und Schweizer Söldner waren die besten und begehrtesten Kämpfer bei allen Nationen in Europa.

Einsatz der Artillerie

Inzwischen hatte sowohl im Belagerungskrieg wie auch in der Feldschlacht die Artillerie an Bedeutung gewonnen. Es gab nun nicht mehr nur einzelne Büchsenmeister mit ihren Helfern, sondern eine reguläre, gegliederte Truppe. Die schweren Belagerungsgeschütze erhielten oft eigene Namen, wie z. B. Faule Grete, Dulle Griet oder Faule Mette.

Zum Marsch wurden die Geschützrohre auf Wagen verladen, die Lafetten kamen auf besonderen Karren. Ein drittes Fahrzeug brachte Haspel, Stock, Seile und Hebezeug zur Montage. Auf einem weiteren Wagen folgten die Steine als Geschosse oder Eisenkugeln, außerdem noch ein Bohlenschirm, hinter welchem am Einsatzort das Geschütz gerichtet und geladen wurde. Es handelte sich dabei um ein schräges Schutzdach mit Gucköffnungen, das als Tarnung und als Wetterschutz diente und vor dem Schuß umgelegt wurde.

Die Artillerie war in Stürme (Batterien) zu je drei bis sechs Geschützen von verschiedenem Kaliber gegliedert, dazu auch Schanzzeug und Material zum Brückenbau, also nach modernen Begriffen eine Pionierabteilung, zu der Zimmerleute gehörten. Geschützmeister und Reisige als Wachmannschaften bildeten die Geschützbedienung.

Auf dem Marsch wurde mit den Wagen eine feste Ordnung eingehalten. Im vorerwähnten »Mittelalterlichen Hausbuch« ist eine Artillerie-Einheit im Marsch dargestellt, und auf einer anderen Tafel sieht man eine aus den Fahrzeugen gebildete Wagenburg, wie sie vor allem auch bei den Hussiten gebräuchlich war.

Kaiser Maximilian »der letzte Ritter« und seine Zeit

Spricht man vom Ausklang des Ritterwesens im späten Mittelalter, so denkt man zugleich an einen Mann, der als der letzte Ritter in die Geschichte eingegangen ist. Mögen gegen dieses Namensattribut auch sachliche Bedenken bestehen und mag es wesentlich in der Begeisterung für Ritterspiele und -ideale begründet sein, so hat es doch wohl letztlich eine tiefere Berechtigung in den Bezügen zu der Blütezeit des Rittertums, die im Wesen, in der Politik, in der Denkweise und vor allem in den literarischen Bestrebungen Kaiser Maximilians I. begründet waren.

Seine Vorstellungen von der Einheit und Größe des Reiches, vom Anspruch der Deutschen auf die Reichsherrschaft, die er im Titel Römisches Reich Deutscher Nation begründet sah, war für ihn keine unrealistische Schwärmerei, vielmehr schwebte ihm ernstlich die Wiederherstellung des Reiches Karls d. Gr., Ottos d. Gr. und Barbarossas als hohes Ziel vor. Sein geistiger Standort ist damit in Bereichen des Mittelalters ebenso fixiert wie in seinen politischen Entscheidungen als Reaktion auf aktuelle Ereignisse seiner Tage. In diesem Sinne war Maximilian in der Tat der Mann am Scheidewege, der für das Althergebrachte Achtung und Bewunderung bewahrte, der jedoch auch dem neuen Geist des Humanismus und der Renaissance zugewandt war.

Eben weil an der Person Kaiser Maximilians, an seinem Tun und Treiben, an seinen Ambitionen und Liebhabereien ebenso wie an der Zielsetzung seiner Politik wie in einer Rückblende die Probleme des mittelalterlichen Kaisertums und des Rittertums aufscheinen, ist die Analyse der von ihm geprägten Zeitgeschichte in einer Erörterung des Ritterwesens von hervorragender Bedeutung.

Sein von – nicht immer glücklichen – Kämpfen erfülltes Leben hatte ihn zu der Einsicht gebracht, daß der Krieg das wesentlichste Gestaltungsmoment dieser Welt und daß eben der Krieg als Normalzustand, als ein großes Turnier zur Verteilung der Welt anzusehen sei. Krieg begleitete sein ganzes Leben von frühester Jugend an, nur wie Oasen in einer weiten Wüste gab es darin Perioden friedlichen Daseins.

In der Wiener Neustädter Burg kam Maximilian am 22. März 1459 als Sohn Kaiser Friedrichs III. und dessen Frau Eleonore von Portugal zur Welt. Friedrich, ein schwacher, zaudernder Regent, Neuerungen wie ernste Auseinandersetzungen scheuend, verlor eben um diese Zeit Böhmen und Ungarn an nationale Könige. Vom Balkan her drohte die Türkengefahr und veranlaßte den Ausbau der Befestigung seiner Hauptstadt Wien und der Hofburg. Innerpolitisch brachte ihn der Streit mit seinem Bruder Herzog Albrecht VI. in eine gefährliche Lage, als dieser ihn in der Hofburg einschloß und belagerte. Eine Zersplitterung der habsburgischen Erblande war zu befürchten, nur der frühe Tod Albrechts befreite Friedrich von dieser Sorge.

Inzwischen wuchs der kleine Maximilian unter der Obhut seiner Lehrer Jakob von Fladnitz und des strengen Peter Engelbrecht von Passail, die ihm eine perfekte Bildung vermittelten, auf. Schon bald zeigte er Interesse an Heldensagen, Geschichten von Kaisern, Fürsten, Turnieren, Waffen, Jagd, Gärtnerei und Küchenwesen. Seine Wißbegierde zog ihn auch zur Schwarzen Kunst, zur Alchimie, der Herstellung von Gold und Edelsteinen. Als echtem Kind seiner Zeit beschäftigte exakte Wissenschaft ebenso wie Mystik und Zauberei seinen Geist. Der wagemutige, unternehmungslustige Jüngling, der die Gefahr liebte, betrieb neben der Wissenschaft auch die Ausbildung an den Waffen, schon früh beteiligte er sich an Turnieren und gewann Preise bei Ritterspielen.

Großen Eindruck machte auf den Vierzehnjährigen die Erscheinung Karls des Kühnen von Burgund beim Trierer Tag 1473; zum erstenmal erlebte er hier fürstlichen Prunk und fürstliche Majestät in einer gesteigerten, glänzenden Form, die ihm von Haus aus nicht vertraut war.

Karl der Kühne, mit dem Kaiser Friedrich III. in Trier zu politischen Gesprächen zusammentraf, erstrebte ein burgundisches, wenn nicht gar noch das römische Königtum. Die Verhandlungen scheiterten am Mißtrauen Friedrichs. Als Karl eine Möglichkeit zur Beeinflussung der Reichspolitik durch Besetzung des Kölner Kurfürstenstuhles mit einem Günstling seiner Wahl sah, zog er vor Neuß und belagerte die Stadt. Das gegen ihn mobilisierte Reichsheer unter Führung des Markgrafen Albrecht Achilles im Bündnis mit dem König von Frankreich Ludwig XI., der Karls Bestrebungen beargwöhnte, und die gleichzeitige Rebellion der Eidgenossen in seinem südlichen Landesteil veranlaßten Karl zum Abbruch des Neußer Krieges. Niederlagen Karls durch die Schweizer bei Grandson und Murten und durch die Franzosen bei Nancy brachten seine Pläne endgültig zum Scheitern; auf der Flucht fand er 1477 den Tod.

Maria von Burgund, einzige Tochter Karls des Kühnen und damit Erbin des Herzogtums, war 1476 mit Maximilian verlobt worden; rasch wurde 1477 die Hochzeit vollzogen. Damit begann für den jungen Habsburger eine fünfzehnjährige Kampfzeit, die ihn charakterlich formen und prägen sollte, die ihn zum Kriegsmann machte, eine Zeit, in der er unter dem Einfluß des burgundischen Hoflebens zu einer besseren Lebensart und Repräsentation seines Amtes fand; sie lehrte ihn schon beizeiten, wahrhaft kaiserlich aufzutreten.

Im Kampf um das burgundische Erbe, das ihm der König von Frankreich streitig machen wollte, den er auch gegen die Aufsässigkeit der flämischen Städte auszufechten hatte, errang er einen ersten entscheidenden Sieg gegen die Franzosen bei Guinegate 1479. Nach anfänglicher Flucht seiner Reiterei konnte er sich nach österreich-böhmischer Taktik in seiner Wagenburg einigeln, sich mit seiner Infanterie behaupten und endlich obsiegen. Aus burgundischer Sicht erschien ihm die Niederlage Frankreichs als Voraussetzung für die Entscheidung über das Imperium; diese Einsicht begründete seinen tiefen Haß gegen den westlichen Nachbarn, zu dem er trotzdem später auf dem Gipfel seiner Macht den Ausgleich fand.

Im Umgang mit Künstlern und Gelehrten entwickelte Maximilian großartige, kühne Pläne. In den reichen Schätzen der burgundischen Literatur fand er nebeneinander praktische Werke und Ritterromane. Tradition und Fortschritt, Verpflichtung im Geiste der Rittertugenden, in Zielen der hohen Minne, in der mittelalterlichen Kultur zeichneten neben nüchternem, klarem Urteil und bedenkenlos raschen Entscheidungen das geistige Konzept des jungen deutschen Königs aus, der, 1486 in Frankfurt einstimmig

Kaiser Maximilian I., von Hans Keb, 1491, Stift Klosterneuburg bei Wien.

gewählt, seinem alternden, wenig entschlußfreudigen Vater als Gehilfe zur Seite gestellt wurde.

In dem Bestreben, Deutschland zu einem wirklichen Staatswesen zu formen, eine Reichsreform durchzusetzen, eine Reichssteuer einzuführen, ein Kammergericht zu bilden und den Landfrieden zu befestigen, vereinigten Vater und Sohn ihre Kräfte. Ein Instrument zur Durchsetzung der inneren und äußeren Reichspolitik entstand endlich durch den Zusammenschluß der Gesellschaft vom St. Georgenschild, von zweiundzwanzig Reichsstädten, des Grafen von Württemberg und des Erzherzogs Sigmund von Österreich im

Schwäbischen Bund. Mit diesem Machtinstrument konnte der französische König, der den römischen König und damit die deutsche Nation durch die Zurückweisung der mit ihm verlobten Königstochter Margarethe und durch die Heirat mit der Tochter des Herzogs der Bretagne schwer gekränkt hatte, in die Schranken gewiesen und zur Rückgabe von Margarethes Mitgift veranlaßt werden. Mit den Truppen des Schwäbischen Bundes zog Maximilian 1490 nach dem Tod des Ungarnkönigs Matthias Corvinus wieder in Wien ein und vertrieb die Ungarn aus Österreich, der Steiermark, Kärnten und Krain.

Gegenüber baierischen Ansprüchen sicherte sich Maximilian die Herrschaft in Tirol, das er zum Mittelpunkt seiner politischen und militärischen Pläne machte; es galt ihm viel als Brücke zwischen Österreich und Burgund und als natürliche Bastion gegen Italien. Innsbruck, wo er eine rege Bautätigkeit entfaltete, sollte seine Hauptstadt sein. 1493 starb Kaiser Friedrich III. nach langer, aber wenig glücklicher Regierungszeit, Maximilian trat die Nachfolge an.

Wenig Entgegenkommen zeigten die Reichstage in den folgenden Jahren für Maximilians Kriegspläne um Italien, das der König von Frankreich Karl VIII. in wesentlichen Teilen in seine Hand gebracht hatte und das Maximilian andererseits durch einen türkischen Zugriff bedroht sah. Die Städte vor allem lehnten Unternehmungen außer Landes ab und waren zu keiner Hilfeleistung bereit, ehe nicht für Frieden, Ordnung und Recht im Inneren gesorgt sei. Die Fürsten ihrerseits wollten keine übergeordnete Zentralgewalt anerkennen, ihnen lag vielmehr an Bereicherung aus Reichsstiften, Reichsstädten und Besitzungen der Reichsritterschaft. Letztere kam immerhin durch den Waffendienst bei Maximilians zahlreichen kriegerischen Unternehmungen zu gewissem Wohlstand.

Gegen den Widerstand der Fürsten leitete Maximilian 1495 auf dem Wormser Reichstag das Reformwerk ein. Das Fehderecht wurde aufgehoben, der Ewige Landfrieden proklamiert – mit welchem Erfolg allerdings, zeigten die Lebensbilder des Götz von Berlichingen und Franz von Sickingen –, ein oberstes Kammergericht wurde installiert, zu dessen Etatisierung eine allgemeine Steuer, der gemeine Pfennig, bewilligt wurde. Durch diesen Beschluß fühlte sich die freie Ritterschaft in ihren alten Rechten beeinträchtigt und lehnte jede Abgabe unter Hinweis auf ihren von alters her zum Wohle des Reiches geübten Dienst und geleisteten Blutzoll ab. Auch das Verbot der Fehde wurde als Eingriff in alte Rechte betrachtet und von

Fürsten und Rittern abgelehnt. Endlich wurde doch in etwa die übergeordnete Entscheidungsgewalt des Reiches in Streitfragen der Einzelstaaten anerkannt. So konnte Maximilian als oberster Schiedsrichter den Baierischen Krieg schlichten und auf dem Reichstag zu Köln ein allgemein anerkanntes Urteil fällen, wofür er allerdings als sein Interesse aus dem aufgeteilten Kuchen die Gerichte Rattenberg, Kufstein und Kitzbühel beanspruchte und seinem Land Tirol anfügte.

Seine erste Frau Maria von Burgund war nach kurzer Ehe bei einem Sturz vom Pferd auf der Jagd tödlich verunglückt; sie hatte ihm einen Sohn Philipp und eine Tochter Margarethe geschenkt. Eine zweite geplante Heirat mit der Herzogstochter der Bretagne hatte der französische König, dem zunächst Margarethe, Maximilians Tochter, verlobt war, vereitelt, indem er selbst die Erbin der Bretagne zur Frau nahm. So schloß Maximilian eine zweite Ehe, die kinderlos blieb, mit Bianca Maria Sforza, der Tochter des Herzogs von Mailand. Der politische Aspekt dieser Verbindung lag in dem Wunsch, seine Stellung in Italien politisch und finanziell abzusichern. Diese Vorteile wogen den Standesunterschied der aus einer Kondottierifamilie stammenden Dame gegenüber dem deutschen König auf. Von 1496 bis 1508 bemühte sich Maximilian, das Reichsland Italien zurückzugewinnen, er mußte endlich sein Ziel aufgeben; die zur Verfügung stehenden Kräfte waren zu schwach, Fürsten und Reich hatten ihn nicht unterstützt. Maximilian resignierte; nachdem die Venezianer seinen Zug nach Rom vereitelt hatten, ließ er sich im Dom zu Trient zum erwählten römischen Kaiser ausrufen.

Damit zerrann die Hoffnung auf die Einheit des ganzen Reiches, das Kaisertum blieb immerhin bewahrt, Maximilian konnte es auf seinen Enkel Karl V. übertragen. 1511 verfolgte Maximilian den kühnsten Plan seines Lebens, er dachte daran, Krone und Tiara zu vereinen, kaiserliche Macht und päpstliche Würde zu verschmelzen. Diese Vorstellung entsprang keineswegs nur romantischer Träumerei oder der Aufwertung von Ansprüchen, die bereits Otto I. erhoben hatte. Der

Plan war vor allem auf nüchterne finanzielle Erwägungen aufgebaut, die allerdings durch den großartigen Aspekt eines auf weltlichem und geistlichem Grund stehenden Hauptes der Christenheit eine gewisse Weihe erhielt.

Bleibt noch Maximilians kulturelle Leistung zu würdigen, seine eigenen Werke ebenso wie seine Anregungen und Aufträge an Künstler, Poeten und Wissenschaftler. Im Auftrag des Kaisers zeichnete sein Sekretär Marx Treizsaurwein 1512 die Bücher auf, die er selber machen wollte. Diese Liste enthielt: »Grab-Erenporten – Weyßkunig – Teuerdannckh – Freydannck – Tryumpfwagen – Stamcronick – Der Stam – Artalerey – Die siben Lustgezirck – Wappenpuech – Stalpuech – Platnerey – Jegerey – Valknerey – Kücherey – Vischerey – Gartnerey – Pawmeisterey – Moralitet – Andacht – Sant Jorgen«; dies Programm wurde später noch erweitert und ergänzt, es veranschaulicht die weit gespannten Interessen des Herrschers auf allen Gebieten.

Sind diese Vorhaben auch bei weitem nicht alle erfüllt worden, so zeugt der Teil, der zur Ausführung kam, doch vom Kunstinteresse und Sachverstand des Initiators. Es waren vor allem Werke aus dem persönlichen Bereich, die vom Leben und Wirken des Kaisers berichteten, die ganz oder in wesentlichen Abschnitten verwirklicht wurden, so z. B. »Weißkunig«, »Freydal«, »Theuerdank«, »Triumph« und »Triumphzug«, »Triumphwagen« und »Ehrenpforte«. Daneben aber wurde an Geschichtswerken, Stammchroniken, einer deutschen Landeskunde und an einer Art Fürstenspiegel gearbeitet.

Die große Zahl zeitgenössischer Gelehrter und Künstler war aufgeboten, um gemeinsam dies gewaltige literarische und künstlerische Programm zu verwirklichen. Die Humanisten Johannes Stabius und Willibald Pirkheimer, unterstützt von Jörg Kölderer, Albrecht Dürer und Albrecht Altdorfer, schufen die »Ehrenpforte« und den »Triumphbogen«, graphische Werke von gewaltigen Ausmaßen, in denen pompöse konkrete Staffagen, mit Figuren aus Gegenwart, Vergangenheit und Symbolik kombiniert, in allegorischen und emblematischen Sinnbildern ein geistig-poetisches Programm darstellten, das auf die Ehre und Glorie der kaiserlichen Majestät ausgerichtet war.

Drei poetische, reich illustrierte Prachtwerke, die ihre Wurzel in der höfischen Dichtung des Mittelalters hatten, schilderten Lebensabschnitte und -perioden des Kaisers. Im »Weißkunig«, den Maximilian seinem Geheimschreiber Marx Treizsaurwein lateinisch diktierte

und der von diesem, ins Deutsche übertragen, zum Druck vorbereitet wurde, erzählt der Kaiser die Geschichte seiner Jugend, seines Bildungsganges und seiner Kriegstaten.

»Freydal«, ein Werk mit Märchencharakter, gibt die Geschichte eines jungen, um Minne bei drei königlichen Jungfrauen werbenden Ritters, dem im Dienst der boulschaft schwere, aus Ritterspiel, Kampf und Gefahr bestehende Aufgaben gestellt werden, die er an zahlreichen Turnierhöfen besteht.

Der »Theuerdank« beschreibt die Brautfahrt Maximilians zu seiner Braut Maria von Burgund. An diesem Werk waren außer Marx Treizsaurwein Melchior Pfinzing und Johannes Stabius sowie als Illustratoren Leonhard Beck, Hans Burgkmair, Hans Schäufelein, Wolf Traut u. a. beteiligt. Unter den Decknamen Theuerdank, König Romreich und der Dame Ehrenreich sind Maximilian, Karl der Kühne und Maria von Burgund gemeint. Als Nebenfiguren, die zum Guten oder zum Bösen wirken, erscheinen Theuerdanks treuer Begleiter Ehrenhold und seine Widersacher Fürwittig, Unfalo und Neidelhart.

Männer wie Suntheim, Celtis und Josef Grünpeck bemühten sich um eine »Chronik des Hauses Österreich und der Grafen Habsburg«. Peutingers »Kaiserbuch« ist eine Inschriften-, Münz- und Urkundensammlung, Cuspinians »Caesares« wurde eine Kaiserbiographie bis auf Maximilian I. Hans Ried schrieb im Auftrag des Kaisers das »Ambraser Heldenbuch«, in welchem das ritterliche Helden- und Frauenideal, die Verherrlichung der Helden des Frühmittelalters Artus und Theoderich und endlich Schwänke und Erzählungen enthalten waren.

Neben diesem ausgeprägten literarischen Interesse darf nicht unerwähnt bleiben, daß der Kaiser ebenso ein Förderer der bildenden Kunst, insbesondere der Bildhauerei und Erzgießerei war. Der gewaltige Trauerzug der Ahnen und Verwandten, den er sich für seine Grablege in Innsbruck ausgedacht hatte, wurde nur zum Teil ausgeführt. Von den geplanten vierzig großen Erzstandbildern wurden nur achtundzwanzig vollendet; sie umstehen einen von reichen Gittern umschlossenen Kenotaph in der Hofkirche zu Innsbruck, die eigens zur Aufnahme dieser phantastischen Totenehrung von den Architekten Andreas Crivelli und Alexander Longhi aus Trient entworfen und erbaut wurde. Eine große Schar von Künstlern, die als Bild-

1430 stiftete Herzog Philipp der Gütige von Burgund den Orden vom Goldenen Vlies. Ordensträger hatten den Eid auf das Schwurkreuz zu leisten; Burgunderschatz, Weltliche Schatzkammer, Hofburg, Wien.

hauer und Gießer am Gesamtwerk arbeiteten, kamen aus Tirol und Schwaben, Peter Vischer aus Nürnberg schuf die Figuren König Artus' und Theoderichs, an den Reliefs des Kenotaphs arbeitete Alexander Colin aus Mecheln. Maximilian wurde jedoch nicht in Innsbruck beigesetzt, sondern in Wiener Neustadt.

Burg – Schloß – Festung

Die starke Veste Kufstein, die der Bayernherzog Ludwig der Gebartete von Ingolstadt – derselbe, der daselbst ein neues Burgschloß erbauen ließ – 1415 nach neuen, bereits auf den feindlichen Artillerieeinsatz abgestimmten Gesichtspunkten hatte verstärkt befestigen lassen, konnte der Beschießung durch Maximilians Riesengeschütze Purlepaus und Weckauf von Österreich nicht standhalten. Bei der vorangehenden Beschießung mit leichterem Geschütz hatte der baierische Pfleger und Burgkommandant Hans von Pienzenau die Kanonenkugeln zum Hohn und Spott von den Mauern kehren lassen, wodurch er sich allerdings den Haß des königlichen Angreifers zuzog, der später nach erfolgter Übergabe in wenig ritterlicher Weise Rache übte und den Burghauptmann mit achtzehn seiner Männer vor der Burg köpfen ließ. Nur mühsam konnte Herzog Erich von Braunschweig durch seine Fürbitte den Rachedurst des Königs beschwichtigen und dem grausamen Gemetzel ein Ende machen. Maximilian, als neuer Herr des Platzes, ließ die Burg nach neuesten Erkenntnissen ausbauen. Im Zuge dieser Verbesserung und Verstärkung des Wehrbaus entstanden die mächtigen Rondelle, der Bürger- und Fuchsturm und der gewaltige, zentrale Kaiserturm, den der Festungsbaumeister Michael Zeller gen. Preuss erbaute.

Dies Beispiel der Umwandlung einer Burg zur Festung bezeichnet bereits ein fortgeschrittenes Stadium im Burgenbau, die schon im ausgehenden 14. Jahrhundert begonnen hatte. Bis zu dieser Zeit war die mittelalterliche Burg als Wohnbau des herrschenden Standes und zugleich als Wehrbau eine Einheit, die zum Schutze von Herrschaft und Untertanen den Anforderungen an Wohnkomfort und Sicherheit entsprach. Im 15. Jahrhundert war diese Sicherheit nicht mehr in allen Fällen gegeben, und für den Wohnwert der Burgen hatten Veränderungen im geistigen und gesell-

schaftlichen Bereich neue Maßstäbe gesetzt. Als sich allmählich der Wandel vom Feudaladel zum Hofadel anbahnte und die Beteiligung Adliger am Handel zunahm, konzentrierten sich neue Adelssitze in der Nähe fürstlicher Residenzen und bei oder in Städten, zumindest bevorzugte man Orte, die leichter erreichbar und zugänglich waren.

Diese neueren Behausungen entbehrten wohl nicht jeglicher Wehrhaftigkeit, waren aber durchaus keine Burgen im Sinne des Mittelalters, sondern feste Häuser oder Schlösser, worunter eine schwach bewehrte oder unbewehrte Anlage als repräsentativer Wohn- und Amtssitz einer im engeren oder weiteren Bereich Herrschaft über Land und Leute ausübenden Persönlichkeit adligen Standes zu verstehen ist.

Die Burgen, die keineswegs sofort ihren Wert verloren, ließ man von Pflegern verwalten und man begann, so gut es die Umstände zuließen, die Wehrhaftigkeit zu verbessern. Vielfach waren die Städter in der Modernisierung ihrer Wehrgürtel rascher bei der Hand; ihre Lösungen konnten bei den ähnlich gearteten Beringen der Burgen auch angewendet werden. Wie noch heute verursachten auch damals Baumaßnahmen hohe Unkosten, zumal solche, die das normale Maß mit Rücksicht auf den besonderen Zweck einer Wehranlage weit überschritten. Dem Ritteradel fehlten dazu die Mittel; das war unter anderen ein wesentlicher Grund, weshalb in der zweiten Hälfte des 15. Jahrhunderts zahlreiche nutzlose und unwohnliche Burgen aufgegeben wurden. Einen modernen Ausbau konnten sich nur die Fürsten an ihren Burgen leisten, die im Sinne ihrer Territorialpolitik solche Objekte auswählten, die für die Landesverteidigung von Bedeutung waren. In Württemberg ließ Herzog Ulrich z.B., nachdem sich die Mehrzahl seiner Burgen als zu schwach erwiesen hatte, fünf Höhenburgen und zwei Städte zu Festungen ausbauen (1535–1555): Hohenasperg, Hohenneuffen, Hohenurach, Hohentübingen, Hohentwiel, Schorndorf und Kirchheim. Der Markgraf von Brandenburg fügte der Plassenburg (1554) die hohe Bastey an, die Wettiner gaben der Veste Coburg (ab 1533) ein neues Wehrsystem. Ein typisches Beispiel frühen Festungsbaus war auch die Veste Grimmenstein bei Gotha und nicht zuletzt die bereits erwähnte Veste Kufstein.

Die Verbesserung an den Wehrbauten galt einzig und allein der Abwendung der durch den Flachschuß der Feuerwaffen entstandenen Bedrohung. Zunächst verstärkte man die Dimensionen der Mauern oder verbreiterte sie durch rückwärtige Anschüttungen.

Man füllte den Zwinger auf, schuf dadurch einen Niederwall (Faussebraye), um auf diese Weise Standflächen für Geschütze zu schaffen; Erdwälle im Vorgelände sollten den Gegner in größerer Entfernung halten. Vor allem aber baute man mächtige, niedrige Rundtürme, Basteien, vorzugsweise an den Ecken oder vor der Front, um für die eigene Artillerie eine geschützte Stellung und weites Schußfeld zu gewinnen. Das Profil der Gesamtanlage wurde flacher, geduckter und gedrungener, denn nun war für den Verteidiger nicht mehr wie auf den Burgen der erhöhte Standort über dem Feind von Bedeutung, nicht mehr die ragende Höhe der Mauern und Türme als Betonung der Vertikale, sondern wichtig war die verbesserte Deckung und damit insgesamt die dominierende Horizontale.

Ebenso wie die Waffenkunde und Belagerungstechnik in Kriegsbüchern theoretisch abgehandelt und verbreitet waren, wurde nun auch die Kriegsbaukunst Gegenstand systematischer Untersuchungen. Als einer der ersten trat hier in Deutschland ein Maler, Albrecht Dürer, mit einem Werk an die Öffentlichkeit, ein Beweis für die universalen Interessen und Fähigkeiten der Menschen dieses Jahrhunderts. 1527 erschien »Etliche undericht zur befestigung der Stett, Schloß und flecken« in Nürnberg. Das reich mit Plänen und Ansichtszeichnungen illustrierte Werk lieferte Anleitungen zum festungsmäßigen Ausbau von Burgen und Städten – denn um diesen ging es nun – mit den notwendigen grundsätzlichen Überlegungen.

Diese Vorschläge galten noch der Verbesserung bestehender Wehranlagen der Städte und Burgen, wobei im Titel des Buches Schloß gleich Burg zu setzen ist, wie ja seit dem hohen Mittelalter die Bezeichnungen Burg, Veste, castrum, Schloß als Synonyme gleichzeitig und nebeneinander als Termini für ein und dieselbe Sache, nämlich für das, was wir nun nur noch Burg nennen, galten.

Immerhin vollzog sich allmählich eine Scheidung der bislang in der Burg vereinigten Aufgaben als Wohnbau einerseits und Wehrbau andererseits. Das bedeutete eine Übernahme der Wohnfunktion vom Schloß und der Wehrfunktion von der Festung, der rein militärischen Anlage, die ausschließlich Aufgaben der Verteidigung zu erfüllen hatte. Zunächst gab es noch Kombinationen beider Elemente am gleichen Ort, also Schlösser im Zentrum eines sie im weiten Umkreis umgebenden und schützenden Festungsgürtels, ein Typ, der als Palazzo in Fortezza bezeichnet, im 16. und 17. Jahrhundert üblich wurde. Vorwiegend aber ging man dazu über, Festungen als bewehrte Kasernen für eine stehende Truppe zu schaffen, und zwar seit dem frühen 16. Jahrhundert in Formen, die wohl in Italien gefunden, alsbald aber in ganz Europa üblich wurden. Das Ergebnis dieser Entwicklung war die bastionierte Festung mit fünfseitigen Bastionen an den Ecken meist regelmäßiger Polygone. Dabei standen den Praktikern im Festungsbau eine wahre Flut theoretischer Abhandlungen zur Verfügung, mit denen ein bis zur Gegenwart blühender Literaturzweig eingeleitet wurde. Die Autoren waren keineswegs, wie zu erwarten wäre, nur Kriegsleute und Architekten, nein, auch aus den Reihen der Naturwissenschaftler, der Mathematiker und gar der Geistlichen kamen Theoretiker und Ingenieure. Die Ritterburg aber verfiel, sofern sie abseits im unwegsamen Gelände stand, oder wurde zum Schloß oder Gutshof verwandelt, wenn die Gegebenheiten günstig waren. Burgen der Landesherren, die zum Umbau in Festungen nicht taugten, erhielten vielfach neue Verwendung in der Verwaltung als Kastenämter sowie Gerichtssitze oder Gefängnisse der allmählich einheitlicher organisierten Justiz.

Prunkrüstung

Ebenso wie sich das ganze Kriegswesen gewandelt hatte, wie man im Wehrbau zu neuen Formen gekommen war, so ergaben sich auch um die Wende des 16. Jahrhunderts Änderungen an der Rüstung des Ritters. Für den Körperschutz im Gefecht machte man sich die bitteren Erfahrungen der gegen die Eidgenossen verlorenen Schlachten zunutze und begnügte sich um der besseren Beweglichkeit willen mit dem Nötigsten nach Landsknechtsart. Andererseits kultivierte man den in den Bereich des modischen entrückten Turnierharnisch zu vollkommener Eleganz. Die Verfeinerung nahm Formen an, die es dem Ritter unmöglich machten, eine derartige Turnierrüstung zu bezahlen. Da die Turniere ausschließlich an Fürstenhöfen abgehalten wurden, ließen diese es sich angelegen sein, Rüstkammern zur Ausstattung der geladenen Kämpfer einzurichten.

Die Änderungen der Rüstungen betrafen hauptsächlich die Oberflächenbehandlung des Harnisches; der Riefelharnisch, durch parallele Kehlen und Grate gekennzeichnet, die in Richtung der Gliedmaßen eine gewisse Fältelung wie im Stoffgewand andeuteten, dürfte eine Einführung der dem Kaiser Maximilian besonders verbundenen und von ihm geförderten Innsbrucker Plattnerzunft gewesen sein. Neben dieser waren es die Meister in Augsburg und Nürnberg, denen Maximilian sein Interesse zuwandte und die er mit reichen Aufträgen bedachte.

Neben der Riefelung gehörten zur Verzierung Ornamentätzungen und figürliche Treibarbeiten, zu denen bedeutende Meister wie Hans Burgkmair und andere Vorlagen lieferten. Prunkharnische gekrönter Häupter in allen europäischen Ländern waren Spitzenleistungen einer Entwicklung, so daß der am Ende des 14. Jahrhunderts technisch reif entwickelte Plattenharnisch nurmehr Objekt des jeweiligen Stilempfindens wurde.

In dem Maße, in dem die Rüstung zum eleganten Kostüm wurde, entartete auch das Turnier zur höfischen Spielerei. Bei einem weitgehend gemilderten Gefahrenmoment waren es in erster Linie Prunkentfaltung und Lustbarkeit, die schon fast an Masken- oder Faschingstreiben herankamen, zumal nun auch die Turniere vorwiegend in der Fastenzeit veranstaltet wurden. Ein beliebtes Ausrüstungsstück war der Masken- oder Schembarthelm, der ursächlich mit einem Nürnberger Fastnachtsbrauch (seit 1458), dem Schönbart- oder Schembartlaufen, einem Umzug der Metzgerzunft, dem sich auch gern junge Patrizier anschlossen, zusammenhing. 1539 wurde der Brauch nach einer großen Schlägerei verboten, in der Gegenwart ist er als folkloristische Veranstaltung neu belebt.

Reichsritterschaft

Der Ritteradel aber, soweit er noch kleine und kleinste Territorien beherrschte und es vermocht hatte, sich dem Zugriff fürstlicher Macht zu entziehen, schloß sich fester zusammen, zumal in Franken, wo der freie Adel schon von jeher seine Stellung glücklicher als in anderen Ländern behauptet hatte.

Entstanden aus den Resten des salischen und staufischen Reichs- und Hausguts am Rhein, in Franken und Schwaben, erhielt sich im Spätmittelalter ein niederer Adel, der aus den Edelfreien und den Ministerialen hervorgegangen war. Wie bereits geschildert, versuchten die Ritter sich durch das Rechtsmittel der Fehde und durch Zusammenschlüsse in Ritterbünden gegen die Fürsten und das Bürgertum zu wehren. 1422 organisierte sich die Reichsritterschaft bündisch, sie wurde im Ewigen Landfrieden 1495 reichsrechtlich anerkannt.

Versuche, durch den von Hutten und Sickingen betriebenen Zusammenschluß zu politischem Einfluß zu gelangen, scheiterten am Landesfürstentum, hauptsächlich wegen der teilweisen Beteiligung an Bauernaufständen 1525 (Florian Geyer, Götz von Berlichingen).

Karl V. änderte in Anbetracht der gewandelten Kriegstechnik die persönliche Heeresfolgepflicht der Reichsritterschaft gegenüber dem Kaiser in eine Abgabe in Form von Charitativ-Subsidien von 10000 Talern um, die der Kaiser persönlich einnahm. 1577 schloß sich die Ritterschaft nach Loslösung aus den jeweiligen Landständen zu einem Ritterverband zusammen, der sich eine Verfassung gab und ihre Rechte vertrat. Der Ritterverband aus den Ritterkreisen Schwaben, Franken und am Rhein war in 14 Kantone gegliedert. Zwar bewahrte die Reichsritterschaft auf diese Weise ihre Reichsunmittelbarkeit und ihre Territorialstaatlichkeit, erreichte jedoch nicht die Reichsstandschaft und hatte keine Kuriatsstimme im Fürstenrat.

Unter der habsburgischen Landgrafschaft wurde die Ritterschaft des Oberelsaß landständisch, die des Unterelsaß dagegen blieb reichsunmittelbar. Im 17. Jahrhundert erfuhr die Reichsritterschaft nochmals einen Aufschwung durch die Aufnahme von Adligen aus Hessen-Kassel, Fulda und Trier. Die Reichsritterschaft bewahrte ihre kaisertreue Haltung. Unter den Habsburgern kamen aus ihren Reihen Beamte und Offiziere des kaiserlichen Heeres. Nicht in allen Fällen erhielten die Angehörigen der Reichsritterschaft den Blutbann und die Hochgerichtsbarkeit für ihre Territorien, jedoch behielten sie in ihrem meist kleinen Herrschaftsbereich die ihnen im Westfälischen Frieden 1648 zugestandenen Rechte der Gesetzgebung, Besteuerung, das Gesandschafts- und Bündnisrecht sowie das Recht der Religionswahl für ihre Untertanen.

1805 wurde die Reichsritterschaft im Preßburger Frieden und 1806 bei der Gründung des Rheinbundes mediatisiert. Obgleich ihr im Wiener Kongreß weder eine Kuriatsstimme im Deutschen Bund noch die den anderen Mediatisierten eingeräumten Vorteile gewährt wurden, bewahrte sie innerhalb des deutschen Adels ihre gesamtdeutsche Haltung.

Folgende Doppelseite:
Ronneburg bei Hanau, auf einer Basaltkuppe, Mitte 13. Jh., nach Bränden und Schäden im 17. Jh. mehrfach wiederaufgebaut.

Tradition und Ritterromantik

Literatur

Bezeichnend für den Charakterwandel im Erscheinungsbild des Ritters im 16. Jahrhundert sowohl in der bildenden Kunst wie in der Literatur sind die Gestalten von Ariosts »Rasender Roland«, Dürers »Ritter, Tod und Teufel« – dem unerschrockenen christlichen Reiter – bis hin zum Bild des zwischen Wirklichkeit und Ideal stehenden Menschen, der als Parodie gedachten Figur von Cervantes' Junker Don Quijote. Gewiß war jener zu seiner Zeit, am Ende des 16. Jahrhunderts, dichterische Übertreibung, enthielt aber auch bereits eine Rückblende auf vergangene Herrlichkeit, wie man gleichzeitig auch in der Architektur klassische und mittelalterliche Stilelemente verwendete.

Darin aber liegen bereits die Wurzeln der Romantik, die, mit Rousseau beginnend, den Dichtern, Philosophen, Malern und Architekten im 18. und 19. Jahrhundert eine neue geistige Richtung gab und gerade auch die mittelalterliche Welt der Ritter und Burgen als bevorzugtes Motiv einbezog.

Betrachtet man diese Periode unter dem Thema Ritterromantik, so muß das einzige vollendete Heldengedicht des 17. Jahrhunderts, »Der Habsburgische Ottobert« (1664) von Wolfgang Helmhard Freiherr von Hohberg, als Vorläufer erwähnt werden, in dem der spätere Heldenroman schon vorgezeichnet ist. Hohberg erzählt die Geschichte von Ottobert und Ruremunde, die erst, nachdem beide Mühsal, Kämpfe, Verwundungen, Gefangenschaft und Entbehrungen ertragen haben, als glückliches Paar vereint werden.

Als erste Höhepunkte der Sturm-und-Drang-Bewegung sind die Dichtungen von Johann Gottfried Herder und Johann Georg Hamann anzusehen. Der deutschen Art und Kunst gab Herder in seinem Werk »Ideen zur Philosophie der Geschichte der Menschheit« eine Grundlage, indem er die Wendung zur Geschichte herbeiführte. Das teils heroische, teils sentimentale Drama Friedrich Maximilian Klingers »Sturm und Drang« gab der Bewegung den Namen, es war charakteristisch für das in verworren unklarem Pathos und übersteigert unechter Leidenschaft verhaftete Wesen der Ritterromantik.

Von solcher Art war auch Klingers fünfaktiges Schauspiel »Otto«, ein Ritterdrama, in dessen turbulentem Verlauf die Guten den bösen Intriganten unterliegen, so daß am Ende nur ein Leichenhaufen bleibt.

Aus dem Geist der Besinnung auf Geschichte und Volkssagen waren Johann Karl August Musäus' »Volksmärchen der Deutschen« entstanden. Zur gleichen Kategorie sind auch Ludwig Tiecks Volksmärchen zu zählen, die unter anderem von den »Haimonskindern«, von der »Schönen Magelone« und vom »Ritter Blaubart« erzählen. In den Rahmen dieser Betrachtungen gehört ferner Tiecks »Karl von Berneck« ebenso wie die von ihm mit einem Vorwort kommentierten »Minnelieder aus dem schwäbischen Zeitalter«, durch die das Interesse an der mittelhochdeutschen Dichtung geweckt wurde. Er bearbeitete ferner eine Ausgabe von Ulrich von Lichtensteins »Frauendienst«. Sein Interesse an diesem Stoffkomplex war wohl bereits durch seinen Lehrer und Mitarbeiter Friedrich Nicolai geweckt, der ihn in jungen Jahren mit der Abschrift von Ritterromanen beschäftigt hatte.

Spricht man von Ritterromantik, so erscheint unvermeidlich die Gestalt des Götz von Berlichingen, so wie Goethe sie in seinem Schauspiel als den »freien Rittersmann, der nur abhängig ist von Gott, seinem Kaiser und sich selbst«, als den Helfer der Armen und Bedrängten, als einen Haudegen von urwüchsiger Kraft und Rauheit, aus oppositioneller Stimmung gegenüber der konventionellen Lebensenge des Rokoko heraus gezeichnet hat.

Als geeignete Kunstform für die Schilderung der mittelalterlichen Ritterwelt erwies sich vor allem die Ballade, wie z. B. Schillers »Ritter Toggenburg« oder »Der Graf von Habsburg«. Besonders fruchtbar war der Schwabe Ludwig Uhland mit seinen Balladen »Der schwarze Ritter«, in der der Tod als Ritter beim Turnier und im Festsaal erscheint, dem des Königs Kinder zum Opfer fallen, weiter »Graf Eberhard«, auch »Schwäbische Kunde«, der Kreuzritterschwank »Als Kaiser Rotbart lobesam . . .«, »Bertran de Born« und »Das Glück von Edenhall«, Glück und Glas zerbricht, der Übermut des jungen Lords wird dem Herrn und der Burg zum Verhängnis; »Der nächtliche Ritter« bringt der Dame unter ihrem Balkon ein Ständchen und kämpft mit dem Rivalen; »Herzog Ernst« (von Bayern) ist die rührende Geschichte des Stiefsohns Kaiser Ottos, der des Kaisers Neffen, seinen Neider und Widersacher, den Pfalzgrafen Heinrich, erschlägt, vom Kaiser geächtet und bekriegt wird, zur Sühne eine abenteuerliche Reise ins Heilige Land unternimmt und nach glücklicher Heimkehr durch Vermittlung seiner Mutter – Ottos zweiter Gemahlin Adelheid – vor dem Kaiser Gnade findet.

In den Kreis der romantischen Ritterdichtung gehört ebenso Moritz von Strachwitz' Ballade »Das Herz von Douglas«, ferner J. A. von Törring mit seiner »Agnes Bernauerin« und dem »Caspar der Thoringer«, Achim von Arnims »Die Kronenwächter« und ebenso die von ihm gemeinsam mit Clemens von Brentano herausgegebene Liedersammlung »Des Knaben Wunderhorn«. Weiter Joseph Freiherr von Eichendorffs Novelle »Schloß Durande«, die das Ende des an tödlicher Verwundung sterbenden Letzten seines Stammes und den von Blitz und Donner begleiteten Untergang der Burg schildert; ferner auch sein Drama »Der letzte Held von Marienburg«. Zu den bekanntesten Ritterromanen gehört Wilhelm Hauffs »Lichtenstein«, endlich ist Theodor Fontanes Ballade »Archibald Douglas« zu nennen, die ohne die vorerwähnte Dichtung Moritz von Strachwitz' nicht denkbar ist; ebenso zum schottischen Sagenkreis gehört die Ballade »John Maynard«.

Neben den Werken der gehobenen Literatur erscheinen seit dem Ende des 18. Jahrhunderts im Bereich der Trivialliteratur zahlreiche Räuber- und Ritterromane. Sie sind charakterisiert durch Sturm-und-Drang-Elemente aus Abenteuer und revolutionärem Geist gegen die Gesellschaft und moralisierende Heuchelei, durch Figuren wie Götz oder Karl Moor, die bewußt für eine Gerechtigkeit gegen das Gesetz kämpften, entsprechend ihren Leitbildern, einerseits Kreuzritter, andererseits Raubritter. Die Rittervorstellung der Romantik, der gerüstete, geharnischte Mann schlechthin, entsprach jedoch nicht dem Ritter der Hochblüte, sondern dem maximilianischen Ritter der Spätzeit.

Malerei

Parallel zur Ritterromantik in der Literatur lief am Beginn des 19. Jahrhunderts die religiöse Welle, die vor allem in der Schwärmerei der Nazarener offenbar wurde und hauptsächlich in der Malerei zum Ausdruck kam. Der Überschwang des in der Natur schweifenden Sturm-und-Drang-Geistes beschränkte sich im Kultbild der Heiligen und ihrer Legenden. Der Kunsthistoriker Richard Hamann schreibt: »Man hatte nicht den Ehrgeiz, originell zu sein und etwas Neues oder Phantastisches zu entwerfen, man kehrte zurück zur Tradition im Inhalt und in der Form; Heiligenlegenden und Ritterfeudalität werden Themen dieser Restauration des Übermenschlichen.«

Das Feld, auf dem die Künstler dieser Epoche im Motivkreis Ritterromantik tätig wurden, war die Illustration in der Form der Buchillustration oder der al fresco als Raumdekoration geschaffenen Bilderzyklen. Zu dieser Künstlergeneration gehörte u. a. Franz Pforr, der in religiöser Schwärmerei mit Overbeck 1809 die Lukasbrüderschaft gründete, um in einer ordensähnlichen Zucht seine Werke zu schaffen. Die Stoffe seiner Gemälde und Graphiken entnahm er der deutschen mittelalterlichen Legende und Geschichte; so malte er auch den Einzug Rudolf von Habsburgs 1273 in Basel, ferner Vorlagen zu Stichen als Illustrationen zu Schillers Ballade vom Grafen von Habsburg und zur Geschichte des Götz von Berlichingen. Ebenfalls zum Kreis der Nazarener gehörte Julius Schnorr von Carolsfeld. In Rom schuf er das Wandgemälde »Rasender Roland« und in München in fünf Sälen der Residenz die Geschichte der »Nibelungen Not und

Kriemhilds Rache«; auch Darstellungen der Kaisergeschichte finden sich unter seinen Werken. Johann Heinrich Wilhelm Tischbeins wichtigstes Bild ist »Konradin von Schwaben und Friedrich von Österreich erfahren im Kerker ihr Todesurteil«. Karl Friedrich Schinkel, Maler und Architekt, malte ein phantastisches Bild der Gralsburg. Soviel Beispiele zu dieser Kategorie.

Aus dem nazarenischen Streben nach einer gewissen Nüchternheit der Form ergab sich auch für die romantische Landschaftsmalerei eine Hinwendung zur Sachlichkeit. Hier spielten weniger Geschichte und Legende – die gelegentlich der Landschaft als Staffage bedurften – als vielmehr das Bauwerk, die Ruine, zwischen Natur und Menschenwerk stehend, eine wesentliche Rolle. Dem romantischen Geist verwandt und entsprechend war die erschütternde Vorstellung vom Übergang des von Menschenhand Geschaffenen in die Welt der Natur, die Veranschaulichung der Gegensätze Leben gegen Sterben, Ordnung und Sicherheit gegen Verfall.

Doch war die Ruinenfreudigkeit in der Malerei keineswegs ein spezifisches Element der Romantik. Seit Beginn der Tafel- und Wandmalerei ist die Ruine ein beliebtes Stück der Ausstattung, Hintergrund oder Hauptmotiv, man denke nur an die zahlreichen Krippenbilder. Zu diesen frühen Zeugnissen erbrachte die Malerei der Romantik insofern einen neuen, wesentlichen Gesichtspunkt, als nicht die konstruierte Gebäude- oder Kirchenruine schlechthin, sondern das Abbild existenter Burgruinen in möglichst treuer Wiedergabe erwählte Objekte der Künstler waren. Sie schufen damit Werke von hohem Dokumentarwert, wobei der malerische Wert des Motivs als Anreiz der Darstellung außer Zweifel steht. Denkbar ist aber auch, daß diese Begeisterung für das natürliche Vorbild von der Beschäftigung mit der altdeutschen Malerei inspiriert wurde, etwa in Kenntnis der Burgen- und Ruinendarstellungen auf Bildern Dürers, Altdorfers und deren Zeitgenossen.

Anregung zu dieser Themenwahl mag aber auch eine in der zweiten Hälfte des 18. Jahrhunderts aufgekommene Mode gegeben haben, Ruinen zur Dekoration des Gartens zu verwenden, wie es zunächst in England geschah, bald aber auch in Deutschland ein beliebter Brauch wurde. Die Malerei übernahm den romantischen Zauber dieser Gartenstücke als Bildthema und entwickelte aus diesen gebauten Phantasieprodukten ihrerseits prächtige Fabelschlösser als Staffagen für ihre Sagen- und Märchenszenen.

Architektur

Doch die künstlichen Gartenruinen blieben nicht die einzige Wiedererweckung antiker und mittelalterlicher Bautypen und Bauelemente. Weit ergiebiger als in der Malerei kam die Neubelebung einer Erforschung und Wertung der deutschen Geschichte des Mittelalters der Architektur zugute, vor allem der des Adels, der Bauformen der Romanik, vor allem aber der Gotik und Renaissance bei der Planung seiner Schloßbauten wieder verwandte und umstrukturierte.

Wie bereits angedeutet, kamen Anregungen zur Anlage von Landschaftsgärten mit Miniaturparkburgen, aus denen sich im Laufe der Zeit das Wohnschloß im historisierenden Stil entwickelte, aus England, wo man im neu erwachten historischen Geist Idealbilder der Vergangenheit suchte, in denen man, vom rationalen Denken abgewandt, Gefühls- und Stimmungswerte realisieren wollte. Ein Bau, von dem viele Impulse ausgingen, war das Haus Strawberry Hill an der Themse, ein Landhaus, dem durch Anfügung gotischer Versatzstücke ein bizarres Aussehen gegeben wurde. So war in der zweiten Hälfte des 18. Jahrhunderts England gegenüber dem bisher beliebten Frankreich das bevorzugte Reiseziel deutscher Adliger, die sich hier neben künstlerischen Ambitionen auch dem Studium des Staatswesens widmeten.

Als Ergebnisse solcher Bemühungen und Erkundigungen erscheinen – um nur einige Beispiele zu nennen – u. a. das Gotische Haus in Wörlitz, von dem Architekten Wilhelm von Erdmannsdorf 1763/64 für Fürst Leopold Friedrich Franz von Anhalt-Dessau erbaut. Diesem Vorbild wiederum folgte Herzog Karl August von Sachsen-Weimar, der 1784 in den Weimarer Parkanlagen eine künstliche Ruine unter der Verwendung von Spolien erbauen ließ, ebenso die Burg des Kurprinzen von Hessen-Kassel in Wilhelmsbad bei Hanau. Der nachmalige Landgraf Wilhelm IX., eine vitale Persönlichkeit, hatte sich in dieser Burg ein Refugium geschaffen, das ihm erlaubte, vom Hofleben unbeeinträchtigt die romantische Einsamkeit auf seine Weise zu genießen. Eine wesentlich aufwendigere, jedoch aus dem gleichen Geist geborene Anlage entstand später im Park der Kasseler Sommerresidenz Wilhelmshöhe, die Löwenburg, ein roman-

Hohkönigsburg bei Schlettstadt, die Totalruine ließ Kaiser Wilhelm II. durch den Hofarchitekten und Begründer der Deutschen Burgenvereinigung, Bodo Ebhardt, als mittelalterliche Museumsburg 1900–08 bauen. Das Werk wurde bereits von Zeitgenossen viel diskutiert.

tisches Ruinenschloß von bewundernswürdig phantasievoller Gestaltung. Von ähnlichen Ausmaßen, aber nicht als Gipfelburg, sondern als gotische Wasserburg war die Franzensburg im Park von Schloß Laxenburg konzipiert. Ihren Namen erhielt sie nach Kaiser Franz I. von Österreich, dessen Gemahlin ihn, den nüchternen, der Romantik nicht eben aufgeschlossenen Staatsmann, wohl zum Bau dieser romantischen Burg bewog.

In die Gruppe der Parkburgen als frei erfundene Phantasiegebilde gehören ferner – die wichtigsten schlicht aufgezählt –: Die alte Burg in Fürstenstein, das Gotische Haus im großen Tannenwald zu Bad Homburg, die Moosburg im Park von Bibrich, die Pfaueninsel bei Potsdam, die Russel auf dem Niederwald, der Felsengarten Sanspareil, der Turm am Steinschen Schloß in Nassau und das Jagdhaus Waldleiningen. Nach diesem mehr spielerischen Beginn des Ruinenkultes nahm die Mode, mittelalterliche Baustile für den Schloßbau zu verwenden, bestimmtere Formen an. Zu dem bereits seit dem Ende des 18. Jahrhunderts einsetzenden Interesse an Geschichte und Kunstgeschichte kam nach den Freiheitskriegen als neuer Impuls ein nationales Element, das die Besinnung auf die – wie man es sehen wollte – großen herrlichen Zeiten des mittelalterlichen Kaiserreichs noch verstärkte. Der anfänglich sentimentalen Stimmung folgte nun eine realistische Einstellung, die vor allem in Richtung auf eine Pflege und Bewahrung des Bauerbes ausging. Nicht mehr in Phantasiegebilden wollte man die Freude am Altdeutschen erschöpfen, sondern die überkommenen Bauten und Ruinen sollten zur ursprünglichen Wirkung gebracht werden, daneben aber auch nutzbar sein und zeitgerechten Wohnansprüchen genügen. In diesem Bestreben wetteiferten die deutschen Fürstenhäuser, indem sie ihre Baumeister mit dem Wiederaufbau von Burgen beauftragten, deren Ruinen in ihrem Besitz waren oder von ihnen erworben wurden.

1819 faßte Kronprinz Friedrich, der spätere König Friedrich Wilhelm IV. von Preußen, den Entschluß, die Burg seiner Väter, Hohenzollern, die seit dem frühen 18. Jahrhundert unbenutzt, ihrem Schicksal überlassen, dem Verfall preisgegeben war, wieder aufzubauen. Das Werk, zu dem auch Karl Friedrich Schinkel Stellung nahm, gedieh unter der Leitung des badischen Majors Arnold und, als man diesen entließ, un-

Wartburg bei Eisenach, im großen Saal des Landgrafenhauses, dem Ort des sagenhaften Sängerkrieges, malte der Romantiker Moritz von Schwind sein berühmtes Fresko, 1855 vollendet.

ter Aufsicht des Schinkelschülers August Stüler. Mit dem Originalbau verfuhr man recht arglos, der neugotische Neubau bietet eine durch Fialen, Giebel und Zinnen bereicherte, durch Baukörper in wechselnder Höhe und Ausdehnung belebte Erscheinung einer Gralsburg und entsprach der Freude am romantischen Bild ebenso wie dem nationalen Stolz.

Ein weiteres hervorragendes Beispiel dieser Kategorie bietet auch die Restaurierung der Ruine Stolzenfels am Rhein, die Kronprinz Friedrich von der Stadt Koblenz geschenkt bekommen hatte. Nach den maßgeblich von Schinkel überarbeiteten Plänen von S. C. von Lassaulx erhielt die Burg unter Verwendung aller noch bestehenden Bauteile – so wollte es der Bauherr – eine neue Gestalt, die trotz aller Rücksichtnahme auf die historischen Gegebenheiten dennoch einem Neubau gleichkam. Dem Genie Schinkel gelang es jedoch, trotz der zur Anpassung an den neuen Zweck notwendigen Änderungen im Grundriß, einen harmonischen, in vielen Einzelheiten auch der romantischen Sehnsucht gerecht werdenden Gesamtkomplex zu schaffen. Nach Schinkels Tod vollendete Stüler als sein Nachfolger den Bau. 1842 zog der Bauherr, begleitet von einer illustren Gesellschaft in altdeutscher Tracht, in die Burg ein. Die Ausstattung der Burg gibt eine Vorstellung von der Wohnkultur der Erbauungszeit, so wie man ganz allgemein restaurierte Bauten mit Mobiliar in neugotischen Formen auszustatten pflegte, das Wandfresko bevorzugte und mit Glasmalerei den historischen Charakter zu beschwören trachtete.

In ähnlicher Weise wie Stolzenfels war bereits zuvor die auf den Namen Rheinstein umbenannte Ruine der Voigtsburg durch Prinz Friedrich Ludwig Wilhelm, den Vetter des Preußenkönigs, wieder aufgebaut worden. In der von Philipp Hoffmann erbauten, gegenüber dem massigen Burgkomplex elegant wirkenden neugotischen Kapelle fand der Bauherr seine letzte Ruhe.

Jedoch nicht nur der preußische Hof befaßte sich mit der Ruinenpflege; Markgraf Karl Friedrich von Baden erwarb für seinen Sohn Friedrich die Ruine Ebersteinschloß, die unter Friedrich Weinbrenners Leitung zum Wohnschloß ausgebaut wurde.

Das Haus Sachsen, zunächst Sachsen-Coburg, hat das Verdienst, sich um die Instandsetzung der Veste Coburg bemüht zu haben. Hier arbeitete der Architekt Karl Alexander Heideloff. Dem Haus Sachsen-Meiningen ist der Wiederaufbau der mittelalterlichen Burg Landsberg zu verdanken. Hier versuchten die Architekten die Erscheinung einer Ritterburg durch Kompositionen von Türmen und Bautrakten und vieler

wehrbautechnischer Details zu erreichen. Das Haus Sachsen-Weimar verlieh der Wartburg, einem Symbol mittelalterlichen Rittertums, neuen Glanz. Moritz von Schwind und sein Schüler Karl Moßdorf schufen hier die Fresken im Landgrafenzimmer und im Rittersaal. Kronprinz Maximilian von Bayern, nachmals König Maximilian II., erwarb die Ruine Schwanstein am Alpsee, um sie nach Plänen eines der bedeutendsten Künstler der Romantik, Domenico Quaglio, zum Schloß ausbauen zu lassen. Ähnlich wie hier sollte die Ruine der alten Kästenburg, das Hambacher Schloß, das Maximilian anläßlich seiner Hochzeit von den pfälzischen Städten zum Geschenk erhalten hatte, zur Maxburg ausgebaut werden. Finanzielle Schwierigkeiten verhinderten die Vollendung des Planes. 1832 hatten hier beim Hambacher Fest dreißigtausend Fortschrittliche auf einer Kundgebung gegen Metternichs Polizeistaat protestiert.

Nahe beim Schloß seines Vaters, Hohenschwangau, standen auf hohem Felsen spärliche Reste der einstigen Burg Vorderhohenschwangau, die König Ludwig II. zum Bauplatz einer Burg erwählte, zu deren Gestaltung er durch einen Besuch der Wartburg angeregt war. Nachdem anfangs ein Bauwerk in gotischen Formen geplant war, ergaben fortschreitende Änderungen und Verbesserungen endlich die Vorlagen zu einer romantischen Burg, wie Christian Jank sie 1869 darstellte. Die neue Burg erhielt den Namen Neuschwanstein. Die Formensprache des Mittelalters wurde als Anregung benutzt und frei zu einem eigenständigen, in der Gesamterscheinung harmonischen Werk verarbeitet. Eine der am besten geglückten Bauschöpfungen der Romantik ist das durch Restaurierung eines wohl um 1500 erstellten Bauwerks in neugotischen Formen umgestaltete Schloß Anif. Graf Alois Arco-Steppberg war der Bauherr, Inspirationen durch Schinkel erscheinen möglich.

Im Neubau der Burg Lichtenstein durch Heideloff 1840 bis 1842 erreichte der romantische Burgenbau einen Höhepunkt. Niemand kann sich dem Reiz der malerischen Silhouette entziehen, die als harmonische Erscheinung durchaus der Vorstellung von Romantik im Sinne des großartigen, heldenhaften, ja transzendenten Wesens mittelalterlicher Ritterherrlichkeit entspricht. Bauherr war hier Graf Wilhelm von Württemberg, ein Vetter König Wilhelms I. Sicherlich wurde sein Entschluß zum Wiederaufbau der kümmerlichen Ruinenreste beeinflußt von Wilhelm Hauffs 1826 erschienener romantischer Sage aus der württembergischen Geschichte – »Lichtenstein«.

Die Reihe der Beispiele ließe sich beliebig vermehren; zu nennen wären auch solche Schlösser, die als absolute Neuschöpfungen, allerdings wie es der Zeitgeschmack verlangte, in Stilformen des Mittelalters errichtet wurden, wie die hannoversche Marienburg bei Nordstemmen oder das Schloß in Schleswig. Ein Beispiel, wie das Interesse am Burgen- und Ritterwesen auch bürgerliche Kreise bewegte, ist die liebenswürdige Schöpfung der kleinen Burg Schwaneck am Isartal, die sich Ludwig Schwanthaler 1841 bis 1844 von Friedrich Gärtner erbauen ließ, die auch Schauplatz eines rauschenden karnevalistischen Ritterfestes wurde. Unerläßlich ist es auch, in diesem Zusammenhang den Architekten Bodo Ebhardt, einen Günstling Kaiser Wilhelms II., zu nennen; die Hohkönigsburg im Elsaß ebenso wie Burg Kipfenberg im Altmühltal, Arbeiten an der Veste Coburg und an der Marksburg am Rhein zeugen von Ebhardts Tätigkeit als Restaurator von Burgen und Ruinen, mit historischer Gewissenhaftigkeit, doch auch noch im Geiste der Romantik. In gewissem Sinne als Konkurrenz zu Wilhelms II. Ausbau der Hohkönigsburg ließ Graf Hans Wilczek durch den Architekten Karl Gangolf Kayser 1874, dessen Werk Humbert Walcher Ritter von Moltheim nach 33 Jahren vollendete, die Ruine der Burg Kreuzenstein in Niederösterreich unter Verwendung von romanischen und gotischen Spolien aus vielen europäischen Ländern zu einer Idealburg wieder aufbauen.

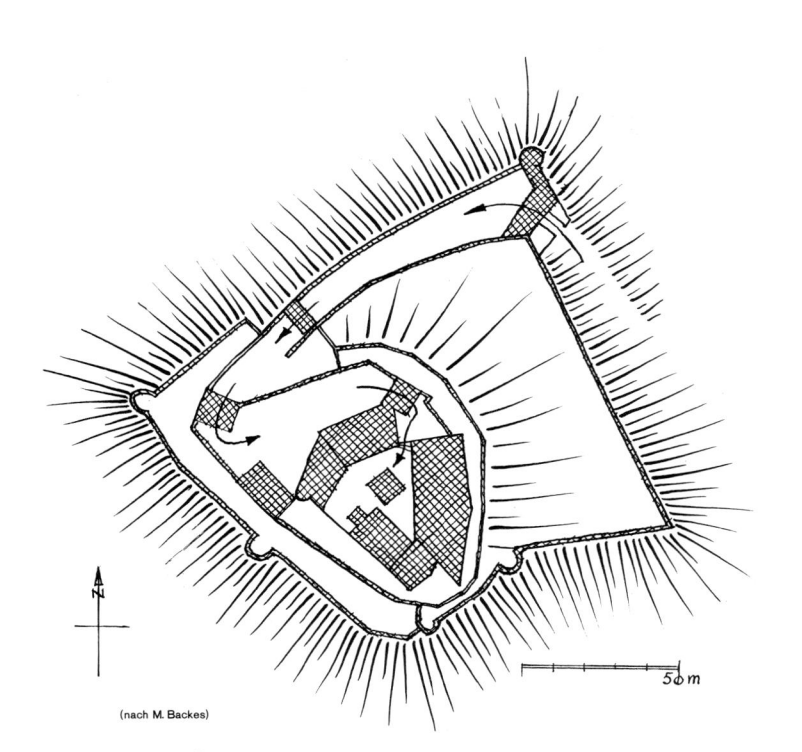

Gipfelburg: Marksburg am Rhein

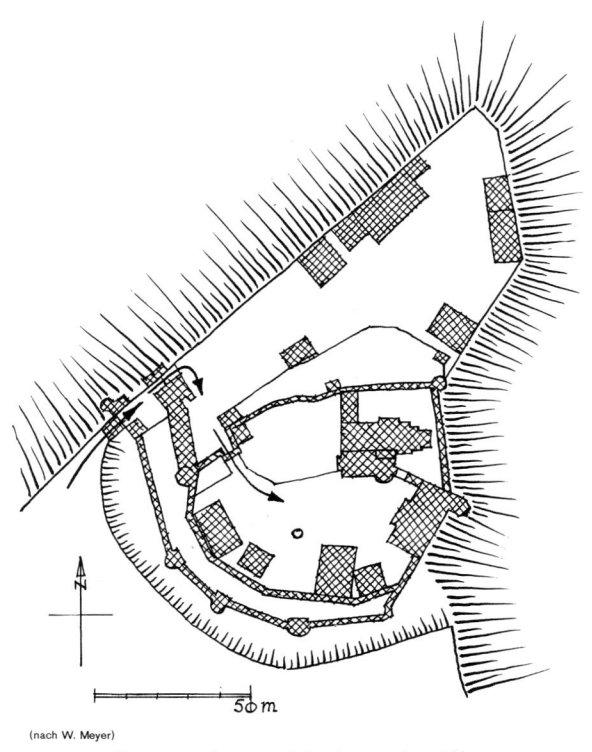

Zungenburg: Harburg im Ries

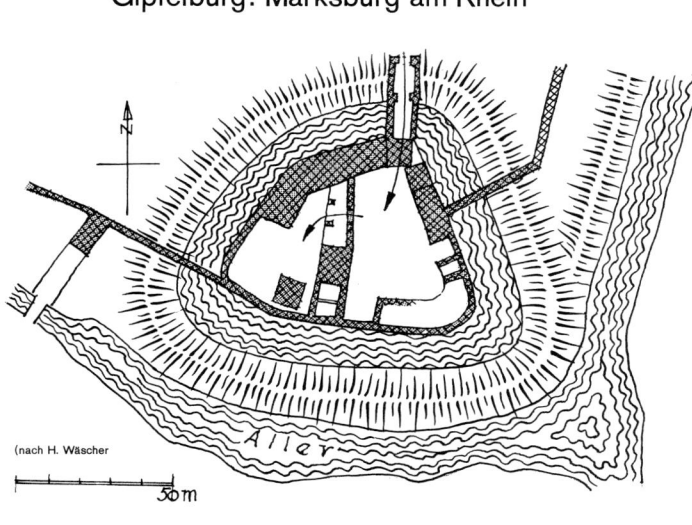

Wasserburg: Oebisfelde, Sachsen

Inventarisation, Aufnahme des jeweiligen Bestandes, Bauanalyse und typologische Einordnung sind wesentliche Faktoren der Burgenkunde oder Kastellologie, die ihrerseits Voraussetzung einer fachgerechten Denkmalpflege im Bereich des mittelalterlichen Wehrbaus ist – Als Beispiel hier Grundrisse zu 3 wichtigen Burgtypen.

247

Die Burg in der Gegenwart

Situation der Burgbesitzer

Wie steht es nun mit den Burgen in der Gegenwart? Zahlenangaben über den Bestand sind schwer zu machen, denn unverändert blieb kein mittelalterlicher Bau erhalten. Wurde er kontinuierlich weiterbenutzt, so veränderte ihn jede Generation, und es entstand ein Mischbau aus zahlreichen Bauperioden. Da es sich um Bauwerke handelte, die zur Verteidigung angelegt waren, empfingen sie Wunden, deren Narben sichtbar blieben. War es nicht der Krieg, so war es eine Feuersbrunst, ein Erdbeben, der natürliche Verfall, der Einstürze zumindest von Teilen verursachte, handelt es sich doch um Bauten, die im günstigsten Falle tausend Jahre, zumindest aber fünfhundert Jahre überdauerten, wenn wir die Grenze zwischen Burg und Schloß in die zweite Hälfte des 15. Jahrhunderts legen, eine Grenze, die natürlich nie klar zu ziehen ist. Ebenso schwierig ist es, Ruinen schon oder noch als solche zu bestimmen und ihre Zahl richtig anzugeben. Sagen wir also ganz pauschal, daß es in der Bundesrepublik Deutschland einige hundert bewohnte Burgen mit überwiegend mittelalterlichem Bestand und ein paar tausend Ruinen, ungerechnet die Burgställe, gibt.

Besitzer der Burgen sind der Staat, d. h. die Länder, die Gemeinden, Organisationen und Privatpersonen, unter letzteren eine größere Anzahl, die seit Generationen am Ort sitzen. So wie die Dinge liegen, sind Burgen ebenso wie jedes andere Gebäude Bestandteil des Vermögens, je nach der Art der Nutzung, des Privat- oder Betriebsvermögens, und demzufolge auch den einschlägigen Steuergesetzen unterworfen. Der Ertrag aus diesem Besitz, wenn er als Wohnsitz zum Eigenbedarf genutzt wird, ist im allgemeinen geringer als die Aufwendungen, die zu seiner Unterhaltung notwendig sind. Ein altes Bauwerk, das in seiner baulichen Gliederung kompliziert ist, weist leicht Schäden auf, die dank des Spezialmaterials und der Auflagen der Denkmalpflege nur mit beträchtlich höheren Kosten zu beheben sind als Neubauschäden.

Der private Burgbesitzer ist demnach – wenn ihn nicht andere Einnahmequellen unabhängig machen – genötigt, die Burg wirtschaftlich zu nutzen. Möglichkeiten dazu bieten sich im Beherbergungsgewerbe, als Burghotel, Nobelrestaurant, als Sanatorium, Heim für bestimmte Personengruppen, Schule oder als Museum. Derartigen Nutzungen stehen jedoch oft die baulichen Gegebenheiten entgegen. Sanitäre Anlagen und Heizungen sind schwer zu installieren, Durchgänge und Treppen oft eng, feuerpolizeiliche Vorschriften und die Raumeinteilung schaffen oft schier unüberwindliche Schwierigkeiten, so daß eine volle Ausnutzung selten erreicht werden kann. Kurzum, das wirtschaftliche Problem, vermehrt durch steuerliche Belastungen – für die allerdings von Fall zu Fall Erleichterungen möglich sind –, bedrängen den Burgbesitzer unserer Tage so wie weiland den Ritter im 13. und 14. Jahrhundert, nur hat er heute nicht mehr die Chance, sich als Raubritter zu salvieren.

Auf der anderen Seite hat die Öffentlichkeit ein lebhaftes Interesse an der Erhaltung dieser Baudenkmäler als Zeugen einer wesentlichen Periode deutscher Geschichte und Kunstgeschichte. Es besteht für die Öffentlichkeit, dargestellt durch den Staat, eine Verpflichtung, zur Erhaltung und Instandsetzung beizutragen, wenn nicht gar die Burgen zu übernehmen.

Öffentliche Mittel stehen jedoch nur in beschränktem Maße zur Verfügung, sie werden nach Maßgabe und Begutachtung der zuständigen Denkmalämter zugeteilt. Hilfe geben ferner Landschaftsverbände, Gemeinden, örtliche und überörtliche Vereinigungen und Verbände. Trotzdem schwindet der Bestand von Jahr zu Jahr, denn die Zeit arbeitet unablässig und erbarmungslos.

Denkmalpflege

Was die Denkmalpflege betrifft, so hat man es hier nicht von Anbeginn mit einem rocher de bronze von festgefügter und unveränderlicher Programmierung zu tun, sondern mit einer Institution, die zwar in der Zeit der Burgenromantik aus dem erwachenden Interesse an der Kunst vergangener Zeiten, hauptsächlich des Mittelalters, entstand, die jedoch in ihren Prinzipien manchen Wandel erlebte, oft der von der Kunstwissenschaft bestimmten Einstellung folgte; und diese war nicht immer dem Profanbau, zumal dem Wehrbau, günstig gesonnen und erkannte schon gar nicht die Kastellologie, die Wissenschaft vom Wehrbau, als gleichwertige Disziplin an.

Betraf diese grundsätzliche Orientierung oft die Bewertung von Erhaltungsmaßnahmen an mittelalterlichen Burgen und Ruinen, so ergaben sich erst recht Differenzen in der Beurteilung der romantischen Bauperiode und der angewandten Stilkopien. Nur mühsam setzt sich heute die Auffassung durch, daß auch Neugotik und Neurenaissance künstlerischen Eigenwert besitzen und Schöpfungen dieser Stilperioden denkmalwürdig sind.

Grundsätzlich nimmt die Denkmalpflege der Gegenwart einen von der Romantik wesentlich abweichenden Standpunkt ein, indem der Schutz der historischen Substanz gefordert wird und Ergänzungen nur insofern zulässig sind, als sie sich aus Urkunden, die sich in Darstellungen, Plänen oder Beschreibungen erhalten haben, mit Sicherheit begründen lassen. Bestehende Forschungslücken im Bereich der Profanbauforschung müßten durch intensive Arbeit der Mittelalterarchäologie und der Archivforschung geschlossen werden, um endgültig den Wert der Burgen als profane Kunstwerke, aber auch als technische Denkmäler von kulturhistorisch eminenter Bedeutung zu erkennen und zu würdigen.

Was die Ruinen betrifft, die teils durch Zerstörung, teils durch Preisgabe der Burgen entstanden, so dienten sie lange Zeit ungehindert Anliegern als Steinbrüche, wobei bevorzugt die Quader der Mauerschale abgetragen und wieder verwendet wurden. Das verbliebene Füllmauerwerk, seines statischen Verbandes beraubt, verrottete dann um so schneller. Da ein Wiederaufbau der heutigen Auffassung der Denkmalpflege widerspricht, eine endgültig der Verwitterung standhaltende Konservierung technisch nicht möglich ist, bleibt nur die Chance, den Verfall weitgehend zu verzögern. Sollte jedoch der Bestand noch so weit vollständig sein, daß sich eine praktische Verwendung anbietet, so sollte Altes und Neues reinlich geschieden nebeneinander belassen bleiben. Die schwierige Aufgabe für den Architekten besteht hier darin, eine Form zu finden, die wieder zu einer baulichen Gesamtharmonie führt.

Burg und Tourismus

Bei zunehmender Anerkennung sozialer Vorstellungen in der Gesellschaftspolitik der europäischen Völker wächst auch die Freizeit, die dem Bürger zur Verwendung nach eigenem Geschmack und eigenem Willen zur Verfügung steht. Eine Wunschvorstellung ist es, die Freizeit möglichst in fremder, ferner Umgebung zu verbringen, wozu die Technik größte Möglichkeiten eröffnet. Entsprechend der individuellen Einstellung des einzelnen geben unterschiedliche Bedürfnisse den Ausschlag bei der Wahl der Reiseziele. Neben Kuraufenthalt, Sport, Vergnügen, Landschaftserlebnis oder Sensation steht als bedeutender Faktor das kulturelle Moment, das Streben nach Vervollständigung und Bereicherung der Allgemeinbildung ebenso wie der Kenntnisse spezieller Fachgebiete des Wissens, der Kunst und Kultur.

Unter denjenigen, die Interesse an der Architektur haben, bilden die Liebhaber von Burgen eine besondere Gruppe, die zunächst wenig Chancen hat, außer in museal verwendeten Objekten, Art und Charakter eines mittelalterlichen Wehr- und Wohnbaus aus eigener Anschauung kennenzulernen. Da sich jedoch in der Nutzung und Unterhaltung der Burgen ganz neue Aspekte ergeben haben, kommen sich hier zwei Be-

Folgende Doppelseite:
Hohenwerfen/Salzach, 1077 gegründet, im 12. Jh. erweitert, nach Beschädigungen im Bauernkrieg in italienischer Manier festungsmäßig ausgebaut, steht beherrschend auf einem Felskegel in einer Fluß-Schleife; jetzt Jugendherberge.

wegungen entgegen, die zu beiderseitigem Nutzen entwickelt werden können. Es wäre Sache der Burgenbesitzer einerseits, dem Touristen ein verlockendes Angebot zu machen, seine Burg zu besuchen, und andererseits Sache der Touristikorganisationen, den Objekten des mittelalterlichen Wehrbaus, vor allem auch solchen, die verkehrstechnisch ungünstig liegen, Besucherströme zuzuleiten. Ein solches System könnte einen bisher vernachlässigten Bildungssektor beleben und gleichzeitig die wirtschaftliche Situation der bedürftigen Burgenbesitzer verbessern.

Was uns die Burgen heute noch bedeuten können

Was also können Burgen und Ruinen dem Menschen der Gegenwart noch bedeuten? Abgesehen vom Reiz der romantischen Erscheinung, der Freude am Bilde, sei es im Rahmen und unter Mitwirkung der Natur oder auch als tektonische Gruppierung im Stadtbild, bringt die Betrachtung und das Studium des mittelalterlichen Wehrbaus Anregungen auf technischem, geschichtswissenschaftlichem und kulturgeschichtlichem Gebiet. Über die Betrachtung des Bauwerks hinaus kann uns die aus der Würdigung ihrer Bauherren vernehmbare Aussage für die Gegenwart etwas bedeuten, nämlich daß – wie Arno Borst feststellt – »Herrschaft nur durch Dienst veredelt wird, daß Elite der Gesellschaft bedarf und vor allem daß das Chaos der Realitäten und der Fanatismus der Macht nur zu bändigen sind durch geistige Zucht«. Die Ritterschaft als Institution ist untergegangen, nicht vergessen sei ihre Funktion im Staatswesen, ihr Dienst in allen Bereichen der öffentlichen Ordnung. Geblieben ist neben dem Gaudium am Rittersmann auch ein Abglanz ritterlicher Ideale, die dazu beitragen, das Leben in der Gesellschaft würdiger und erträglicher zu machen.

Danksagung

Diese Darstellung beruht auf zahlreiche Vorarbeiten und der Beratung von Spezialisten in einzelnen Disziplinen, wofür die Autoren insbesondere den Herren Dr. Alexander Freiherr von Reitzenstein, Professor Dr. Pankraz Fried und Dr. Helmut Kunstmann zu danken haben.
Besonderer Dank gebührt vor allem Bibliotheksamtmann Diplombibliothekarin Renate Wenck, die bereitwillig das Material der Studienbibliothek Dillingen an der Donau sowohl für die textliche Bearbeitung als auch für Neuillustration zur Verfügung stellte. Abbildungsvorlagen lieferten ferner in entgegenkommender Weise die Herzog August Bibliothek in Wolfenbüttel und die Universitätsbibliotheken von Heidelberg und Göttingen. Freundliche Erlaubnis zur Herstellung fotografischer Aufnahmen gaben u. a. die Staatliche Verwaltung der Bayerischen Schlösser, Gärten und Seen, die Schatzkammer der Hofburg in Wien, Graf Trapp für die Rüstkammer auf der Churburg, das Burgmuseum Kreutzenstein, Fürst Otto Friedrich zu Ysenburg und Büdingen auf Schloß Büdingen, ihnen und allen anderen Schloß- und Burgbesitzern, die ihre Häuser zugänglich machten, sei an dieser Stelle gedankt.

Literatur

Benutzte Literatur

Antonow, Alexander; Die Schildmauer bei den Burgen im süddeutschen Raum im 13. u. 14. Jahrhundert. Dissert. Stuttgart (TH), Stuttgart 1974.

Appel, Johann W.; Die Ritter-Räuber und Schauerromantik. Nachdr. d. Ausg. Leipzig 1859, München 1969.

Arens, Fritz; Die Königspfalz Wimpfen. Berlin 1967.

Bien, Heinz; Residenzen der Romantik. München 1970.

Bleyl, Wolfgang; Der Donjon. Eine bautechnische Typologie des verteidigungsfähigen Wohnturms, Köln 1973.

Böhm, Wolfgang; Stand und Aufgabe der geographischen Burgenforschung im deutschen Sprachraum. In: Burgen und Schlösser 1969/I, S. 8ff.

Bookmann, Hartmut; Mittelalter: Grundlagen im frühen Mittelalter. In: Handbuch der Deutschen Geschichte, Bd. 5 Bilderatlas S. 35ff., Frankfurt a.M. 1968.

Boor, Helmut de; Die höfische Literatur. Vorbereitung, Blüte, Ausklang 1170–1250. In: De Boor-Newald; Geschichte der deutschen Literatur von den Anfängen bis zur Gegenwart, Bd. II⁴, München 1960.

Bornheim gen. Schilling, Werner; Rheinische Höhenburgen. Neuß 1964.

Borst, Arno; Das Rittertum im Hochmittelalter – Idee und Wirklichkeit. In: Saeculum X/1959, S. 213ff.

Bosl, Karl; Das ius ministerialium, Dienstrecht und Lehnrecht im deutschen Mittelalter. In: Studien zum mittelalterlichen Lehenswesen, Lindau – Vorträge 1956 = Vorträge und Forschungen 5, Lindau-Konstanz 1960, S. 51–94.

Bosl, Karl; Die Reichsministerialität der Salier und Staufer. Ein Beitrag zur Geschichte des hochmittelalterlichen deutschen Volkes, Staates und Reiches. Bd. 2. – Schriften der MGh. 10, Stuttgart 1951.

Bradler, Günther; Studien zur Geschichte der Ministerialität im Allgäu und in Oberschwaben. = Göppinger Akademiebeiträge Nr. 50, Göppingen 1973.

Bumke, Joachim; Studien zum Ritterbegriff im 12. u. 13. Jahrhundert. Heidelberg 1964.

Clasen, Karl-Heinz; Burg. In: Reallexikon zur Deutschen Kunstgeschichte Bd. III. 1954, Sp. 126–173.

Dannenbauer, Heinrich; Adel, Burg und Herrschaft bei den Germanen. In: Herrschaft und Staat im Mittelalter, Darmstadt 1960 = Wege der Forschung, S. 2.

Döbler, Hannsferdinand; Kultur und Sittengeschichte der Welt. Kochkünste und Tafelfreuden, München-Gütersloh-Wien 1972.

Doering, Oskar; Bodo Ebhardt ein deutscher Baumeister 1865–1925, Berlin-Grunewald 1925.

Droege, Georg; Über die Rechtsstellung der Burgen und festen Häuser im späten Mittelalter. In: Niederrheinisches Jahrbuch Bd. 4, Krefeld 1959, S. 22–27.

Dürst, Hans; Rittertum. = Dokumente zur aargauischen Kulturgeschichte Nr. 2, Schloß Lenzburg 1960.

Eberbach, Otto; Die deutsche Reichsritterschaft in ihrer staatsrechtlich-politischen Entwicklung von den Anfängen bis zum Jahr 1495 = Beiträge zur Kulturgeschichte des Mittelalters, 11, Leipzig-Berlin 1913.

Eckhardt, Karl August: Eike von Repkow, Sachsenspiegel, Landrecht – Lehnrecht, Berlin-Frankfurt 1955/56. = Germanenreiche N.F.

Egg, Erich; Maximilian und die Kunst. In: Ausstellung Maximilian I. Innsbruck. Katalog, Innsbruck 1969.

Ehrismann, Gustav; Geschichte der Deutschen Literatur bis zum Ausgang des Mittelalters, München 1927–1954.

Eike von Repkow, Sachsenspiegel, übersetzt und hrsg. von Christoph Zobel, Leipzig 1961.

Ekkehard IV.; Die Geschichte des Klosters St. Gallen – Die Geschichtsschreiber der deutschen Vorzeit. Bd. 102. Dtsch. bearb. von Karl Langosch, Köln-Graz 1958.

Engel, Hans Ulrich; Die Straße nach Europa. Reichskleinodien und Kaiserkrönungen, Hamburg 1962.

Erdmann, Carl; Die Burgenordnung Heinrichs I. In: Deutsches Archiv für Geschichte des Mittelalters 6, S. 59.

Erdmann, Carl; Die Entstehung des Kreuzzugsgedankens. Nachdr. Darmstadt 1955.

Erffa, Frhr. Wolfram von; Die Befestigung der Dorfkirchen mit Beispielen aus Württembergisch Franken. In: Burgen und Schlösser 1971/I, S. 7ff.

Evans, Joan; Blüte des Mittelalters. 4. Kap. Könige und Burgen, S. 133ff. – 5. Kap. Höfisches Leben in Krieg und Frieden, S. 157, München-Zürich 1966.

Fehring, Günter P.; Kirche und Burg, Herrensitz und Siedlung. Probleme und Ergebnisse der archäologischen Mittelalter-Forschung in Südwestdeutschland. In: Ztschr. f. d. Geschichte des Oberrheins 120. Bd., Karlsruhe 1972, S. 1ff.

Freytag, Gustav; Bilder aus der Vergangenheit 2. Bd., Vom Mittelalter zur Neuzeit, Leipzig 1896.

Fried, Pankraz; Dynastische und landesherrliche-wittelsbachische Burgenpolitik im hochmittelalterlichen Bayern. Auszug a. d. Protokoll Nr. 181 des Konstanzer Arbeitskreises für mittelalterliche Geschichte. Von der Frühjahrstagung auf der Insel Reichenau vom 10. bis 13. April 1973, S. 61–74.

Ganshof, François Louis; Das Lehnswesen im fränkischen Reich – Lehnswesen und Reichsgewalt in karolingischer Zeit. In: Studien zum mittelalterlichen Lehnswesen – Vorträge und Forschungen Bd. V/1960, Lindau-Konstanz.

Ganshof, François Louis; Was ist das Lehenswesen? Darmstadt 1961.

Gauert, Adolf; Zur Struktur und Topographie der Königspfalzen. In: Deutsche Königspfalzen II. Bd., Göttingen 1965.

Giesebrecht, Wilhelm von; Geschichte der deutschen Kaiserzeit VI. Bd. S. 63 (Das große Fest zu Mainz), Leipzig 1895.

Gleichen-Russwurm, Alexander von; Der Ritterspiegel. – Geschichte der europäischen Gesellschaft 2. Stuttgart (1918).

Haller, Johannes; Gesellschaft und Staatsform. Der Eintritt der Germanen in die Geschichte. In: Reden und Aufsätze, 1934, S. 41f.

Hamann, Richard; Geschichte der Kunst. Berlin 1933.

Hannmann, Eckart; Die Burg Hohenzollern als Denkmal des Historizismus. Ein Rückblick auf die Bewertung ihrer architektonischen Qualität. In: Burgen und Schlösser 1974/I, S. 32ff.

Herrenbrodt, Adolf; Der Husterknupp. Eine niederrheinische Burganlage des frühen Mittelalters, Bonn 1958.

Hotz, Walter; Kleine Kunstgeschichte der deutschen Burg. Darmstadt 1965.

Hubatsch, Walter; Montfort und die Bildung des Deutschordensstaates im Heiligen Lande. = Nachrichten der Akademie der Wissenschaften in Göttingen. I. Philologisch-historische Klasse, Jg. 1966, Nr. 5, S. 57ff.

Huizinga, Johan; Herbst des Mittelalters. Studien über Lebens- und Geistesformen des 14. u. 15. Jahrhunderts in Frankreich und in den Niederlanden, Stuttgart 1953.

Jähns, Max; Geschichte der Kriegswissenschaften vornehmlich in Deutschland. I. Altertum, Mittelalter 15. u. 16. Jahrhundert. Nachdr. New York-Hildesheim 1966.

Jankuhn, Herbert; Ur- und Frühgeschichte: Das Römische Imperium an Rhein und Donau. – Handbuch der Deutschen Geschichte, Bd. 5 Bilderatlas, S. 16ff., Frankfurt a.M. 1968.

Jankuhn, Herbert; Heinrichsburgen und Königspfalzen. In: Deutsche Königspfalzen II. Göttingen 1965.

Knappe, Karl-Bernhard; Das Leben auf Burgen im Spiegel mittelalterlicher Literatur I. u. II. Teil. Tendenzen der literarischen Darstellungen mittelalterlicher Realien. In: Burgen und Schlösser 1974/I, S. 1ff. – 1974/II, S. 123ff.

Künsberg, Frhr. Eberhard von; Der Sachsenspiegel. Bilder aus der Heidelberger Handschrift, Leipzig 1934.

Kunstmann, Helmut; Mensch und Burg. Burgenkundliche Betrachtungen an ostfränkischen Wehranlagen, Würzburg 1967.

Kunze, Rainer; Burgenpolitik und Burgenbau der Grafen von Katzenelnbogen. Bis zum Ausgang des 14. Jahrhunderts – Veröffentlichung der Deutschen Burgenvereinigung H. 3, Marksburg ob Braubach a. Rh. 1969.

Maßmann, Ernst Heinrich; Schwertleite und Ritterschlag. Dissert. Hamburg, Hamburg 1932.

Maurer, Hans-Martin; Die Entstehung der hochmittelalterlichen Adelsburg in Südwestdeutschland. In: Oberrheinische Studien Bd. 1, Bretten 1970.

Maurer, Hans-Martin; Bauformen der hochmittelalterlichen Adelsburg in Südwestdeutschland. In: Zeitschrift für Geschichte des Oberrheins 115. Bd. 1967.

Meyer, Werner; Burgen und Schlösser in Bayern – Burgen – Schlösser – Herrensitze Bd. 21, Frankfurt a.M. 1961.

Meyer, Werner; Burgen und Schlösser in Schwaben – Burgen – Schlösser – Herrensitze Bd. 22, Frankfurt a.M. 1964.

Meyer, Werner; Deutsche Burgen. 2. Aufl., Frankfurt a.M. 1969.

Mitteis, Heinrich; Lehnsrecht und Staatsgewalt, Darmstadt 1958.

Mitterauer, Michael; Herrenburg und Burgstadt. In: Ztschr. f. Bayer. Landesgeschichte Bd. 36, H. 2, S. 470ff., 1973.

Montgomery of Alamein, Bernard Lord; Kriegsgeschichte. Weltgeschichte der Schlachten und Kriegszüge, Frankfurt a.M. 1972.

Mrusek, Hans-Joachim; Der Wehrbau und seine Beziehungen zum Sakralbau. In: Aspekte zur Kunstgeschichte von Mittelalter und Neuzeit. K. H. Clasen zum 75. Geburtstag, Weimar 1971, S. 191ff.

Mrusek, Hans-Joachim; Die Stellung der Kemenate in Pfalzen und Burgen. In: Akadémiai Kiado, Budapest, Verl. d. ungarischen Akademie der Wissenschaften, 1975, S. 403ff.

Müller-Wiener, Wolfgang; Burgen der Kreuzritter, München-Berlin 1966.

Müller-Wille, Michael; Mittelalterliche Burghügel (Motten) im nördlichen Rheinland. In: Beihefte der Bonner Jahrbücher, Bd. 16/1966.

Pietzner, Fritz; Schwertleite und Ritterschlag. Diss. Heidelberg, Bottrop i.W. 1934.

Piper, Otto; Burgenkunde. Neue verb. u. erweiterte Aufl. m. 2. Teil von Werner Meyer, Frankfurt a.M. 1967.

Piper Otto; Wie man nicht restaurieren soll (Die neue Hohkönigsburg). In: Illustrierte Elsässische Rundschau Jg. VII. H. 3, Straßburg 1905.

Prawer, Joshua; Die Welt der Kreuzfahrer, Wiesbaden 1974.

Reitzenstein, Alexander Frhr. von; Der Waffenschmied. Vom Handwerk der Schwertschmiede, Plattner und Büchsenmacher, München 1964.

Reitzenstein, Alexander Frhr. von; Der Ritter im Heergewäte. In: Studien zur Geschichte der europäischen Plastik. Festschrift für Theodor Müller zum 19. April 1965, München 1965.

Reitzenstein, Alexander Frhr. von; ritter und ritterschaft. München 1972.

Reuter, Hans Georg; Die Lehre vom Ritterstand. Zum Ritterbegriff in Historiographie und Dichtung vom 11. bis zum 13. Jahrhundert – Neue Wissenschaftsgeschichte Bd. 4, Köln-Wien 1971.

Rietschel, Siegfried; Markt und Stadt in ihrem rechtlichen Verhältnis. Ein Beitrag zur deutschen Stadtverfassung. Neudr. d. Ausg. Leipzig 1897, Aalen 1965.

Rössler, H. und G. Franz; Sachwörterbuch zur Deutschen Geschichte – Reichsritterschaft. München 1958.

Roth von Schreckenstein, Frhr. Karl Heinrich; Geschichte der ehemaligen freien Reichsritterschaft in Schwaben, Franken und am Rheinstrome, nach Quellen bearbeitet. Freiburg und Tübingen 1859/1871.

Runciman, Steven; Geschichte der Kreuzzüge. Bd. 1–3, München 1957–1960.

Schlesinger, Walter; Herrschaft und Gefolgschaft in der Germanisch-Deutschen Verfassungsgeschichte. In: Herrschaft und Staat im Mittelalter. – Wege der Forschung II, Darmstadt 1960.

Schlesinger, Walter; Archäologie des Mittelalters in der Sicht des Historikers. In: Ztschr. f. Archäologie des Mittelalters Jg. 2/1974, S. 7ff.

Schmidt, Karl; Über die Struktur des Adels im frühen Mittelalter. In: Jahrb. f. Fränkische Landesforschung 9, 1959, S. 1–23.

Schulte, Aloys; Der Adel und die deutsche Kirche im Mittelalter. = Studien zur Sozial-, Rechts- und Kirchengeschichte 3. Bd., Darmstadt 1958.

Schulz, Alwin; Das häusliche Leben der europäischen Kulturvölker. In: Handbuch der mittelalterlichen und neueren Geschichte Abt. IV A, München-Berlin 1903.

Schwabenspiegel, Kurzform I, hrsg. von Karl August Eckhardt. Hannover 1960 = Monumenta Germaniae historica. Fortes iuris germanici Antiqui. N.S.T. IV P. 1.

Seebach, Carl-Heinrich; Die Königspfalz Werla. – Göttinger Schriften zur Vor- und Frühgeschichte Bd. 8, Neumünster-Wachholtz 1967.

Stein, Arthur; Der römische Ritterstand. München 1963.

Trapp, Oswald Graf; Die Churburger Rüstkammer, London 1929.

Tumler, P. Marian; Der Deutsche Orden im Werden, Wachsen und Wirken bis 1400 mit einem Abriß der Geschichte des Ordens bis zur neuesten Zeit. Montreal-Wien 1955.

Waldburg-Wolfegg, Graf Hubert; Vom Südreich der Hohenstaufen. München 1955.

Waldburg-Wolfegg, Graf Hubert; Vom Nordreich der Hohenstaufen. München-Zürich 1961.

Waldburg-Wolfegg, Graf Johannes; Das Mittelalterliche Hausbuch. Betrachtungen vor einer Bilderhandschrift, München 1957.

Werner, Joachim; Zu den alamannischen Burgen des 4. und 5. Jahrhunderts. In: Speculum Historiale, Geschichte im Spiegel von Geschichtsschreibung und Geschichtsdeutung, Freiburg-München 1965, S. 439ff.

Wiesflecker, Hermann; Kaiser Maximilian I. Seine Persönlichkeit und Politik. In: Ausstellung Maximilian I. Innsbruck, Katalog. Innsbruck 1969.

Winter, Johanna Maria van; Rittertum, Ideal und Wirklichkeit, München 1969.

Fotonachweis

Alle Abbildungen stammen, wenn unten nicht anders angegeben, von Erich Lessing. Autoren und Verlag danken allen, die behilflich waren und die Abbildungserlaubnis erteilten. Die Aufbewahrungsorte der grafischen Werke sind:

Herzog August Bibliothek, Wolfenbüttel: S. 43
Niedersächsische Staats- und Universitätsbibliothek, Göttingen: S. 30, 31, 115, 189, 211
Studienbibliothek, Dillingen/Donau: 26, 27, 37, 101, 142, 150, 180, 181, 183, 203, 205, 206, 207, 208, 210, 219, 222, 224, 225, 230, 231
Universitätsbibliothek, Heidelberg: S. 6, 151, 154, 188
Die Bibliotheken in Heidelberg und Wolfenbüttel stellten die oben aufgeführten Fotos zur Vefügung, Herr Wilfried Täschner die Vorlage für Abbildung S. 167 Mitte. Die Rekonstruktionen auf S. 15 und 49 zeichnete Dr. Werner Meyer, die Karten und Grundrisse auf den Seiten 45, 63 und 247 zeichnete Adolf Böhm nach Vorlagen von Dr. Werner Meyer und nach den in den Karten selbst genannten Quellen.

Register

Kursive Zahlen beziehen sich auf Bildunterschriften

© C. Bertelsmann Verlag GmbH, München
Sonderausgabe 1990 Orbis Verlag für Publizistik GmbH, München
ISBN 3-572-07715-X Printed in Hungary

Das Wort »Deutsch« im Buchtitel »Deutsche Ritter – Deutsche Burgen« bezieht
sich ausdrücklich nicht auf die modernen politischen Grenzen der Bundesrepublik Deutschland und der anderen deutschsprachigen Staaten, sondern
in etwa auf den deutschen Sprachraum des Mittelalters bzw. auf das Heilige
Römische Reich Deutscher Nation und dessen Aktivitäten.